PAULO SÉRGIO LOPES GONÇALVES

(Organizador)

Deus Inefável

Tratado temático do Deus da Revelação

Com textos de
Félix Alejandro Pastor

EDITORA
SANTUÁRIO

Direção Editorial:	Pe. Fábio Evaristo C. Silva, C.Ss.R.
Coordenação Editorial:	Ana Lúcia de Castro Leite
Copidesque:	Leila Cristina Dinis Fernandes
Revisão:	Luana Galvão
Diagramação e Capa:	Mauricio Pereira

Dados Internacionais de Catalogação na Publicação (CIP)
(Câmara Brasileira do Livro, SP, Brasil)

Deus inefável: tratado temático do Deus da Revelação/ Paulo Sérgio Lopes Gonçalves (org.). – Aparecida, SP: Editora Santuário, 2015.

ISBN 978-85-369-0372-9

1. Deus 2. Religião – Filosofia 3. Revelação 4. Teologia I. Pastor, Félix Alejandro, 1933-2011. II. Gonçalves, Paulo Sérgio Lopes.

15-03495   CDD-231.74

Índices para catálogo sistemático:
1. Deus: Revelações: Doutrina cristã: Estudos

Todos os direitos reservados à **EDITORA SANTUÁRIO** — 2015

Composição, CTcP, impressão e acabamento:
EDITORA SANTUÁRIO - Rua Padre Claro Monteiro, 342
Fone: (12) 3104-2000 — 12570-000 — Aparecida-SP.

SUMÁRIO

SIGLAS 7
PREFÁCIO 9
INTRODUÇÃO 13

PRIMEIRA PARTE

"Temas fundamentais do Deus da Revelação"
– *Félix Alejandro Pastor* 19

I. O HOMEM E A PROCURA DE DEUS 21
1. O Criador e a criatura 21
2. A razão e a fé 23
3. A procura de Deus 25
4. Revelação e mistério 28
5. História e transcendência 30

II. O DISCURSO DO MÉTODO EM TEOLOGIA 33
1. A teologia e seu método 34
2. História do problema 35
2.1. A tradição apostólica 36
2.2. A teologia católica 37
3. As teologias da transcendência 39
3.1. As teologias da Palavra e o método de correlação 39
3.2. Teologias do Mistério e método transcendental 40
4. As teologias da imanência 41
4.1. As teologias da secularização e da história 41
4.2. Teologias da modernidade e da práxis 42
5. Princípios fundamentais 44
5.1. Sobre o "intellectus fidei" 44
5.2. Sobre o "auditus fidei" 45

6. Relevância teológica do *"depositum fidei"* 47
6.1. Verificação bíblica 47
6.2. Legitimação teológica 48
7. Conclusão 49

III. "PRINCIPIUM TOTIUS DEITATIS"
– MISTÉRIO INEFÁVEL E LINGUAGEM ECLESIAL 51
1. "Oikonomiae sacramentum" 51
2. "Sancta Monarchiae Praedicatio" 55
3. "Aeternaliter ex Patre" 60
3.1. Modelo latino 60
3.2. Unitas in Trinitate 61
3.3. Opus tripartitum Trinitatis 62
3.4. Tanquam ex uno Principio. 64
4. "Misteria in Deo abscondita" 66
4.1. Deus unus in tribus personis distinctis 66
4.2. O racionalismo teológico 66
4.3. Lumen rationis – Lumen fidei 67
4.4. A crise do modernismo 68
5. "Ecclesia de Trinitate" 69
5.1. Arcana e a opera de salute 69
5.2. Ex amore Patris aeterni 69
5.3. Depositum fidei 70
5.4. Tertio adveniente millennio 71
6. "Unitatis redintegratio" 72
6.1. Fundamentalia Dogmata 73
6.2. Mysterium Trinitatis 73
6.3. Fides communis 74
6.4. Traditio apostolica 75
7. "Regula Fidei" 76
7.1. Cognoscibilidade do Mistério 76
7.2. Verificabilidade da fé 77
7.3. Dialética da linguagem eclesial 77
7.4. Primeiro artigo da fé 77
7.5. Segundo artigo de fé 77

7.6. Terceiro artigo de fé 78
7.7. Distinção das hipóstases por propriedades e missões 78
7.8. Distinção intradivina pelas relações de origem 78
7.9. Igualdade das hipóstases em comunhão inseparável 79
7.10. As três hipóstases são um só Deus 79
8. Epílogo 80
8.1. Fundamento da linguagem eclesial 80
8.2. Trindade econômica e imanente 80
8.3. Risco de uma religião do Pai 81
8.4. Perigo de uma religião do Filho 81
8.5. Problema de uma religião do Espírito 81
8.6. Ilusão do modelo societário 82
8.7. Unidade ecumênica 82
8.8. Linguagem pneumatológica 83

IV. "CREDO IN DEUM PATREM" – SOBRE O PRIMEIRO ARTIGO DA FÉ 85

V. "QUAERENTES SUMMUM DEUM" – BUSCA DE DEUS E LINGUAGEM DE FÉ EM AGOSTINHO DE HIPONA 99

1. "Ut tu mihi Pater esses" 99
1.1. "Phantasma splendida" 100
1.2. "Ego sum quis um" 101
2. "Reditus in coelum" 103
2.1. "Verissimus et secretissimus Deus" 104
2.2. "Deus aeternus et semper manes" 106
3. "Ascensus ad Deum" 108
3.1. "Principium sine principio" 109
3.2. "Illum intelligimus Patrem" 111
4. "Credo in Deum Patrem omnipotentem" 113
4.1. "Deo debita servitus" 113
4.2. "Deus est et Pater est" 116
5. "Dominum nostrum Patrem inuenimus" 120

SEGUNDA PARTE

"Temas em debate" – *Paulo Sérgio Lopes Gonçalves, Paulo Fernando Carneiro de Andrade, Maria Clara Lucchetti Bingemer* 125

I. A REVELAÇÃO À LUZ DA TEOLOGIA TRANSCENDENTAL
– *Paulo Sérgio Lopes Gonçalves* 127

1. A articulação entre teologia e antropologia
em perspectiva transcendental 128
2. Estrutura fundamental 130
3. A revelação cristã 132
4. Desdobramentos 135
4.1. *A revelação de um Deus misterioso, santo e inefável* 135
4.2. *O sentido da existência humana na revelação* 137
5. Conclusão 140

II. A TEOLOGIA DA LIBERTAÇÃO E A QUESTÃO
DO MÉTODO – *Paulo Fernando Carneiro de Andrade* 143
1. O surgimento e desenvolvimento
da Teologia da Libertação nos anos de 1970 145
2. Os anos de 1980 e a recepção crítica da Teologia da Libertação 147
3. A questão do método 149
4. A contribuição de Félix A. Pastor para o debate
em torno da Teologia da Libertação 150
5. A Teologia da Libertação hoje 153

III. O DEUS DOS MÍSTICOS:
MISTÉRIO DE AMOR E PAIXÃO – *Maria Clara Lucchetti Bingemer* 157
1. A mística após o Concílio 157
2. Experiência de Deus: Mistério e graça 160
3. Experiência cristã de Deus: encarnação e vulnerabilidade 164
4. Narrar a experiência:
porta de entrada ao discurso e à práxis 168
5. Narrar a *história* de Deus: acesso ao Mistério de Deus 170
6. Conclusão: Deus experimentado, Deus narrado 171

Palavras Finais 173

SIGLAS

AAS: *Acta Apostolicae Sedis*.
ASS: *Acta Sanctae Sedis*.
CA: *Centesimus Annus*, Carta encíclica de João Paulo II (1991).
COD: *Conciliorum Oecumenicorum Decreta*, Bologna 1991.
DP: *La evangelización en el presente y en el futuro de América Latina*. Documento de conclusão da III Conferência Geral do Episcopado Latino-Americano, Puebla (1979).
DZ: H. DENZINGER, *Enchiridion Symbolorum*, Bologna 1995.
EO I-IV: *Enchridion Oecumenicum*, Bologna 1986ss.
ES: *Eclesiam Sum*, Carta encíclica de Paulo VI (1964).
EV I-XIII: *Enchridion Vaticanum*, Bologna 1966ss.
GS: Constituição pastoral sobre a Igreja *Gaudium et Spes*, do Concílio Vaticano II (1965).
MANSI: J. D. MANSI, *Sacrorum Conciliorum nova et amplissima collectio* VII-LIII, Firenze – Venezia – Paris – Leipzig, 1759ss.
PG: J. P. MIGNE, *Patrologiae...* series graeca, Paris 1857ss.
PL: J. P. MIGNE, *Patrologiae...* series latina, Paris 1857ss.
REB: Revista Eclesiástica Brasileira.
SRS: Carta encíclica de João Paulo II *Sollicituto Rei socialis* (1987).
UR: Decreto sobre o Ecumenismo *Unitatis Reddintegratio*, do Concílio Vaticano II (1964).

PREFÁCIO

Faustino Teixeira
PPCIR-UFJF

É com grande alegria que prefacio mais uma obra de homenagem a esse grande amigo e mestre, Félix Pastor, que nos deixou em julho de 2011, depois de um longo e lindo trabalho dedicado ao ensino e a orientação nesse complexo e estimulante campo da teologia e, em particular, nos temas relacionados ao mistério de Deus, do Reino e da História. Não há como lembrar sua presença senão com alegria e saudade, pelo estímulo proporcionado, mas sobretudo pelo lindo testemunho de vida e hospitalidade. Foram inúmeros teólogos brasileiros e latino-americanos que passamos por sua competente e atenta orientação. Impressionante sua capacidade de doação e a argúcia de seu método. Foi alguém que abriu as portas da Pontifícia Universidade Gregoriana para muitos dos teólogos pesquisadores que se encontram hoje atuando em universidades e institutos teológicos no Brasil e tantas outras localidades.

Como bem acentuou o cardeal Aloísio Lorscheider, no prefácio de obra em sua homenagem, Pastor "é um benemérito da Igreja universal e, de modo especial, da Igreja que está no Brasil. A Igreja do Brasil deve muito a este sacerdote zeloso e dedicado. Várias gerações passaram por suas mãos".[1] Tive em particular essa alegria de poder conviver de perto com esse grande mestre. Um contato que começou quando era estudante do mestrado na PUC-RJ (1978-1982), numa época de grande florescimento da teologia, marcada pela presença de muitos jovens estudantes leigos. Tinha nascido no período a ideia de trazer Félix Pastor para ajudar no ensino e na orientação dos estudantes de teologia. Sua vinda foi celebrada por todos, e assim nasceu uma parceria maravilhosa. A cada ano, Pastor dedicava um semestre ao ensino na Gregoriana e o outro na PUC-RJ. Essa presença no Brasil foi geradora de muitas vocações teológicas. Muitos de nós, seus alunos na PUC, fomos recebidos por ele com afeto e alegria na Gregoriana, para os estudos doutorais. E isso também foi favorecido pela grande sensibilidade de Pastor aos temas candentes da teologia latino-americana, como a teologia da libertação, as comunidades eclesiais de base e as pastorais sociais. Estávamos diante de um teólogo apaixonado pelo tema do Reino e da História.

Em um de seus livros, dedicados a essa questão, dizia com segurança: "Descobrindo a unidade teológica da história dos homens, criados a participar da salvação escatológica, a Teologia da Libertação descobre a unidade profunda do temporal e do espiritual, do escatológico e do histórico, do individual e do comunitário, do religioso e do político".[2] A teologia para ele estava diante de uma tarefa nova e fundamental: armar sua tenda na história dos humanos, sem perder jamais a sedução do Mistério. A salvação deixa de ser uma questão

---

[1] Cf. LORSCHEIDER, A. "Prefácio". In: BINGEMER, Maria Clara & ANDRADE, P. F. C. de (Orgs.). *O mistério e a história*. São Paulo: Loyola, 2003, p. 9.

[2] Cf. PASTOR, F. A. *O reino e a história*. Problemas teóricos de uma teologia da práxis. São Paulo/Rio de Janeiro: Loyola/PUC-RJ, 1982, p. 46.

extraterrena e passa a ocupar o cenário das lutas do dia a dia: "A salvação cristã inclui a realidade do homem novo e da nova terra, em que habita a justiça. Postular sua realização e lutar por seu advento não é uma usurpação prometeica, mas uma exigência da ética cristã".[3] Esse foi o aprendizado que dele recebemos e que foi decisivo para nossas trajetórias.

Pastor foi um grande teólogo, possuidor de invejável cultura na área, mas que não ficava restrita a esse campo do saber. Impressionava sua abertura ao universo da literatura, do cinema e da arte em geral. Sua paixão teológica voltava-se, de modo particular, para dois grandes clássicos da teologia: Agostinho e Paul Tillich. A eles dedicou inúmeros cursos, conferências e muitos artigos, publicados em periódicos reconhecidos internacionalmente. Admirava igualmente Karl Rahner e com grande maestria nos ajudava a desvendar as difíceis e sedutoras entranhas desse grande teólogo alemão. Não me esqueço de suas brilhantes e instigantes intervenções no seminário em torno do *Curso fundamental da fé*, de Karl Rahner, dado na Gregoriana. Foram aulas que abriram horizontes inesperados para reflexões futuras.

A presente obra busca trazer um conjunto de textos publicados por Félix Pastor envolvendo a questão do Deus da Revelação, problemática que sempre esteve no centro de atenção desse mestre querido. Lembro-me, com alegria, de suas reflexões sobre o mistério da autocomunicação de Deus, com base no aporte de Karl Rahner. Deus como "horizonte longínquo" e simultaneamente "proximidade acolhedora". Do mistério santo que se acomoda no mais íntimo recanto de cada um, como oferta livre e gratuita. E todo ser humano, dotado de transcendentalidade, pode fazer a experiência desse mistério de amor que se doa mesmo fora de uma atividade religiosa explícita. A "experiência original de Deus", por ser universal, atemática e "arreligiosa", pode dar-se onde quer que o ser humano venha a exercer sua existência.[4] A história ganha, assim, um significado soteriológico bem especial, traço que foi captado com maestria por Félix Pastor. É esse mesmo Deus, misterioso e inefável, que se manifesta no tempo e na obra da criação, que mostra seu rosto na vizinhança da história. O caminho de correspondência a esse Deus de proximidade passa pelas dobras dessa história e pelo compromisso de sua transformação. Há uma íntima ligação entre "os valores incondicionados do reino de Deus e a realidade condicionada da história", o que incide num imperativo de ação fraterna e de salvaguarda da criação. A fé, como diz Pastor, "não pode permanecer indiferente ao esforço em favor da transformação positiva do mundo".[5]

Dentre suas inúmeras publicações, destacam-se os livros: *Existência e Evangelho* (1973), *O reino e a história* (1982), *Semântica do Mistério* (1982) e a *Lógica do inefável* (1986 e 1989). No campo do ensino, dedicou-se em particular aos temas relacionados à Eclesiologia, ao Tratado de Deus e a outras questões teológicas e ecumênicas. Merece destaque sua atenção à problemática teológica latino-americana, como bem destacado por Maria Clara L. Bingemer e Paulo Fernando Carneiro de Andrade:

> Sua ligação com a América Latina e com a teologia produzida deste lado do mundo, juntamente com sua sensibilidade social e seu profundo sentido de justiça, fizeram igualmen-

---

[3] Cf. *Ibidem*, p. 46.
[4] Cf. RAHNER, K. *Corso fondamentale sulla fede*. 3 ed. Roma: Paoline, 1978, p. 180-181.
[5] Cf. PASTOR, F.A. "L´uomo e la ricerca di Dio". In: LATOURELLE, René (Ed.). *Vaticano II – Bilancio & prospettive*. Venticinque anni dopo (1962-1987). 2 ed. Assisi: Cittadella editrice, 1988, p. 937 (artigo inserido na presente obra).

te do Pe. Pastor um exímio especialista e agudo crítico da teologia latino-americana, tendo ministrado cursos, publicado vários trabalhos e orientado diversas teses sobre o tema da relação entre Teologia e Práxis e sobre as tendências mais atuais da teologia do continente.[6]

O toque decisivo de sua atuação estava no dom da orientação acadêmica. É difícil encontrar um orientador com tamanha capacidade de desbravar caminhos e horizontes. As dificuldades trazidas por seus orientandos ganhavam com ele sempre uma solução precisa. Os alunos entravam em seu gabinete preocupados com o destino de seu trabalho e saíam sorridentes com as soluções encaminhadas. Outra marca importante na personalidade de Félix Pastor era seu profundo respeito pela reflexão de seus orientandos. Mesmo que não partilhasse inteiramente das posições teológicas de seus alunos, incentivava a reflexão, mantendo sempre acesa a imprescindível chama do direito à liberdade de expressão. É um dos exemplos mais bonitos que pude verificar nessa trajetória de caminhada comum e que busco manter vivo na experiência com meus alunos.

Sem dúvida, um grande pedagogo, com impressionante experiência nesse campo de apoio, presença e orientação dos alunos. E essa prática vinha amparada por muitos anos de experiência com a análise psicanalítica. Seus cursos de metodologia ficam guardados na memória. Trouxe essa experiência em aulas memoráveis, sobretudo na PUC-RJ, mas também em outros centros de estudo, como a Faculdades dos Jesuítas (FAJE) e a Universidade Federal de Juiz de Fora, onde também esteve presente algumas vezes para falar de sua experiência de orientação acadêmica.

É difícil precisar o número exato de seus orientandos no mestrado e no doutorado. Foram, certamente, mais de 350 estudantes que passaram por essa rica experiência. No âmbito do doutorado, foram mais de 90 teses por ele orientadas, das quais cerca de 55 de alunos brasileiros. Entre alguns dos doutores que passaram por sua orientação: Álvaro Barreiro e Alfonso Garcia Rúbio (1972-1973), Mário de França Miranda (1973-1974), Carlos Palacio (1975-1976), Juan A. R. de Gopegui (1976-1977), Ênio José da Costa Brito (1978-1979), Valdeli Carvalho da Costa (1980-1981), Faustino Teixeira e Antônio José de Almeida (1985-1986), Alexander Otten e Vítor G. Feller (1986-1987), Elias Leone, Maria Clara L. Bingemer e Paulo Fernando Carneiro de Andrade (1988-1989), Afonso Murad (1991-1992), Paulo Sérgio Lopes Gonçalves (1996-1997), Laudelino José Neto (1997-1998), Antônio Reges Brasil (2000-2001), Marcial Maçaneiro e Paulo César Barros (2000-2001) e muitos outros.

O bonito é perceber que ele deixou entre nós um exemplo vivo de paixão e testemunho de maravilhosa abertura ao Mistério sempre maior. Dele guardamos o carinho e o largo sorriso de um orientador, mas sobretudo um amigo sempre disponível. Fico com a bela imagem de sua presença amiga, regada pela alegria de encontros maravilhosos, tanto no Brasil como na Itália. Seguindo uma pista de Walter Rauschenbusch, Pastor deixa-nos como herança "a graça de ter um coração valente, para que possamos caminhar por esta estrada com a cabeça levantada e com um sorriso no rosto".

---

[6] Cf. BINGEMER, Maria Clara & ANDRADE, Paulo Fernando C. de (Orgs.). *O mistério e a história*. *Op. cit.*, p. 10 (apresentação).

INTRODUÇÃO

Paulo Sérgio Lopes Gonçalves

Em 2010, durante algumas conversas telefônicas que realizei com Pe. Félix Alejandro Pastor, concluímos que, além da nova tradução de sua obra *La lógica de lo Inefable*,[1] haveríamos também de traduzir outros cinco artigos seus referentes à questão do Deus da Revelação. Desta forma, teríamos dois tratados. O primeiro, com o título de *A Lógica do Inefável*[2] para desenvolver um tratado fundamental do Deus da Revelação, expondo o teísmo bíblico e o teísmo da tradição dogmática e debatendo o *kerygma* bíblico, a tradição dogmática e questões contemporâneas em que se relacionam dialeticamente apofatismo e catafatismo, teísmo e ateísmo, transcendentalismo e imanentismo, escatologia e história. O segundo, com este título que ora apresentamos *Deus inefável. Tratado temático do Deus da Revelação*, abarca um conjunto de textos escritos e publicados por Pe. Pastor em periódicos indexados de Teologia, referentes ao método teológico e à questão do Deus da Revelação. O ponto comum desses textos é a afirmação do Deus da Revelação na dialética entre *regula fidei* e contemporaneidade histórico-teológica. Com isso, explicita-se a necessidade de o tratado do Deus da Revelação estar simultaneamente em consonância com a tradição bíblica e dogmática e conter-se de contemporaneidade teológica de cada época histórica. Obtém-se, então, um discurso teológico imbuído de espírito contemporâneo e fundamentado na tradição bíblica e dogmática.

Tendo feito esse projeto, concluído na penúltima conversa telefônica, tivemos ainda a ideia de complementar o segundo volume com artigos teológicos de pessoas que foram orientandas de doutorado de Pe. Pastor. Seria uma homenagem de seus ex-alunos ou sempre alunos ao "Mestre", como havia me afirmado minha saudosa mãe sete dias antes de sua "Páscoa". Pe. Pastor insistiu para que eu escrevesse um artigo ou sobre Deus na contemporaneidade, ou sobre o conceito de revelação em Karl Rahner, a quem ele tanto havia estudado e venerava teologicamente. Sugeriu-me também que convidasse a professora Maria Clara Lucchetti Bingemer e o professor Paulo Fernando Carneiro Andrade, ambos da PUC-Rio, mas, acima de tudo, grandes amigos e "filhos" de Pe. Pastor. Dou meu testemunho do carinho e do afeto que Pe. Pastor dispensava a essas duas pessoas, cuja reciprocidade sempre foi profundamente verdadeira. Uma vez que me convenci a escrever um artigo, convidei os dois docentes-pesquisadores supramencionados, bem como convidei também Faustino Teixeira, docente-pesquisador da Universidade Federal de Juiz de Fora (MG), também amigo e "filho" de Pe. Pastor, a escreverem o prefácio desta obra, sobre quem também dou testemunho do afeto que lhe era dispensado por nosso homenageado. Com prontidão e carinho, todos aceitaram participar desta obra, com acentuado espírito de gratidão e respeito pelo "Mestre".

---

[1] Cf. PASTOR, F. A. *La lógica de lo Inefable*. Roma: PUG, 1986.
[2] Cf. PASTOR, F. A. *A lógica do Inefável*. Aparecida: Santuário, 2012.

Realizados todos os contatos e todas as transações, escolheu-se para esta obra o título *Deus Inefável: Tratado temático do Deus da Revelação*. Justifica-se esse tema por se tratar de uma obra que se expõe como um tratado, na medida em que segue rigorosamente a metodologia teológica, especialmente seu movimento interno constituído de *auditus fidei* e *intellectus fidei*, e desenvolve temas específicos pertencentes ao grande tratado do Deus da Revelação: o método teológico para acurar o Deus da Revelação, a procura de Deus pelo homem, o Pai Deus, a linguagem eclesial e o mistério inefável de Deus e a concepção agostiniana de Deus. Desses temas desenvolvidos por Pe. Pastor, surgiram os demais temas abordados por seus ex-alunos, supramencionados: a revelação na perspectiva transcendental, o método em teologia na perspectiva libertadora e a concepção de Deus na perspectiva mística. Com esse conjunto de temas, a obra se divide em duas partes: uma composta dos artigos do Pe. Pastor, traduzidos por mim, que está intitulada como "Temas fundamentais do Deus da Revelação" e outra composta por artigos dos outros docentes-pesquisadores intitulada "Temas em debate".

A primeira parte é composta de cinco capítulos. O primeiro é intitulado "O Homem à procura de Deus",[3] publicado originalmente em livro sobre o Concílio Vaticano II, organizado por René Latourelle, docente-pesquisador da Pontificia Università Gregoriana de Roma, Itália, colega jesuíta de Pe. Pastor. Trata-se de um texto que objetiva explicitar, na perspectiva do Concílio Vaticano II, o modo como o homem procura Deus no contexto contemporâneo, marcado pela secularização, pelo ateísmo e pela continuidade da religião no mundo. Para atingir esse objetivo, o autor afirma a relação entre Deus e o homem como uma relação entre Criador e criatura, a necessidade da articulação entre fé e razão, a maneira como o homem procura Deus no novo contexto de secularização e de manifestações ateístas, realçando a relação entre revelação e mistério, história e transcendência, elementos cruciais na teologia conciliar.

O segundo capítulo é intitulado "O discurso do método em Teologia"[4] e objetiva abordar a questão do método teológico, considerando sua natureza, sua tipologia, suas possibilidades, seus limites e sua legitimidade diante do *depositum fidei*. Para atingir esse objetivo, o autor apresenta a relevância do método para se fazer teologia, penetra a história da teologia para explicitar sua constituição fundamental, expõe as teologias da transcendência e da imanência da era contemporânea e desenvolve os princípios fundamentais para a elaboração teológica do Deus da revelação.

O terceiro capítulo *"Principium Totius Deitatis. Mistério inefável e linguagem eclesial"* [5] objetiva apresentar à luz da *regula fidei* a linguagem eclesial sobre o mistério de Deus: origem, tipologia, crise, significado, coerência e atualidade. Por isso, discorre a tradição cristã para afirmar o Deus da Revelação em diversos modelos dogmáticos, a unidade trinitária, a monarquia do Pai, a unicidade divina. Ademais, explicita também as posições recentes do magistério eclesiástico, nas quais se realçam o mistério *absconditus et revelatus* de Deus, a fé trinitária da Igreja e a *regula fidei*, que afirma Deus como substância divina única, constituída de três Pessoas divinas que se relacionam na comunhão pericorética.

---

[3] Cf. PASTOR, F. A. "L'uomo Allá ricerca di Dio", *op. cit.*, in LATOURELLE, R. (org.) *Concilio Vaticano II. Bilancio & Prospettive. Venticinque anni dopo. 1962-1987*. Assisi: Cittadella Editrice, 1987, p. 923-938.

[4] Cf. PASTOR, F. A. "El discurso del método en Teología", in *Gregorianum* 76/1 91995), p. 69-94.

[5] Cf. PASTOR, F. A. "Principium totitus Deitatis. Misterio inefable y Lenguaje eclesial", in *Gregorianum* 79/2 (1998), p. 247-294.

O quarto capítulo tem o título *"Credo in Deum Patrem*. Sobre o primeiro artigo da fé", escrito para iluminar a celebração do Jubileu de Cristo do ano 2000,[6] objetiva apresentar a Revelação divina e a mensagem de Jesus sobre Deus como Pai de bondade, cuja linguagem de fé antiga ajuda a superar a crise da modernidade e a tensão entre fé e razão na era contemporânea. Para atingir esse objetivo, o autor sintetiza o Deus da Revelação bíblica como Deus da aliança, criador, único, revelado plenamente em Jesus Cristo, mediador da nova aliança de salvação, que anuncia Deus como Pai de bondade e de amor. Em seguida, apresenta o modo como os padres da Igreja desenvolveram teologicamente o Deus da Revelação, expõe com ênfase o método de integração e a via mística do platonismo agostiniano, e o método de subordinação e a via dedutiva do aristotelismo tomista, confrontando-os com as respectivas correntes de diversificadas visões teológicas. Com isso, penetra a era moderna e a era contemporânea, apresentando diversos problemas, tais como racionalismo, naturalismo, panteísmo, além de explicitar o modo como o magistério eclesiástico atualmente explicita o Deus da Revelação como transcendente, único, santo, vivo e como Pai da salvação que oferece a vida eterna, por meio de Cristo, e que doa o Espírito também pela mediação de Jesus, para que a humanidade possa adorá-lo como Pai de bondade e santidade, criador e providente, mistério de amor que vence o mistério do mal.

O quinto capítulo intitula-se *"Quaerentes summum Deum*. Busca de Deus e linguagem de fé em Agostinho de Hipona"[7] e objetiva investigar o itinerário de Santo Agostinho em sua incansável indagação filosófica, em sua constante busca do encontro com a realidade misteriosa e em sua formulação linguística de fé ao contemplar o mistério de Deus em sua eterna presença, bondade e potência. Para realizar seu objetivo, o autor faz um grande passeio hermenêutico nas obras de Agostinho, desde aquelas escritas anteriormente a sua conversão até aquelas após a conversão de cunho filosófico e aquelas de cunho teológico, em que a filosofia era um momento interno da própria teologia. Desse modo, afirma um Deus único, trinitário, de comunhão, sobre quem muito se afirma e muito há ainda de se afirmar teologicamente, mas sobretudo há de se adorar eternamente.

A segunda parte da obra está composta por três artigos que se inserem na complexidade temática desenvolvida por Pe. Pastor ao longo de sua vida, em que fé e razão estão constantemente em processo de articulação. Assim sendo, o primeiro tema e que constitui o sexto capítulo desta obra, intitulado "A revelação cristã à luz da teologia transcendental", é escrito por Paulo Sérgio Lopes Gonçalves, docente-pesquisador da Pontifícia Universidade Católica de Campinas. Trata-se de um tema extraído de um dos grandes teólogos do século XX e um dos mentores de Pe. Pastor: Karl Rahner. Este teólogo alemão foi responsável pela virada antropológica em teologia na era contemporânea, apontando para a articulação entre antropologia e teologia, com fundamento em uma filosofia de perspectiva transcendental. Por isso, esse capítulo objetiva apresentar a compreensão da revelação cristã conforme a teologia transcendental. Para atingir esse objetivo, o autor exporá o método transcendental rahneriano, a estrutura fundamental

---

[6] Cf. PASTOR, F. A. "Credo in Deum Patrem. Sul primo articolo della fede", in *Gregorianum* 80/3 (1999), p. 469-488.

[7] Cf. PASTOR, F. A. "Quaerentes summum Deus. Búsqueda de Dios y Lenguaje de Fe en Agustín de Hipona", in *Gregorianum* 81/3 (2000), p. 453-491.

da relação entre Deus – mistério santo e inefável – e o homem – ouvinte da palavra –, o conceito de revelação e os desdobramentos em dois assuntos: a concepção de Deus e a existência humana.

O sétimo capítulo e segundo tema desta parte intitula-se "A teologia da libertação e a questão do método", foi escrito por Paulo Fernando Carneiro de Andrade, docente-pesquisador da Pontifícia Universidade Católica do Rio de Janeiro. Esse autor desenvolveu o tema da teologia da libertação em sua tese doutoral, com orientação de Pe. Pastor, o que lhe deu fundamento epistemológico para compor este capítulo. Seu objetivo é o de apresentar sinteticamente a teologia da libertação em sua pertinência metódica e epistemológica, desde seus primórdios até o momento histórico atual. Para isso, apresenta a gênese e os primeiros desenvolvimentos da teologia da libertação, sua "recepção crítica" em que se consolida com *status* teológico, a elaboração sistemática de seu método consolidado nas mediações socioanalítica, hermenêutica e teórico-prática, com centralidade na articulação entre fé e opção pelos pobres. Em seguida, apresenta a visão de Pe. Pastor acerca da teologia da libertação, explicitando sua utilidade e sua necessidade como uma teoria da fé que se direciona para uma ortopráxis. Além disso, explicita a necessidade dessa teologia em olhar para os desafios atuais, sem perder sua consistente articulação entre fé e pobres, como forma de fazer uma teologia pertinente e relevante à contemporaneidade histórica.

O oitavo capítulo e terceiro desta segunda parte intitula-se "O Deus dos místicos: mistério de paixão e amor", escrito por Maria Clara Lucchetti Bingemer, docente-pesquisadora da Pontifícia Universidade do Rio de Janeiro, está inserido no olhar da mística inaciana que Pe. Pastor desenvolvia em sua condição de jesuíta. A autora objetiva neste artigo apresentar a visão de Deus conforme mística cristã. Para alcançar seu objetivo, desenvolveu as concepções de mística cristã de Karl Rahner e do Concílio Vaticano II, como formas contemporâneas de exprimir teologicamente tal mística. Em seguida, desenvolveu a mística cristã mediante a compreensão da lógica da encarnação como elemento fundamental para se narrar a experiência do Deus cristão na história humana. Dessa maneira, exprime uma teologia da mística cristã que já é mística, na medida em que exprime a experiência de um Deus que se encarna na história humana, abaixando-se para revelar-se em sua grandeza divina em comunhão com o *humanum*.

Esta obra reflete sobre o Deus da Revelação em sua inefabilidade, mediante sua inserção histórica na vida humana e sua pertinência e relevância na era contemporânea. Com isso, é uma obra que apresenta Deus como substância única, constituída de três Pessoas divinas que se relacionam pericoreticamente. Privilegia-se o primeiro artigo da fé, Deus como Pai de bondade que se revelou no Filho, mediador único, que doou o Espírito Santificador para que inspirasse a Igreja a ser sacramento de salvação universal. Por mais que esta concepção seja compreensível, infere-se de todos os textos sua incompreensibilidade, enquanto é expressão do esgotamento da compreensibilidade e, por conseguinte, o momento de ampla adoração, de total entrega ao mistério *absconditus* que se revela sem se deixar de ser velado.

Essa compreensão exprime bem a figura de nosso homenageado, também idealizador desta obra e autor de cinco dos textos: Félix Alejandro Pastor ou simplesmente Pe. Pastor como diriam todos os seus ex-alunos ou sempre alunos. Trata-se de um jesuíta espanhol que poderia ter estudado medicina, mas preferiu ser jesuíta, estudar filosofia e teologia, dedicar-se à vida acadêmica na *Pontifícia Università Gregoriana* e em instâncias eclesiásticas da Santa Sé, pensando a fé teologicamente, com reto uso da filosofia. Encantou-se com a América Latina, especialmente com o Brasil, e muito ajudou a Igreja deste país ao orientar a formação teológica de seminaristas, presbíteros e leigos que assumiram o ministério da docência teológica, ao ministrar palestras em diversas instituições eclesiais e universitárias, ao lecionar por diversos anos como docente convidado na Pontifícia Universidade Católica do Rio de Janeiro e em algumas instituições da Companhia de Jesus. Exprimiu seu amor à arte ao dedicar-se às visitas aos museus diversos, aos patrimônios histórico-culturais, aos cinemas para assistir a filmes de alta qualidade cultural e às peças de teatro de cunho filosófico. Mostrou-se um homem de bondade, sereno, compreensível, firme e com uma fé que denotava a compreensão de um Deus santo, silencioso e inefável. Talvez esta minha percepção, que creio compartilhada por meus colegas Paulo Fernando, Maria Clara e Faustino Teixeira, seja a linha explicativa para que a morte pascal de Pe. Pastor tenha sido em uma manhã serena, em seu quarto da casa de seus confrades da Companhia de Jesus no Rio de Janeiro, de modo silencioso, revelando seu encontro indelével com o Inefável, sempre eterno e misterioso Deus.

Primeira Parte

"Temas fundamentais do Deus da Revelação"

Félix Alejandro Pastor

I

O HOMEM E A PROCURA DE DEUS

A questão teológica da procura de Deus por parte do homem, seja como possibilidade ou como realidade, seja como ato crente ou como conteúdo de fé, sempre teve um lugar de relevância na reflexão eclesial. Ao longo dos séculos, sucederam-se diversos modelos de compreensão seguindo as diversas escolas teológicas. Apofatismo e catafatismo, fideísmo e racionalismo, espiritualismo e imanentismo representaram os projetos mais consistentes de elaboração da questão religiosa fundamental, da procura e do reconhecimento de Deus, em suas condições de possibilidade e em sua dialética interna, em sua estrutura linguística formal e em seu significado teórico e prático, para a comunidade eclesial e para singular crente. A pretensão do homem de afirmar, conhecer e chamar pelo nome a realidade divina parece condenada a sucumbir diante das diversas tentações: antropofatismo idolátrico ou fuga na irracionalidade, racionalismo intelectualizado ou voluntarismo fideísta, titanismo ilusório ou capitulação supersticiosa. O objeto de texto é a elaboração da questão teológica da procura de Deus, como possibilidade ou como realidade, como ato ou como conteúdo, analisando as proposições mais significativas do magistério eclesial, fazendo particularmente referência ao primeiro artigo de fé, conforme fora formulado pela ortodoxia eclesiástica, em seus símbolos, em suas definições e declarações. A consideração da doutrina tradicional nos permitirá compreender melhor a originalidade e o sentido da atualização da doutrina realizada pelo Concílio Vaticano II, em sua tentativa de proclamar de modo mais eficaz para o homem moderno a mensagem do evangelho.[1]

1. O Criador e a criatura

Enquanto respostas concretas ao evangelho e expressão da profissão crente, os símbolos nascem no contexto eclesial catecumenal e batismal, por ocasião da recepção do "sacramento da fé". Na liturgia da vigília pascal, a exposição do símbolo precedia a ação batismal. Em sua profissão, o catecúmeno devia declarar principalmente sua fé no "único Deus, Pai onipotente, criador do céu e da terra".[2] Sentimos aqui o eco da fé apostólica, cuja primeira afirmação é sempre referente ao Deus único, criador e Pai, não somente nas fórmulas batismais, mas também nas doxologias litúrgicas e nas anáforas eucarísticas. Em toda a vida da comunidade orante, há o Pai e sua monarquia divina na economia da

---

[1] Cf. AUBERT, R. *Vatican I* (Paris 1964); VANNESTE, A. "Le problem de Dieu de Vatican I à Vatican II", in *RClerAfr* 22 (1967) 234-251; POTTMEYER, H. H. *Der Glaube vor dem Anspruch der Wissenschaft* (Freiburg 1968); ALFARO, J. "La Costituzione 'Dei Filius' del Vaticano I e le sue ripercussioni sul Vaticano II", in *L'Oss. Rom.* (7.XII.1969); BOUILLARD, H. "Le concept de révélation de Vatican I à Vatican II", in J. AUDINET et al., *Révélation de Dieu et langage des homes* (Paris 1972) 35-49; KLINGER, E.– WITTSTADT, K. (eds.). *Glaube im Prozess. Christsein nach dem II. Vatikanum. Für Karl Rahner* (Freiburg 1984).

[2] IRENAES. *Adv. Haer.*, I,10,1 (PG 7,549); TERTULLIANUS. *Apolog.*, 17 (PL 1,375); ORIGENES. *C. Celsum*, I,23 (PG 11,701); CYRILLUS HIER. *Catech.*, 4,4 (PG 33,457); AUGUSTINUSI. *De vera relig.*, 25,46 (PL 34,142).

salvação com ponto de referência da oração eclesial. A mesma coisa encontra-se nas orações de bênção e na unção pós-batismal, na confirmação dos batizados e nas imposições das mãos, no sinal da reconciliação do penitente ou no rito de ordenação ministerial.[3]

Em todo símbolo da Igreja antiga, desde as fórmulas mais arcaicas até as mais elaboradas, afirma-se como primeira proposição crente a fé no único Deus Pai e criador. Isso se encontra também no Símbolo apostólico e nos símbolos sinodais de Niceia e Constantinopla.[4] Também importantes são as sucessivas reafirmações da "monarquia divina", coexistente, na triplicidade hipostática e na igualdade interpessoal, na única essência divina.[5] De notável relevância é a declaração sinodal contra Orígenes, a qual reprova toda negação da infinidade e da incompreensibilidade de Deus; e por consequência é reafirmado um apofatismo originário da linguagem referente a Deus, enquanto incompreensível e infinito.[6] Inicialmente, a linguagem da ortodoxia eclesial professa sua fé no único Deus Pai onipotente, criador das realidades visíveis e invisíveis do universo, identificando assim, contra todo dualismo gnóstico, o Deus criador e providente da antiga aliança com o Pai misericordioso da nova aliança. É o Deus incompreensível e infinito, não gerado e eterno, criador ativo do Espírito paráclito e Juiz onisciente da história, da vida "imanente" intradivina e origem sem origem da economia histórico-salvífica.[7]

No ocidente, o magistério eclesial repropõe constantemente a doutrina do primeiro artigo de fé, defendendo-a contra toda interpretação herética, panteística ou dualista que seja. Assim os concílios de Quiercy (851) e de Valência (855) refutaram diversos erros relativos à presciência e à predestinação divina, erros que diminuíam a fé na justiça e na bondade de Deus, propondo a doutrina herética de J. Scotto Eriugen sobre a necessidade da teologia do mal, em função de ser conhecido pela presciência e decretado pela determinação divina.[8] Por sua vez, o Concílio de Sens (1140) refutou como heréticas algumas proposições de Pedro Abelardo, que se referiam ao "otimismo teológico", segundo o qual Deus não poderia ter feito melhor de quanto fez no mundo; ao mesmo tempo refutou a afirmação da necessidade no comportamento divino, até mesmo em referências ao mal que Deus mesmo não poderia evitar.[9] O Concílio de Reims (1149), na mesma linha, criticou a linguagem teológica de Gilberto de Poitiers, que distinguia realmente a essência divina, enquanto substância ou natureza, da trindade divina, enquanto realidade tripessoal.[10]

Os albigenses e os cátaros reciclaram a afirmação herética do dualismo teológico, distinguindo entre um Deus criador, princípio do mal, e um Deus salvador, princípio do bem, separando assim decisivamente a antiga da nova aliança. O Concílio Lateranense IV (1215) reafirmou a unicidade da monarquia divina, confessando "um só e único Deus verdadeiro, eterno, imenso e imutável, incompreensível, onipotente e inefável".[11] Reveste de particular relevância a teoria analógica desse Concílio, enquanto tentativa de mediação

---

[3] CLEMENS ROM. *Ad. Cor.*, I,58,2 (Funk I, 172); IUSTINUS. *Apol.* I,65 (PG 6,428); AMBROSIUS. *De myster.*, 7,42 (PL 16,402).
[4] DZ 1-6; 10-11; 40-42; 60; 125; 150.
[5] DZ 13-19; 25-30; 71-76.
[6] DZ 140.
[7] DZ 139; 441; 451; 490; 525; 617.
[8] DZ 623; 626; 627; 633.
[9] DZ 726-727.
[10] DZ 745.
[11] DZ 800.

entre uma teologia da identidade e uma teologia da diferença. Entre Criador e criatura, o Concílio afirma uma dialética de semelhança e dessemelhança, na qual a dessemelhança permanece sempre maior, colocando-se na proximidade de uma posição moderadamente apofática.[12] Além disso, esse Concílio não só deve combater a heresia dualista, que separava excessivamente o Deus criador do Deus Salvador, entendendo-os como dois princípios divinos diversos, mas refutar também a doutrina panteísta de Amalrico de Bena, que identificava criatura e criador: Deus e universo.[13]

No Concílio de Lyon II (1274), é reafirmada a mesma doutrina da unidade e da unicidade divina, e isto em contraposição com todo o dualismo teológico e contra qualquer pessimismo cósmico-diabólico.[14] Diversas proposições, contidas nos escritos de Mestre Eckart (1329), sobre a eternidade, a unidade e a bondade de Deus, foram condenadas por João XXII. Pela linguagem fortemente paradoxal e pela intenção claramente apofática da teologia eckartiana, parecia deduzir-se a eternidade do mundo, a unidade absoluta de Deus em sua realidade substancial e pessoal e a impossibilidade de falar da bondade divina.[15] O Concílio de Florença (1442) confirmou a doutrina da unidade da monarquia divina, já precedentemente afirmada pelo magistério eclesial.[16] Nesse mesmo sentido, coloca-se o Concílio de Trento, que renovou sua profissão de fé fazendo uso do símbolo niceno-constantinopolitano (1564), com um duplo desejo de restaurar a unidade ecumênica e de permanecer fiel à tradição da Igreja latina.[17]

Mediante tais símbolos de fé, definições teológicas e declarações dogmáticas, o magistério eclesial reafirmava a fé da Igreja católica, professando a profunda identidade entre o Deus misterioso, criador e providente, manifestado no Antigo Testamento, e o Deus revelado no Novo Testamento, Senhor da história da salvação e pai misericordioso; e afirmava ainda a convicção da profunda diferença existente entre Criador e criatura, entre Deus e o mundo. Também se afirmava a transcendência de Deus na imanência criatural e salvífica, sublinhando de um lado a santidade divina incompreensível e inefável, e de outro a presença e a ação de Deus na criação e na história. Enfim, o Magistério se opunha a qualquer linguagem que pudesse prejudicar a fé na justiça e na bondade de Deus, seja falando da realidade criada, seja fazendo referência à presciência e à predestinação divinas.

2. A razão e a fé

Durante o primeiro milênio, o perigo para a fé cristã no primeiro artigo de fé vinha de um modo particular da tentação de admitir uma diarquia divina, separando a monarquia do Pai em duplo princípio supremo: mal e bem, trevas e luz, criação e salvação, antiga e nova aliança. Ao longo do segundo milênio, especialmente a partir da modernidade, o perigo de negar o primeiro artigo de fé situa-se também pela perda da consciência da diferença existente entre Criador e criatura, infinito e finito, Deus e mundo. Desse modo, desemboca-

---

[12] DZ 806.
[13] DZ 808.
[14] DZ 851.
[15] DZ 951-953; 973-974; 978.
[16] DZ 1330-1336.
[17] DZ 1862.

-se a afirmar um monismo panteísta, seja de marca espiritualista e idealista, seja de marca materialista e naturalista, que desemboca definitivamente no niilismo e no ateísmo.

Além disso, o modelo de integração profunda entre razão contemplativa e fé religiosa, próprio do platonismo cristão, substituído pelo modelo de moderada subordinação pela razão científica à fé, próprio do aristotelismo cristão, na época moderna desembocou em um modelo de exagerada subordinação da razão crítica e controladora a uma fé pensada heteronomamente, a saber: o tradicionalismo fideísta. Ou, ao contrário, subordina-se de forma igualmente desproporcional a fé teônoma ao controle autônomo da razão crítica, como sucede no racionalismo.

Em consequência disso, o magistério eclesial em suas declarações deve refutar seja o fideísmo, seja o racionalismo, reafirmando a utilidade de uma profunda integração das exigências da fé com o método racional. Com efeito, sob os pontificados de Gregório XVI e de Pio IX, foram condenados os erros fideístas de L. E. Bautain e de A. Bonnety,[18] também aqueles do racionalismo católico de A. Günther e de I. Forschmmer.[19] O Magistério devia igualmente frear a tendência do panteísmo em suas diversas formas, absoluto ou essencial, evolutivo ou emanantista, defendendo a diferença substancial existente entre a realidade divina e o mundo criado, bem como a liberdade de Deus em sua ação criadora e providencial. Por isso, nos tempos de Pio IX foram considerados contrários à fé, e portanto erros, tanto o panteísmo quanto o ontologismo panteísta e também qualquer negação da liberdade no ato criativo de Deus.[20]

Nesse contexto religioso e cultural, alcança especial relevância o magistério conciliar do Vaticano I, que, em sua constituição dogmática sobre a fé católica (1870), afirma como heresia ateísmo e panteísmo, agnosticismo e deísmo, fideísmo e racionalismo.[21] O Concílio reafirmou também a identidade e a realidade de Deus e sua essencial diferença do mundo, confirmando assim a linguagem religiosa da revelação bíblica e da tradição teológica católica.[22] Particular importância reveste a doutrina conciliar acerca da possibilidade real da afirmação de Deus, a partir da realidade criada, por meio da "luz natural da razão humana", e, igualmente, a partir da revelação divina, por meio da "luz da fé".[23] Desse modo, a constituição conciliar não indicou sua preferência por qualquer modelo particular de compreensão nem se orientou rumo ao singular sistema filosófico-religioso ou rumo a um método teológico específico, sendo recepcionada seja a teoria da "conaturalidade" ou espontaneidade do sentimento religioso do homem, típica da tradição patrística, seja a teoria apofática sobre a transcendência e sobre o mistério de Deus, típica do platonismo cristão, bem como também a teoria catafática da possibilidade de afirmar a realidade de Deus mediante a causalidade, própria do aristotelismo escolástico.[24]

---

[18] DZ 2751; 2755-2756; 2765; 2768; 2811-2814.

[19] DZ 2828-2829; 2853-2857.

[20] DZ 2841-2847; 2901-2905.

[21] AUBERT, R. "La Constitution 'Dei Filius' Du Concile Du Vatican", in *De doctrina Concilii Vaticani Primi* (Rome 1969) 46-121; GOMEZ-HERAS, J. M. G. "Sapientia in mysterio. El misterio de fé y su inteligencia racional según el Vaticano II", in *Burgense* 10 (1969) 111-174; VON LOEWENICH, W. "Glaube und Vernunft nach den Lehranschauungen des Vatikanum I", in KANTFENBACH, F. W. – MÜLLER, G. (eds.). *Reformatio und Confessio* (Berlin 1965) 231-243.

[22] DZ 3001-3003; 3021-3023.

[23] DZ 3004-3005; 3026-3028.

[24] CHOSSAT, M. "Dieu I", in *DTC* 4: 839-842.

Diante do desafio moderno da incredulidade e do ateísmo, a doutrina tradicional do magistério eclesial, sobre a afirmação de Deus à luz do primeiro artigo de fé, deve antes de tudo afrontar a questão da possibilidade de superar o niilismo e o materialismo, a incredulidade e a indiferença religiosa, anatematizando o ateísmo teórico e toda negação de monoteísmo cristão.[25] O magistério eclesial tem frequentemente afirmado a possibilidade de uma "teologia natural", sem identificá-la com uma escola filosófica particular. Assim sendo, nos tempos de Pio X, por ocasião da crise modernista (1907-1910), a doutrina papal reafirmou a possibilidade da teologia natural, indicando na causalidade a via para demonstrar a realidade de Deus, para superar assim uma noção de religiosidade reduzida ao imanentismo da subjetividade e ao individualismo da consciência interior.[26] Pio XII, por sua vez, tomando posição no debate eclesial sobre a "nova teologia" (1950), admitindo a dificuldade que tem a mentalidade moderna de aceitar uma "teologia natural", propõe novamente a tese tradicional da real possibilidade de afirmar Deus mediante a luz natural da razão, chegando assim à aceitação de sua existência como realidade única e transcendente, absoluta e pessoal.[27]

Todavia, a condenação do ateísmo teórico e a proposta de um teísmo racionalmente legítimo não equivalem à aceitação de um catafatismo levado às extremas consequências ou à aceitação de um racionalismo teológico. O magistério eclesial supõe sempre uma noção de Deus como mistério absoluto, transcendente e pessoal, incompreensível e inefável, seja em sua realidade, seja na autocomunicação salvífica. Igualmente a afirmação de um "conhecimento natural" de Deus, como condição prévia do ato de fé, superando uma posição de tradicionalismo e fideísmo extremos, não significa negar a influência positiva da tradição crente para elaborar a resposta de fé. Tanto menos significa negar a utilidade religiosa da revelação cristã e consequentemente sua necessidade moral, para que universalmente, com certeza e sem possibilidade de engano, possam ser conhecidas e aceitas as verdades que se referem à atitude religiosa e ao comportamento moral do homem.[28] Ao mesmo tempo, a afirmação da parte do magistério de uma possível culpabilidade do ateísmo não implica uma exclusão da misteriosa providência salvífica de Deus daqueles que, desconhecendo Deus sem culpa alguma, o procuram a modo próprio.[29]

3. A procura de Deus

Em diversos documentos o Concílio Vaticano II se ocupou da questão teórica e prática, da procura de Deus por parte do homem. Com efeito, na constituição dogmática sobre a revelação divina (1965), apresenta-se o mistério do Deus da revelação e da fé: movido por sua bondade e sabedoria, Deus quis revelar-se e manifestar o mistério de desígnio de salvação. Desse modo, o Deus invisível fala aos homens e os convida

---

[25] DZ 3021.
[26] DZ 3420; 3475-3477; 3538.
[27] DZ 3875; 3892.
[28] DZ 3001; 3005; 3028.
[29] DZ 3869-3872.

a participar misteriosamente da sua vida divina e da sua beatitude infinita, através de gestos e palavras presentes na história da salvação e da revelação, que encontra seu cumprimento em Cristo, mediador e plenitude da mesma revelação salvífica escatológica.[30] O Deus da criação nos oferece, mediante as obras criadas, um perene testemunho de si. O Deus da salvação oferece a vida eterna a todos os que perseveram na prática do bem. O Deus da revelação se manifestou sempre à humanidade, de modo particular na história da eleição e da aliança com o povo da promessa, como o único Deus vivo e verdadeiro, criador do mundo e justo juiz da história, Pai providente, santo e misericordioso.[31] Tal revelação culmina com a manifestação de seu Filho eterno, Palavra de Deus encarnada para nossa salvação e, enfim, com a missão do Espírito de Deus, testemunha da solidariedade e da presença de Deus, que nos livra do mal e nos dá a vida eterna.[32] Ao Pai misericordioso que se manifesta em seu Filho Jesus Cristo, o homem deve dar uma total e livre aprovação pela vontade e pelo intelecto, movido pela luz e pela graça do Espírito Santo.[33] Na manifestação e na comunicação de Deus mesmo e de sua vontade salvífica, revela-se o desígnio divino. Deus, princípio e fim do universo, fundamento do ser e do senso, oferece-nos na revelação divina um conhecimento de si universal e fácil, infalível e seguro.[34]

O Concílio Vaticano II não somente afirmou a possibilidade real do conhecimento natural de Deus, mas constituiu também a realidade do conhecimento religioso e a positividade da experiência do sagrado, entendido como procura constante do divino, que nas grandes religiões históricas encontrara suas formas expressivas mais significativas, seja no ato de viver o momento místico e apofático do mistério de Deus, seja no ato de viver a revelação profética e a fé abraâmica.

Efetivamente foi mérito da declaração conciliar sobre as religiões não cristãs (1965) ter chamado a atenção dos cristãos sobre o valor teológico da experiência religiosa de Deus, Criador e providente e Pai misericordioso. Na experiência religiosa, os homens debatem as maiores questões existenciais, em relação ao ser e ao viver, ao bem e ao mal, ao sofrimento e à felicidade, ao temor religioso e ao desejo de Deus.[35] O magistério conciliar reconhece a presença de numerosos valores espirituais, morais e culturais nos adeptos das religiões não cristãs, nas quais esses encontram uma via de purificação e um refúgio místico em Deus, o itinerário de uma libertação das paixões mundanas e uma suprema iluminação do ânimo.[36] Além disso, nas grandes religiões monoteístas, dentre as quais o islamismo e, de modo particular, o judaísmo, é adorado o Deus único, subsistente e vivo,

---

[30] LATOURELLE, R. "La Révélation selon la Constituition *Dei Verbum*", in *Gregorianum* 47 (1966) 5-40; DE LUBAC, H. "Commentaire du préambule et du chapitre I", in *La Révélation divine* (Paris 1968) 157-302; SINALES, N. "Trinitad y revelación en la *Dei Verbum*", in *Est. Trin.* 17 (1983) 143-214.
[31] "Placuit Deo in sua bonitate et sapientia Seipsum revelare et notum facere sacramentum voluntatis suae" (DV 2); "erudivit ad Se solum Deum vivum et verum, providum Patrem et iudicem iustum agnoscendum" (Dv 3).
[32] "Nulla iam nova revelatio publica expectanda est" (DV 4).
[33] "Deo revelanti praestanda est *oboeditio fidei*" (Dv 5).
[34] "Deus Seipsum atque aeterna voluntatis suae decreta circa hominum salutem manifestare ac communicare voluit" (Dv 6).
[35] GOETZ, J. "Summi Numinis vel etiam Patris", in *L'Église et les missions* (Rome 1966) 51-63; RAHNER, K. "Über die Heilsbedeutung der nichtchristlichen Religionen", in *Evangelizzazione e Culture* (Roma 1976) I, 295-303; WANDELFELS, H. "Theologie der nichtchristlichen Religionen. Konsequenzen aus *Nostra aetate*", in *Glaube im Prozess* (Freiburg 1984) 757-775.
[36] "Illud ultimum et ineffabile mysterium quod nostram existentiam amplectitur" (NA 1); "perceptio illius arcanae virtutis, quae cursui rerum et eventibus vitae humanae praesens est" (NA 2).

Criador providente, protetor de Abraão, também onipotente e misericordioso senhor de uma aliança de salvação na história, culminada em Cristo.[37]

Na constituição pastoral sobre a Igreja no mundo contemporâneo, está presente uma significativa referência ao problema do ateísmo, quando se constata a gravidade do fenômeno, enquanto explícita negação da procura de Deus por parte do homem. Para o homem, a perda da consciência da transcendência o condena a permanecer em um problema não resolvido.[38] Com tudo isso, o magistério eclesial observa que, com frequência, mais que negar o "Deus do evangelho", se entende negar uma caricatura perversa e falsa daquilo que é divino.[39] Mais dramática aparece a situação daqueles que parecem ter perdido a mesma inquietude religiosa ou daqueles que atribuem um valor incondicionado aos bens da terra. Outras vezes, diante de uma concepção heteronômica da religião, a intenção não é tanto de negar Deus, quanto de afirmar o homem em sua autonomia responsável, defendendo assim uma legítima emancipação de toda forma de opressão. Não obstante isso, a procura de uma libertação histórica, não poucas vezes, deixa-se circunscrever por um horizonte simplesmente mundano, limitando sua ação à esfera social, econômica e política.[40] Embora o Concílio aluda a uma possível culpabilidade moral do ateísmo, não aprofunda ulteriormente a questão; todavia não deixa de reconhecer uma participação, na responsabilidade da incredulidade dos ateus, de certas insuficiências teóricas e sobretudo práticas dos crentes quando vivem a religião de modo contraditório.[41] Ademais, a religião não deve ser um motivo ou um pretexto para a indiferença do crente diante do problema da justiça entre os homens nem para uma fuga irresponsável dos problemas da realidade. Mas a luta na imanência do viver humano não deve nem mesmo esquecer a profunda dimensão da inquietude religiosa, nem a abertura do homem ao transcendente e ao Deus da fé.[42]

A questão da possibilidade de um ateísmo não culpável na esfera teórica da consciência reflexiva, coincidente com um teísmo prático na vida moral, encontra-se também na constituição dogmática sobre a Igreja (1964). Quem vive retamente, também sem alcançar o reconhecimento explícito de Deus, não é excluído da salvação, dado que não há honestidade moral "sem a graça de Deus", e os elementos de verdade e de bondade, presentes em tal forma de vida, constituem uma verdadeira "preparação evangélica".[43] Mas a possibilidade de um ateísmo teórico não culpável não pode ser estendida à esfera prática, dado que os valores da eticidade e da justiça, do verdadeiro e do bem, fazem parte da realização completa do homem, e a respectiva negação não pode incorrer de forma inculpável. O Concílio não se pronunciou sobre a possibilidade do ateísmo teórico perdurar por muito tempo; hipótese negada no passado, mas também dificilmente hoje poderia encontrar resposta unânime, dada a complexidade e a diversidade das situações,

---

[37] "Unicum Deum adorant, viventem et subsistentem, misericordem et omnipotentem, Creatorem caeli et terrae" (NA 3); "populi omnes uma você Dominum invocabunt" (NA 4); 'Deum omnium Patrem invocare" (NA 5).

[38] FORNOVILLE, T. "La Constituition 'l'Église dans Le monde de CE temps' en face de l'athéisme", in *Studia Moralia* 4 (1966) 263-290; BELD, R. "La Iglesia frente al ateísmo moderno", in *Estudios sobre la Constitución Gaudium et Spes* (Bilbao 1967) 45-59; LADRIÉRE, P. "L'athéisme au Concile Vatican II", in *ASocRel*. 32 (1971) 53-84.

[39] "Alii Deum sibi ita effingunt, ut illud figmentum, quod repudiant, nullo modo Deus sit Evangelii" (GS 19).

[40] "Optatum autonomiae hominis eo usque perducit ut contra qualemcumque a Deo dependentiam difficultatem suscitet" (GS 20).

[41] "Dictamen conscientiae suae non secuti, culpae expertes non sunt" (GS 19).

[42] "Omnis homo interea sibi ipsi remanet quaestio insoluta, suobscure percepta" (GS 21).

[43] "Neque ab aliis, qui in umbris et imaginibus Deum ignotum quaerunt, ab huiusmodi Deus ipse longe est" (LG 16).

do ponto de vista cultural ou pessoal.[44] Também o decreto sobre a atividade missionária da Igreja (1965) afirma que Deus pode chamar à fé misteriosamente aqueles que inculpavelmente não conhecem o evangelho. Este corolário se origina da vontade salvífica universal de Deus.[45]

4. Revelação e mistério

O Concílio Vaticano II, em suas constituições, decretos e declarações, manifesta a continuidade com o magistério eclesial precedente, reafirmando a profissão de fé no único Deus, revelado e misterioso. Diferentemente do passado, o magistério conciliar não teve de refutar, enquanto fora de moda, a ruptura da monarquia do Pai em uma diarquia divina, antitética e definitiva, dos princípios do mal e do bem, da matéria e do espírito, da criação e da graça, da antiga e da nova aliança. A negação da doutrina herética se concentra na crítica ao ateísmo, enquanto reduz o mistério do homem e, por consequência, o mistério de Deus.[46] O magistério conciliar salvaguarda sempre a singularidade da monarquia do Deus único, vivo e eterno, Pai onipotente, princípio sem princípio da vida intradivina e origem sem origem do universo criado e da história da salvação absolutamente diferente e distinta do mundo criado.[47]

A experiência religiosa cristã supõe a insuperável dialética entre revelação e mistério, comunicação e inefabilidade, transcendência e história, incondicionalidade e pessoalidade. Qualquer dilema metodológico, que se obstina a propor como alternativa uma teologia mística da transcendência divina ou uma teologia ética do empenho na história, contribui a empobrecer a riqueza do ato religioso cristão, anulando a tensão entre contemplação e ética, liturgia e profecia, teoria e práxis. O método da teologia cristã pode tomar somente a via da síntese dialética, na qual a razão religiosa encontra a fé inteligente. A razão estática e contemplativa adora o mistério de Deus, transcendente, absoluto, infinito, eterno e santo; a fé que obedece à revelação evangélica do Deus justo e Pai misericordioso confessa a glória do desígnio divino de uma vontade salvífica universal, na misteriosa epifania da cruz e da graça. Assim, a teologia cristã nasce como intelecto religioso que procura a fé, para em seguida transformar-se na fé teologal que procura a própria inteligibilidade. Por isso, a teologia deve justamente se tornar teoria dialética da razão crente.[48]

Da tensão insuperável entre a incompreensível do mistério divino e a intenção de afirmar Deus, surge o problema fundamental da linguagem teológica, cujo ponto último de referência é sempre o Deus inefável. Por isso, toda afirmação crente em qualquer modo deve conciliar proposição catafática e silêncio apofático. O Deus da fé é linguisticamente inefável, noeticamente incompreensível, ontologicamente trans-

---
[44] RAHNER, K. "Atheismus", in *SM* I, 375.
[45] "Etsi ergo Deus viis sibi notis homines Evangelium sine eorum culpa ignorantes ad fidem adducere possit" (AG 7).
[46] "Ecclesi vero, etiamsi atheismum omnimo reiicit..." (GS 21).
[47] "Aeternus Pater, libérrimo et arcano sapientiae ac bonitatis suae consilio, mundum universum creavit, homines ad participandam vitam divinam elevare decrevit" (LG 2).
[48] "Adiuventur ad perspiciendos nexus qui intercedunt inter argumenta philosophica et mysteria salutis quae in theologia superiore lumine fidei considerantur" (OT 15).

cendente e pessoalmente desconhecido em sua liberdade.[49] A forma linguística, finita e limitada, não consegue exprimir plenamente o conteúdo absoluto, incondicionado e infinito da mensagem e do mistério divino. Por isso, toda afirmação sobre Deus deve ser expressa com uma linguagem analógica e paradoxal. Na analogia do ser, o paradoxo apresenta-se na tensão objetiva e insuperável entre finito e infinito, condicionado e incondicionado.[50] Na analogia da fé, o paradoxo aparece na indiscutível tensão subjetiva entre graça e pecado, surpreendente revelação da misericórdia infinita e da justificação imerecida do pecador.[51] Na analogia do símbolo ou da imagem, o paradoxo é novamente inevitável, dado que o homem é símbolo teomorfo da realidade divina, enquanto criado à imagem de Deus;[52] igualmente, enquanto filiar imagem do eterno Pai e expressão de sua autocomunicação divina, o Verbo encarnado, Jesus Cristo, é o símbolo real da bondade de Deus.[53]

Na perspectiva da tradição eclesial, o magistério conciliar defendeu novamente a possibilidade real de afirmar Deus, bem como o fato da experiência religiosa universal. Deus é afirmado na existência humana, como fundamento do ser e do sentido, mediante a luz da razão religiosa e da fé obediente à revelação divina. Mediante a realidade contingente e imediata, relativa e finita, pode ser procurada e conhecida, reconhecida e afirmada a realidade absoluta e única, incondicionada e infinita.[54] A procura do Deus eterno e incompreensível concretiza-se no tempo privilegiado da revelação natural e da revelação positiva. O Deus misterioso, procurado pela razão religiosa, revela-se igual e identicamente ao Deus do evangelho. O Deus misterioso, fundamento incausado e ponto de referência último de toda realidade contingente e criada, revela-se como o Deus da aliança e o Pai compassivo da história da salvação. O Deus *in se* revela-se como Deus *extra se*.[55]

Seguindo também a tradição cristã, o magistério conciliar afirma simultaneamente o Deus da revelação e da fé como realidade absoluta e como realidade pessoal. Enquanto absoluto, Deus se manifesta como ser atualíssimo e oniperfeito, singularmente único e infinitamente santo; revela-se também como eterno vivente, onipresente em sua glória e majestade, dado que sua presença divina é uma realidade espiritual e pessoal.[56] Enquanto pessoal, Deus aparece como infinitamente inteligente e livre, onisciente em sua sapiência e onipotente em sua bondade, justo em seu juízo e em sua justiça, misericordioso à salvação.[57] Assim sendo, Deus se revela como Criador onipotente, em sua misteriosa e santa providência; como Senhor fiel, em sua aliança universal de salvação; como Rei justo, em sua monarquia cósmica e histórica; como Pai compreensivo, pleno de misericórdia e bondade. O Deus transcendente e metacósmico, porém, é idêntico ao Senhor fiel da

---

[49] "Ineffabile mysterium" (NA 1); "ex ineffabili misericordia" (NA 4); "ineffabilem Dei benignitatem" (DV 13); "ineffabilis Ipsius consilii" (GS 34).
[50] "Ad infinitam pulchritudinem divinam" (SC 122); "infine superat" (AG 13).
[51] "In Iesu Domino iustificati" (LG 40); "iustificati ex fide" (UR 3).
[52] "Ad imaginem et similitudinem" (AA 7); "ad imaginem Dei creatos" (NA 5).
[53] "Imago Dei invisibilis" (LG 2; GS 22).
[54] DV 6; DZ 3004; GS 12: "Capacem suum Creatorem cognoscendi et amandi".
[55] DV 2; 6; DZ 3005.
[56] "Solus Sanctus" (PO 5); "secreta Deis praesentia" (AG 9; 15).
[57] LG 15: "In Deum Patrem omnipotentem"; Dv 15: "Deus iustus et misericors".

aliança intra-histórica. Igualmente, o Rei santo e eterno é idêntico ao Pai bom da epifania escatológica da graça divina.[58]

Em continuidade a esta tradição, à luz do primeiro artigo de fé, no ato religioso cristão da afirmação de Deus, enquanto numinoso fundamental, são sintetizados dialeticamente seja a dimensão sacramental e epifânica, mística e estática da experiência religiosa de Deus, absoluto e transcendente, seja a dimensão ética e crítica, profética e evangélica, da experiência da graça do Deus pessoal e próximo, que se autocomunica escatologicamente na história da salvação. A irrupção do incondicionado no sagrado, entendida como teofania da santidade de Deus, corresponde à adoração mística da gloriosa presença do Eterno.[59] À experiência numinosa do momento fascinante se associa também a exigência incondicionada da justiça divina, enquanto imperativo ético absoluto e enquanto tensão de temor incondicionado.[60] Na dialética insuperável entre identidade mística e diferença ética, a tensão encontra uma solução inesperada e surpreendente somente no paradoxo divino de uma teologia da cruz e da graça.[61] Indiretamente se confirma assim a estrutura complexa do ato religioso do crente, enquanto confronto existencial com o mistério de Deus, procurado em sua inefável santidade e em sua eterna presença, reconhecido em sua sabedoria justa e sua fiel compaixão.[62]

5. História e transcendência

A resposta à procura de Deus, como ponto de referência última do ato religioso, é formulada de modo particular no primeiro artigo da fé cristã. Seguindo a tradição eclesial, também o magistério conciliar, já no Vaticano I e de modo particular no Vaticano II, tem procurado sintetizar, na dialética de identidade e diferença, sobretudo as instâncias contrapostas de revelação e mistério, transcendência e história, incondicionalidade e pessoalidade. Entre o Criador e a criatura, entre Deus e o mundo, há uma diferença qualitativamente infinita.[63] Entre o Deus misterioso e providente da criação e o Senhor revelado na história da salvação como Pai bom, há uma identidade profunda, absolutamente singular.[64]

Por sua vez, o Deus misterioso, incompreensível e inefável, manifesta-se nas obras da criação e na consciência moral, no sentimento religioso de piedade e de adoração e, sobretudo, na experiência da revelação e da fé. Mas da dialética de identidade entre revelação e mistério deriva uma conclusão extremamente importante: o Deus escondido e misterioso, procurado por vezes mediante a razão religiosa, é o mesmo Deus revelado, a quem se obedece na fé. Em outras palavras, o Deus velado, que habita na luz inacessível do mistério, fundamental da realidade contingente, é o mesmo Deus revelado na história

---

[58] DV 3: "Solum Deum vivum et verum, providum Patrem et iudicem iustum".
[59] "Ad gloriam Dei" (LG 16); "ad gloriam Patris" (AG 7).
[60] LG 9: "Deo acceptus est quicumque timet Eum et operatur iustitiam".
[61] LG 13: "Gratia Dei ad salutem vocati"; LG 56: "omnipotentis Dei gratia".
[62] SC 6: "Fiunt veri adoratores, quos Pater quaerit"; AG 3.
[63] DZ 3001: Ret essentia a mundo distinctus"; "ineffabiliter excelsus".
[64] DV 14: "Tamquam unicum Deum verum et vivum".

da salvação como Pai misericordioso. O Deus incompreensível e eterno é conhecido como Pai, no tempo privilegiado da revelação e da graça.[65]

Igualmente, o Deus transcendente e distante torna imanente e próximo na história. O Deus metacósmico da criação se revela como o Deus intra-histórico da salvação. O Deus – a aliança de Israel – é também o Deus das nações, o Deus da criação da esperança cristã. Deus é uno, único e absolutamente singular. O axioma do monoteísmo conserva toda a sua força quando proclama a absoluta monarquia de Deus sobre a natureza e sobre a história, sobre a mística e sobre a ética. Deus se manifesta, portanto, contemporaneamente como absoluto e pessoal. De um lado, Deus aparece como a realidade numinosa, incondicionada e infinita; de outro, revela-se também como fundamento de uma confiança, que não pode vir menos, e de indizível temor religioso.[66]

Porém a realidade divina não deixa jamais a criatura humana indiferente, não apenas em sua experiência da relação ontológica transcendental, mas também no ato de viver o imperativo ético fundamental. O sujeito criado procura Deus, não apenas como sujeito absoluto, mas sobretudo como sujeito infinito, potente, verdadeiro e bom. Na epifania escatológica, o Deus misterioso revela-se como o Pai compassivo: a realidade única e eterna, infinita e última se manifesta como absolutamente íntima e pessoal, singular e próxima. Por isso, o símbolo da fé cristã deve sempre começar afirmando, como primeira proposição crente, a suprema identidade entre o Deus único, criador e onipotente, e o Pai santo, aliado onipresente, esperança paradoxal da existência.[67]

O Deus misterioso e transcendente, que se revela e age na imanência da criação e da salvação, como providência e graça, desperta na criatura redimida temor amístico e amor paradoxal, profunda dependência e comunhão misteriosa, filial religiosidade e compaixão fraterna. Assim, a teoria cristã do mistério divino desemboca na práxis crente da justiça e da bondade. Igualmente a procura de Deus, da parte da religião, desemboca na adoração e no serviço junto do Deus do Evangelho do Reino, Pai do amor e da esperança. A revelação da monarquia divina anuncia uma esperança antecipada no tempo e consumada no Reino de Deus. Mas a utopia cristã não se limita ao horizonte temporal, também se em certo sentido o inclui, nem se distancia da conversão pessoal ou da reconciliação comunitária.[68]

Dado que os cristãos são convidados a transformar o mundo, procurando uma profunda relação entre os valores incondicionados do reino de Deus e a realidade condicionada da história, o imperativo cristão da fraternidade e da esperança deve encontrar um contato com a realidade social, para poder promover uma profunda renovação da ordem temporal, segundo os valores do Evangelho. Portanto, a fé não pode permanecer indiferente diante do esforço que se faz para transformar positivamente o mundo.[69] A tensão dialética de unidade e diferença entre o empenho histórico e o advento do Reino não se esgota na contemplação imóvel, mas encontra a própria aplicação na realidade concreta da existência humana e da comunidade so-

---

[65] GS 41: "Etsi enim idem Deus sit Salvator qui et Creator".
[66] *Ibidem*: "Idem quoque Dominus et historiae humanae et historiae salutis".
[67] SC 6: "Aeterno Patri"; LG 2: "aeternus Pater"; Dv 3: "providum Patrem"; AA 4: "Deo et Patri"; NA 5: "Patrem invocare"; GS 92: "Pater principium omnium"; AG 2: "principium sine principio".
[68] GS 39: "His in terris Regnum iam in mysterio adest".
[69] AA 7: "Circa mundum vero consilium Dei est, ut homines concordi animo ordinem rerum temporalium instaurent iugiterque perficiant".

cial. Com efeito, a tensão entre a dimensão incondicionada das exigências do Reino e a concretização condicionada das formas históricas não se esgotam em um hiato insolúvel nem mesmo em uma identificação total.[70] Entre reino de Deus e história humana ou entre fé e política, não nos pode ser confusão ou identidade, nem separação indiferente segundo o modelo estoico. A comunidade eclesial, em seu testemunho profético das exigências do Reino e da força do Evangelho, não pode deixar de manifestar sua solidariedade aos pobres e aos oprimidos. Denunciar proféticamente a injustiça e anunciar escatologicamente o Evangelho são os dois cortes da espada da palavra, confiada à comunidade dos discípulos de Jesus.[71]

A doutrina do Vaticano II parece corresponder, assim, aos propósitos, inicialmente manifestados pelos mesmos pais conciliares, de responder aos desejos dos homens que "procuram Deus" e, ao mesmo tempo, dar testemunho do amor do Pai, manifestado no dom do Filho e no dom do Espírito Santo, para nossa reconciliação e santificação na caridade;[72] mas também de prestar uma preferencial atenção aos mais pobres e aos humildes e colaborar com a vontade salvífica de Deus, que é escatológica e histórica.[73]

---

[70] GS 39: "Ideo, licet progressus terrenus a Regni Christi augmento sedulo distinguendus sit, inquantum tamen ad societatem humanam melius ordinandam conferre potest, Regni Dei magnopere interest".
[71] LG 8: "(Ecclesia) in paupaeribus et patientibus imaginem Fundatoris sui pauperis et patientis agnoscit, eorum inopiam sublevare satagit".
[72] Nuntius ad universos homines Summo Pontificie assentiente a Patribus missus ineunte Concilio Oecumenico Vaticano II (20.X.1962), in *AAS* 54 (1962) 822-823.
[73] *Ibidem*, 823-824.

II

O DISCURSO DO MÉTODO EM TEOLOGIA

O presente capítulo aborda a questão do método teológico, considerando sua natureza, sua tipologia, suas possibilidades e limites, bem como também sua legitimidade diante da instância do *depositum fidei*.[1] O tema é amplo e complexo, já que se deve considerar, de modo conciso, a questão dos diversos modelos e paradigmas metodológicos, bem como a tensão fundamental entre a instância da razão (*lumen rationis*) e a da fé (*lumen fidei*), e consequentemente também a inevitável dialética entre a recepção da fé (*auditus fidei*) e sua posterior elaboração (*intellectus fidei*). Trataremos também de diversas tensões metodológicas e ainda contrastes de perspectivas entre o método kerygmático e o método dialógico, tanto no passado teológico, a título ilustrativo, quando principalmente no debate atual, entre as diversas *Teologias da transcendência*, como as teologias da Palavra e o método de correlação, ou as teologias do Mistério e o método transcendental, e algumas *Teologias da imanência*, como diversas teologias da Modernidade e da "morte de Deus", ou algumas teologias da História e da Práxis. A esse panorama metodológico, deve seguir uma proposta de princípios fundamentais sobre a questão em debate, considerando também a relevância definitiva do *depositum fidei* como instância teológica. O presente estudo pretende alcançar algumas conclusões, tanto no plano teórico, quanto em sua significação comunitária e pastoral, pois o tema suscita interesse e atenção, seja no campo da reflexão teológica, seja no âmbito da comunidade eclesial.[2]

---

[1] Ao final de outubro de 1993, celebrou-se em Santa Fé de Bogotá (Colômbia) um seminário sobre o *Método em Teologia*, organizado pelo Conselho Episcopal Latino-Americano (CELAM) e destinado a Presidentes de Comissões de Doutrina nas Conferências Episcopais da América Latina. O presente estudo elabora o texto da conferência solicitada. No mesmo seminário foram também relatores: D. Lucas Moreira Neves, O.P., Cardeal-Arcebispo de Salvador na Bahia e primado do Brasil, representando a Congregação para a Doutrina da Fé, Monsenhor Roberto Strotmann, Bispo Auxiliar de Lima e P. J. C. E. Scannone, S.J. Bibliografia: ALFARO, J. "La teologia frente al magisterio", in LATOURELLE, R. *et al. Problemas y perspectivas de teología fundamental*, Salamanca 1982, p. 481-503; ALSZEGHY, Z. – FLICK, M. *Como se hace la teologia*, Madrid 1976; BETTI, U. *La dottrina del Concilio Vaticano II sulla trasmissione della rivelazione*, Roma 1985; CONGAR, Y. *La tradición y las tradiciones*, San Sebastián 1964; COLOMBO, C. *Il compito della teologia*, Milano 1982; GIBELLINI, R. *La teología del XX secolo*, Brescia 1992; KERN, W. –NIEMANN, J. *El conocimiento teológico*, Barcelona 1986; LATOURELLE, R. *Teología, ciencia de la salvación*, Salamanca 1968; LONERGAN, B. "Unidad y pluralidade: La coherencia de vida Cristiana", NEUFELD, K. (ed.) *Problemas y perspectivas de teología dogmática*, Salamanca 1987, p. 133-144; PASTOR, F. A. *La lógica de lo Inefable*, Roma 1986; POZZO, G. – FISICHELLA, R. "Método", in LATOURELLE, R. *et al. Diccionario de Teología Fundamental*, Madrid 1992, p. 908-934; RATZINGER, J. *Teoría de los princípios teológicos*, Barcelona 1985; SANNA, I. (ed.), *Il sapere teológico e Il suo método*, Bologna 1993; SPICQ, C. *Les épitres pastorales*, Paris 1947, p. 327-335; TORREL, J. P. *La théologie catholique*, Paris 1994; VILANOVA, E. "Teología y teólogos del siglo XX", in FLORISTAN, C. – TAMAYO, J. J. (ed.). *Conceptos fundamentales del cristianismo*, Madrid 1993, p. 1376-1385; WICKS, J. "Il deposito della fede: Um concetto cattolico fondamentale", in FISICHELLA, R. (ed.). *Gesù rivelatore*, Casale Monferrato 1988, p. 100-119; WINLING, R. *La théologie contemporaine (1945-1980)*, Paris 1983.

[2] CONGREGATIO PRO DOCTRINA FIDEI. Instr. *Donum veritatis* de ecclesiali theologi vocatione (24.V.1990), AAS LXXXII 1990, p. 1550-1570; *Ibidem*, c. ii, n. 6: "Inter vocationes, quas Spiritus suscitat in ecclesia, vocatio eminet theologi, cuius múnus est peculiari modo sibi compare, in communione cum magisterio, profundiorem usque perceptionem verbi Dei, quod in Scripturis inspiratis continetur, et per traditionem vivam in ecclesia trnasmititur" (EV XII, n. 252).

1. A teologia e seu método

A doutrina do método em teologia tem como finalidade prioritária a proposta de uma gnosiologia teológica, ao considerar os princípios últimos do saber teológico, em seus pressupostos fundamentais, na articulação de seus axiomas e em sua possível verificação teológica, constituindo uma aproximação teórica ao trabalho teológico, concebido como reflexão sóbria, metódica, documentada, sobre a doutrina da fé católica, fundada na revelação bíblica e na tradição eclesial, considerando igualmente sua incidência atual na vida do crente e da comunidade eclesial. A tarefa teológica é estudada em suas condições ideais para um exercício correto, em seus pressupostos e axiomas, em seus critérios e normas, até oferecer uma lógica do saber teológico. A dialética teológica fundamental emerge da inevitável articulação entre a razão e a revelação, a inteligência e a fé, a lógica e o *kerygma*.

Na história do pensamento teológico foram usados cinco paradigmas fundamentais: (i) Na tradição patrística utilizou-se o paradigma espiritualista do platonismo cristão, regido por um princípio de *integração* entre a razão e a fé, no duplo movimento de um *intellectus quaerens fidem* e de uma *fides quaerens intellectum*. (ii) Na teologia medieval aparece também um paradigma realista no aristotelismo cristão, regido por um princípio de *subordinação* da filosofia à teologia e da razão à fé, segundo o axioma *theologiae ancilla filosofia*. (iii) O pensamento nominalista se orienta pelo paradigma da *via moderna*, regido por um princípio de *justaposição*, entre a esfera da razão e a da fé. (iv) Particularmente no período moderno, frequentemente emerge um *paradigma racionalista*, regido por um princípio de subordinação da doutrina da fé ao juízo da razão crítica. (v) Igualmente aparece um paradigma *fideísta*, regido por um princípio de subordinação, aplicado como submissão total a *lumen fidei* de uma *ratio incapax* ou *ratio serva peccati*.[3]

A *norma normans* da teologia é a mesma revelação divina, que tem em Cristo seu centro e epifania, constituindo o conteúdo da *fides quae creditur* e o fundamento da *fides qua creditur*. O evento Cristo, em sua singularidade única e em seu valor universal, constitui *Universale concretum* da história humana e o centro da *historia salutis*. Princípio constitutivo da teologia é a interação dialética da revelação e da fé: Deus Pai que se revela em Cristo, Verbo divino encarnado *propter nostram salutem*, e o homem que, na graça do Espírito Santo, aceita na obediência da fé a mesma revelação. Portanto, o horizonte religioso do mistério cristão, como tensão de revelação e fé, condiciona essencialmente a tarefa teológica. Porém, ao componente religioso e crente, é necessário aludir um elemento metódico e lógico: A razão contemplativa e lógica, que argumenta sobre o *kerygma* divino, supõe a fé que afirma e aceita a *auctoritas Christi*. Assim sendo, a teologia encontra seu princípio formal na operação do *intellectus fidei*, em relação à revelação divina acontecida em Cristo e aceita na fé, constituindo um momento posterior e superior à simples *lumen rationis*, exercitado por exemplo na argumentação dos *praeambula fidei*, em uma filosofia da religião ou em uma apologética religiosa, enquadrada dentro do esquema de pensamento de um paradigma espiritualista (*Intellectus quaerens fidem*). É um momento superior também ao do simples *auditus fidei*, já que não só está regido pela *lumen fidei*, como também se encontra no movimento e no dinamismo de uma *fides quaerens intellectum*.[4]

---

[3] Pastor, F. A. *La Lógica de lo Inefable*, p. 170ss.
[4] *Ibidem*, p. 35ss.

O momento metódico e lógico da teologia pode supor uma atenção e um uso ponderado das ciências humanas e naturais que, em um determinado problema, possam coincidir, para uma melhor compreensão do tema. As investigações de Bernard Lonergan sobre o *Método em Teologia* ilustram amplamente como a teologia pode ser ajudada pela hermenêutica e pela filosofia da linguagem, pela lógica e pela filosofia da ciência, pela antropologia e pela filosofia da cultura, pela ética e pela filosofia da história. Contudo, a teologia deve ser pensada como *docta fides*, um saber sóbrio sobre a fé, informada pela caridade e pela esperança. Por isso, pode-se também afirmar legitimamente a teologia como *docta caritas* ou como *docta spes*. O primado do discurso da fé no processo de elaboração teológica supõe uma atenção à *traditio fidei* e não somente no momento da *audtius fidei* da revelação divina, bem como uma particular conexão com a *fides ecclesiae*. Toda teologia deve ser não apenas religiosa e crente em seus pronunciamentos de *fide divina*, mas também tradicional e eclesial em seus pronunciamentos de *fide catholica*. O método teológico deve conjugar ambas instâncias. A fé ou saber crente e a razão pensante e organizadora do saber, em forma lógica, coerente, completa. Assim sendo, o discurso do método em teologia tem por objeto tratar do processo de elaboração da doutrina da fé e da experiência eclesial em relação à mesma revelação divina, em suas articulações teológicas e cristológicas, antropológicas e eclesiológicas, aprofundando os conceitos objetivos (*fides quae*) e nos subjetivos (*fides qua*), atendendo também à linguagem em que se expressam.[5]

Tal processo metódico compreende diversas fases, que possam ordenar-se segundo esquemas genéticos ou lógicos diversos, porém que deve incluir os seguintes momentos determinantes: (i) *A tradição doutrinal*, com os dados fundamentais da história do dogma e da teologia. (ii) O *debate atual* entre as diversas sentenças, com sua diversa relevância existencial e doutrinal. (iii) Os *princípios teológicos* que devem orientar a solução da questão debatida. (iv) A doutrina da *revelação divina*, como verificação fundamental da legitimidade teológica da sentença aceita. (v) A doutrina do *magistério eclesial* como corroboração da coerência da sentença adotada com o *Depositum fidei*. Desse modo, a teologia pode cumprir com sua dupla função: Primeiramente, de proclamar o *kerygma*, em comunhão com a tradição eclesial, que mantém sua continuidade com o *depositum fidei*; seguidamente, de refletir e dialogar sobre o significado mesmo da fé, no presente humano e eclesial. Tal método consegue evitar tanto o risco de enclausuramento, em seu *método kerygmático* entendido em chave neofideísta, como também o perigo oposto, de usar um *método dialogal* pensado em chave neorracionalista. Ambos métodos têm sido usados na Igreja, procurando sempre evitar o duplo perigo de incidir ou no racionalismo ou no fideísmo.[6]

2. História do problema

Consideremos brevemente os ensinamentos da história da teologia sobre a especificidade do método teológico e sobre o modo de articular fé e razão, tanto na afirmação da vigência determinante do *depositum fidei*, quanto nos critérios para evitar os excessos do racionalismo e do fideísmo.

---

[5] LONERGAN, B. *Método en Teología*, Salamanca, 1988.

[6] Como exemplo do método hipotizado, ver PASTOR, F. A. "Dios I. El Dios de la revelación", in LATOURELLE, R. *et al. Diccionario de Teología Fundamental*, p. 312-332.

2.1. A tradição apostólica

A teologia cristã nasce de uma dupla confrontação da fé, tanto com a tradição judaica, como com o mundo apagão. Os primeiros "filósofos" cristãos dialogam com o pensamento religioso, moral ou filosófico, do judaísmo e do helenismo, buscando com certo ecletismo aquilo que Agostinho de Hipona chamou de *una verissimae philosophiae disciplina*. Segundo o paradigma espiritualista da filosofia antiga, o homem busca a sabedoria e, deixando a região do vício e do erro, alcança a terra da virtude e da verdade, ou seja, a ilha da felicidade ou *régio betae vitae*. Tal itinerário culmina com o encontro do filósofo como *Deus verus*, que é o Deus da *religio christiana*. Nasce assim a teologia como culminação da filosofia da antiguidade.[7] Em sua recepção do paradigma espiritualista do platonismo cristão, Agostinho de Hipona elaborou dois momentos teológicos característicos: o *intellige ut credas* integrando *lumen rationis* e *lumen fidei*; e o *crede ut intellgias* integrando *lumen fidei* e *intellectus fidei*. Com o uso do método apologético ou dialógico, os Padres atendem à condição do destinatário, judeu ou grego, e o convidam a encontrar Cristo, o *Logos* divino e a Verdade subsistente, a Sabedoria do Eterno e o revelador definitivo. A mesma revelação neotestamentária exorta a contemplar o mistério da cruz à luz da lógica da fé, bem como a dar razão da própria esperança.[8] A primeira apologética cristã segue tal convite, apelando ao tribunal universal do *Logos* divino e mostrando como a revelação atende aos desejos de uma verdadeira sabedoria, enquanto que os mitos do paganismo constituem em realidade uma deformação do *Logos*. É mostrada também a credibilidade da mesma revelação, pelo argumento dos sinais divinos, como o milagre ou a ressurreição, ou pela sinceridade de um testemunho selado pelo martírio.[9]

A tradição apostólica apela à vigência da *regula fidei* contra a pretensão dos gnósticos. Somente com a fidelidade ao *Depositum fidei* é possível ler a admirável *oikonomia*, decifrando teologicamente a *historia salutis*. Em fidelidade à tradição e à sucessão apostólica, professando o mesmo *symbolum* e afirmando a mesma *regula fidei* das igrejas em comunhão com a *cathedra Petri*. Na fidelidade ao cânon bíblico e à fé trinitária, a comunidade apostólica transmite e conserva a mesma experiência de fé e a mesma doutrina, como precioso *depositum*, fonte do próprio rejuvenescimento. Desse modo, a Igreja apostólica se esforça por permanecer fiel à doutrina recebida e por observar os mesmos mandamentos divinos, conservando a mesma configuração eclesial e atendendo ao cumprimento da mesma esperança em Cristo, confortada pelo mesmo dom do Espírito.[10] A Igreja tem a convicção da relevância do *depositum*, que lhe foi confiado e como tal foi recebido, já que não se trata de uma invenção humana, mas do "talento da fé católica", que é necessário conservar e fazer frutificar, permanecendo fiel ao consenso geral e universal sobre a fé (*"quod ubique, quod semper, quod ab omnibus creditum est"*). Para avançar na melhor compreensão da doutrina revelada, deve-se permanecer sempre em identidade substancial com a fé apostólica (*"in eodem scilicet dogmatae, eodem sensu eademque sententia"*). Portanto, devem

---

[7] PASTOR, F. A. "Deus e a felicidade. Filosofia e religião em Agostinho de Hipona", in *Síntese* 20 (1993), p. 617-637.
[8] 1Cor 1,10; 1Pd 3,15.
[9] IUSTINUS. *Apologia* I, 6 (MG VI, 336); CLEMENS ALEXANDRINUS. *Protrepticus*, c. I, 7 (MG VIII, 61); ORÍGENES. *Contra Celsum* I, c. II (MG XI, 656).
[10] IRENAEUS. *Adversus Haereses* III, c. iii, n. 3 (MG VII, 849); III, c. xxiv, n. 1 (MG VII, 966); V, c. xx, n. 1 (MG VII, 1177).

ser excluídas aquelas doutrinas novas, que rompem com quanto foi transmitido desde o princípio e têm-se afirmado na *regula fidei*.[11]

2.2. *A teologia católica*

A teologia medieval conhece uma atenção ao momento positivo do saber teológico, com seu interesse pela *sacra pagina*, pelos *dict patrum* e pelos *cânones* conciliares da Igreja antiga, porém, sobretudo, intenta uma elaboração dedutiva completa do saber crente, seja segundo o paradigma espiritualista da tradição platônico-agostiniana (em Anselmo e Boaventura), seja segundo o paradigma realista do aristotelismo cristão (em Tomás de Aquino e Alberto Magno). Pelo que se refere à relação entre razão e fé, a teologia medieval conhece uma inteligibilidade da fé,[12] ainda privilegiando o princípio de *subordinação* da razão mesma à fé. Já o mesmo Agostinho tinha sentido a necessidade de superar a dúvida acadêmica, antes de proceder definitivamente no *credo ut intelligam*.[13] O programa agostiniano de uma *fides quaerens intellectum* o faz seu Anselmo, para quem o homem, criado à imagem e semelhança divina, pode através das *rationes necessariae* chegar até o Deus trino, no qual alcança seu fim último, precisamente ao encontrar aquele que é *id quo maius cogitari nequit*. Dado que o homem como criatura só pode chegar a seu fim usando retamente de sua liberdade em uma ética do bem, se a liberdade se corrompesse, somente Deus poderia restaurar o plano divino com a substituição vicária do Filho.[14] No sistema do aristotelismo cristão, a razão pode elaborar uma teologia natural, seguindo o dinamismo da *lumen rationis*, chegando assim ao reconhecimento do fundamento último divino. Porém os *mysteria fidei*, superando a potência da *lumen rationis*, só podem ser afirmados no dinamismo da *lumen fidei*: Tanto o mistério da vida do Deus *in se*, como a realidade misteriosa da *deificatio* humana.[15]

A *via moderna* dos nominalistas tende a substituir o método dedutivo pelo indutivo, e o esquema de integração ou o de subordinação, por um esquema de justaposição da razão e da fé. No entanto, em oposição às inovações dos reformadores, depois do Concílio de Trento nasce uma teologia dos dogmas, precisamente fazendo partir o discurso teológico das definições e declarações doutrinais do magistério eclesial, seguindo um esquema de *defensio* retórica, em que a clara proposição da *thesis* e das diversas *sententiae* dos adversários segue a exposição dos diversos *argumenta* de tipo positivo, tomados da Escritura, da tradição dos Padres e Doutores ou do magistério doutrinal, bem como outros argumentos especulativos de "razão teológica", concluindo com a resposta às principais *obiectiones* e com a eventual proposição de alguns *scholia* ou *corollaria*. Seguindo essa via analítica, a chamada manualística prosseguiu um trabalho de transmissão doutrinal, em um tom defensivo e acentuando certo extrinsecismo entre a *ratio* e a *auctoristas*, enquanto fazia partir o discurso teológico dos pronunciamentos do magistério como norma "próxima", para

---

[11] Vicentius Lirinensis. *Commonitorium*, n. 2(ML L, 639); n. 22-23 (ML L, 667); n. 28 (ML L, 675).
[12] Thomas Aquin. *Summa Theologiae*, II-IIae, q. 1, art. 4: "Et sic sunt visa ab eo qui credit; non enim crederet nisi videret ea esse credenda, vel propter evidentiam signorum vel propter aliquid huiusmodi".
[13] Augustinus. *De Academicis* II, c. ii, n. 6; c. iii, n. 8; *Confessiones* VII, c. ix, n. 13; c. xxi, n. 27.
[14] Anselmus. *Proslogion*, cc. ii-iv.
[15] Thomas Aquin. *Summa Theologiae*, III, q. 43, a.1.

chegar depois à doutrina bíblica como norma "última". O Concílio Vaticano II muda tal orientação, ao exortar a considerar a Sagrada Escritura como a *anima* de todo o trabalho teológico, buscando na luz da revelação a solução das questões humanas, aplicando sua eterna verdade a iluminar a condição contingente da existência histórica.[16]

O acento no momento extrínseco da fé, com relação à razão, é fortalecido pela doutrina nominalista da *potentia absoluta voluntatis divinae*, na qual quanto é revelado parece depender do arbítrio de uma vontade indecifrável. O hiato entre a razão e a fé cresce no pensamento ilustrado. O racionalismo critica o cristianismo, enquanto religião histórica, por sua pretensão de possuir uma qualidade absoluta. Por sua vez, a religião histórica não apenas é criticada por sua intolerância ou por seu fanatismo, mas também pela postulação de sua substituição por uma religião racional que afirme Deus como Artífice do Universo e garantia das leis que o regem ou defenda uma religião como pura expressão da razão moral. Enquanto alternativa ao racionalismo, o fideísmo cristão afirma a exclusividade da *lumen fidei* no saber teológico, já que a *historia salutis* é a teofania misteriosa do "Deus de Abraão" e não a transparência racional de um "deus dos filósofos". O idealismo, com a exasperação da proposta racionalista (A. Günther e I. Froschammer), e o fideísta (L. E. Bautain e A. Bonnety) conhecem também novas aproximações para a relação entre razão e revelação e entre fé e história (J. A. Möhler e J. H. Newman).[17]

O argumento positivio no tratado teológico permanece significativamente como testemunho da relevância do *depositium fidei* para o discurso crente. Nesse contexto adquire particular significado a posição de J. H. Newman, ao criticar o princípio protestante de uma *scriptura sui ipsius interpres*, apoiado na *regula fidei* da tradição eclesial, para poder entender sem erros o autêntico sentido da revelação divina. Com efeito, a tradição garante à comunidade eclesial sua continuidade com o *depositum fidei*. O testemunho da comunidade apostólica e a experiência crente constituem um fato real e global, que interessa a doutrina teológica e a espiritualidade, a ética individual e social. As novas definições ou declarações doutrinais somente podem expressar o que já estava implícito no *depositum fidei*. Com o tempo se conhecem melhor as ideias latentes na experiência cristã. O que se conhece como progresso do dogma somente consiste em uma formulação que defenda melhor a verdade antiga, permanecendo fiel aos princípios tradicionais, ainda que renovando seu método e sua linguagem, para expressar melhor as fórmulas de fé.[18]

As correntes teológicas atuais se recapitulam segundo as grandes tendências: Teologias da transcendência e da imanência.

---

[16] Const. Dogm. *Dei Verbum*, c. vi, n. 24 (EV I, n. 907); Decr. *Optatam totius*, c. v, n. 16: "Sacrae Scriptura Studio, quae universae theologiae veluti anima esse debet, peculiari diligentia alumni instituantur" (EV I, n. 806).

[17] DS 2828s. (A. Günther); 2853ss. (Froschammer); 2751ss. (L. E. Bautain); 2811ss. (A. Bonnety). Sobre a tensão da teologia católica com o racionalismo e o fideísmo modernos, ver: PASTOR, F. A. "La cuestión apofatica", in *La Lógica de lo Inefable*, p. 198-214.

[18] As ideias de J. H. NEWMAN, recolhidas fundamentalmente em *Na Essay on the Development of Christian Doctrine* (1845), conservam toda a sua atualidade. Ver, por exemplo, COMMISSIO THEOLOGICA INTERNATIONALIS. *De interpretationes dogmatum* (1989), in *EV* XI, nn. 2717ss., especificamente 2802-2809 ("De septem criteriis a J. H. Newman propositis").

3. As teologias da transcendência

3.1. As teologias da Palavra e o método de correlação

(i) *As teologias da Palavra*. No campo da teologia evangélica, a superação da chamada "teologia liberal", que sofria a influência de uma visão racionalista da autonomia secular (basta pensar sobre a influência de Kant e Schleiermacher, de Goethe e Hegel), só chega com a "teologia da revelação" ou "teologia da Palavra", de Karl Barth, que revaloriza o momento transcendente da experiência religiosa, o personalismo da revelação bíblica e o cristocentrismo escatológico na fé e na teologia: O conhecimento de Deus só é possível em Cristo, sua palavra divina, que nos chega através da Escritura e da predicação eclesial. O Deus da aliança, Senhor de Abraão e Pai de Jesus, revela-se como único, transcendente e santo (*Der ganz Andere*), e ao mesmo tempo como o Deus da promessa em Cristo, que nos ama em liberdade. O encontro com o Deus da revelação não pode realizar-se pela via dialética da *lumen rationis* na tensão ontológica da analogia do ser, mas exclusivamente na dialética paradoxal da *lumen fidei*, na "crise" da analogia da fé, entendida no sentido da Reforma, como encontro com a graça divina que justifica o pecador (*sola fide – solus Christus*). O encontro do homem com a palavra divina da salvação, no anúncio do *kerygma*, supõe o desvalimento da própria existência: O mistério da cruz revela-nos o sentido de nossa sinceridade pessoal. O crente encontra em Jesus o paradigma da autenticidade existencial. Desse modo, a teologia da Palavra integra-se com "hermenêutica existencial" de Rudolf Bultmann. O método kerygmático integra-se com o problema hermenêutico na teologia de E. Fuchs, pensada como "Doutrina da linguagem da fé", na de G. Ebeling, concebida como "doutrina da Palavra de Deus".[19]

(ii) *O método de correlação*. Se a "teologia da Palavra", particularmente em Karl Barth, privilegiava o método kerygmático e sublinhava o hiato entre o *deus absconditus* da religião, que podia levar à impiedade, e o *deus revelatus*, que realiza na graça a justificação pela fé, o "método de correlação" de Paul Tillich acentua o momento dialógico do discurso teológico e sublinha a identidade profunda entre o Deus da experiência da transcendência, na dimensão do incondicionado, e o Deus da irrupção do sagrado, na experiência da revelação cristã. Se a revelação escatológica acontece em Cristo, sua relevância religiosa se verifica somente na ressonância existencial dos grandes símbolos cristãos, mediante um encontro da experiência pessoal com a mesma revelação. Por isso, teologia somente pode ser feita sob o modelo da "elipse" bifocal, colocando em relação dois polos: o homem como problema e Deus como resposta. Diante do homem, encerrado em sua finitude, porém desejoso do Infinito, ameaçado pela morte, a alienação e o mal, pelo absurdo e pela perda do sentido da vida, Deus se revela como a realidade absoluta que salva em Cristo nossa existência alienada. Sob a presença do Espírito, o homem discerne a ambiguidade vital e histórica, enquanto atende ao *kairós* definitivo do Reino de Deus. Entre o homem e Deus existe uma tensão insuperável e uma correlação profunda. Diante do homem, finitude alienada, irrompe Deus

---

[19] KARL BARTH expôs seu método e suas ideias em *Der Römerbrief* (1919); *Fides quaerens intellectum* (1931); *Die Kirchliche Dogmatik* (1932-1967). RUDOLF BULTMANN expôs sua teoria da demitização do cristianismo e sua hermenêutica existencial em *Glauben und Verstehen* I-IV (1933-1965). De E. FUCHS assinalamos *Gesammelte Aufsätze* I-III (1960-1965) e de G. EBELING, ver *Das Wesen des christlichen Glaubens* (1959) e *Wort und Glaube* I-III (1960-1975).

como revelação e graça, através dos símbolos religiosos: A verdade da revelação, a potência de Deus, a salvação em Cristo, a presença do Espírito, o *kairós* do Reino, Deus se revela na dimensão do incondicionado (*the Ultimate Concern*). Ainda que a teologia cristã se ocupe primordialmente do Deus da revelação e da fé, somente aborda satisfatoriamente seu tema a partir da perspectiva do incondicionado e do sagrado, que invade o mundo da relatividade e da profanidade, com fundamento último do ser e do sentido da realidade: Somente a partir do Deus da religião (*deus absconditus*) pode ser afirmado o Deus da fé (*dus revelatus*).[20]

3.2. Teologias do Mistério e método transcendental

(i) *As teologias do Mistério*. No campo católico, a superação da crise modernista, com sua ênfase no imanentismo religioso, supôs uma recuperação, com o momento lógico e mediato da reflexão teológica, também do momento místico e imediato na experiência do mistério.[21] O movimento católico de renovação teológica orientou-se em diversas direções: primeiramente, uma recuperação do momento místico da experiência religiosa, uma acolhida do vínculo religioso das grandes religiões orientais e uma confrontação cultural com o problema religioso no universo da secularização e do humanismo ateu[22]; seguidamente, uma atenção ao "Deus vivo" da revelação bíblica, um renovado contato com a espiritualidade da tradição patrística e uma atenção à atualização na ação litúrgica da *historia salutis*.[23] A maior sensibilidade ao mistério do Deus da transcendência e da mística não impediu a elaboração de uma teologia da cultura e do trabalho, das realidades terrestres e da política, sublinhando a perspectiva da teonomia, para o crente submerso no mundo da autonomia e da realidade profana.[24] A renovação teológica católica busca o Deus vivo da revelação bíblica e da doxologia litúrgica, da tradição teológica e da mística do cristianismo.[25]

(ii) *O método transcendental*. Na perspectiva da chamada "virada antropológica" da modernidade, o método transcendental de Karl Rahner associa gnosiologia transcendental e ontologia existencial à perene meditação do Mistério cristão. A consideração para as condições necessárias (*a priori*) do mesmo sujeito que conhece propicia descobrir o homem como "espírito no mundo", em sua estrutura de liberdade consciente e em sua localização espacial e temporal, como "ouvinte da palavra", aberto a uma possível revelação divina e imerso no horizonte divino do Mistério. O homem não somente se conhece como estrutura criatural e espiritual, histórica e aberta à transcendência, mas também se

---

[20] Ver TILLICH, Paul: *Systematic theology* I-III (1951-1963); *Gesammelte Werke* (1959-1975); *Main Works* (1987ss). Sobre o método de correlação ver: PASTOR, F. A. "La interpretación de Paul Tillich", in *Gregorianum* LXVI (1985), p. 709-739; *Idem*. "Itinerário espiritual de Paul Tillich", in *Ibidem* LXVII (1986), p. 47-86.

[21] São significativos os intentos de uma apologética da imanência e a proposta de um encontro com a subjetividade humana, superando o objetivismo e o extrinsecismo da escolástica. Ver BLONDEL, M. *Histoire et Dogme* (1909) e GARDEIL, A. *Le donné revele et la théologie* (1910).

[22] Ver LUBAC, H. DE. *De la connaissance de Dieu* (1941) e *Le drame de l'humanisme athée* (1944); DANIÉLOU, J. *Dieu et nous* (1956); VON BALTHASAR, H. U.. *Die Gottesfrage des heutigen Menschen* (1956).

[23] Ver LUBAC, H. DE. *Sur lês chemins de Dieu* (1956) e *histoire et Esprit* (1950); DANIÉLOU, J. *Bibe et Liturgie* (1951) e *Essay sur le mystère de l'histoire* (1953); VON BALTHASAR, H. U. *Theologie der Geschichte* (1950).

[24] Ver MARITAIN, J. *L'humanisme integrale* (1936); THILS, G. *Théologie des realités terrestres* (1949); CHENU, M. D. *Théologie du travail* (1954); TEILHARD DE CHARDIN, P. *L'avenir de l'homme* (1959).

[25] Ver também PRZYWARA, E. *Analogia entis* (1932) e *Wer ist Gott* (1947); GUARDINI, R. *Der Mensch und der Glaube* (1932); RAHNER, J. *Eine Theologie der Verkündigung* (1939).

reconhece angustiado em sua finitude e imerso em um mundo resistente à graça, porém convidado pela graça vitoriosa como destinatário e objeto de uma autocomunicação divina. Ao falar dessa graça vitoriosa que, predestinante e supralapsária, envolve o mundo e a história humana, como de um autêntico "existencial sobrenatural", afirma-se teologicamente uma determinação ontológica positiva sobre o homem histórico, enquanto objeto de uma predestinação eterna e divinizante e enquanto destinatário da vontade divina histórica de salvação universal. Assim sendo, o homem, criado para ser divinizado em Cristo, aberto à transcendência e ao mistério, é reconhecido como destinatário da autocomunicação divina acontecida na *historia salutis*. Desse modo, a graça vitoriosa não apenas supera e repara o mal na história, mas recupera amplamente a dimensão sobrenatural do desígnio divino eterno e beatífico. Na história da revelação e da graça, acontece a autodoação livre do Pai eterno, que se revela como verdade misericordiosa no Filho divino, mediador absoluto da revelação e da salvação, e que se comunica com justiça salvífica e como dom do Espírito de santidade.[26]

4. As teologias da imanência

4.1. As teologias da secularização e da história

(i) *Teologias da secularização*. Acentuando a dimensão da imanência na experiência religiosa, as teologias evangélicas da secularização buscam uma nova linguagem, "não religiosa", mas "mundana", para explicar ao homem da cultura secular a mensagem do cristianismo. A salvação é anunciada como "libertação" e o Cristo, enquanto paradigma do comportamento solidário, é proclamado "Senhor do mundo". Desaparece uma imagem supostamente "religiosa" de Deus, pensado meramente como *deus ex machina*, a quem se poderia apelar em situações extremas. Os teólogos da secularização propõem uma aceitação da realidade da autonomia do mundo, vivida em um horizonte de fé. O crente aparece imerso na realidade profana secular de um mundo que parece funcionar perfeitamente *etsi deus non daretur*. O Deus da fé se revela na obscuridade do mistério da cruz, como Senhor que "nos abandona". Na humilhação de Jesus, a revelação não proclama um Deus de potência, que resolve magicamente os problemas humanos, mas um Deus impotente, afirmado na fé.[27]

Ao não poder viver serenamente sua fé na forma convencional, numerosos crentes passam por uma crise de autenticidade humana e de sinceridade religiosa. Os teólogos da secularização procuram superar toda compreensão antropomórfica, na experiência religiosa e na linguagem teológica, aceitando tanto a crítica da superstição quanto o programa da demitização; procuram igualmente descobrir a dimensão de profundidade e ultimidade, na qual o homem se abre ao Infinito. Considerando o próximo como "ir-

---

[26] Ver RAHNER, Karl. *Geist in Welt* (1939); Hörer des Wortes (1941); *Schriften zur Tehologie* I-XVI (1961-1985); *grundkurs des Glaubens* (1976); "Der dreifaltige Gott als transzendenter Urprung der Heilsgeschichte", in *Mysterium Salutis* II, p. 317ss.
[27] Ver principalmente BONHÖFFER, D. *Widerstand und Ergebung* (1951); FR. GOGARTEN, *Verhängnis und Hoffnung der Neuzeit* (1953).

mão" e como "vicário de Jesus", é revalorizada a práxis cristã da solidariedade e a ética da responsabilidade.²⁸ O eclipse do sagrado na "cidade secular", segundo os teólogos da "morte de Deus", só pode ser elaborado substituindo as categorias da transcendência do platonismo cristão ou a dialética da contingência do aristotelismo teológico pela constatação empírica do fato da irreligiosidade contemporânea. A crise do teísmo convencional só se supera acentuando a concentração cristocêntrica na reflexão teológica. Igualmente se sublinha a dimensão da práxis, aceitando o compromisso fraterno e a dimensão social e histórica. O Deus da transcendência se "eclipsa", porém em seu lugar surge o Deus da imanência, manifestado em Cristo como paradigma de uma ética da fraternidade.²⁹

(ii) *Teologias da História*. A dimensão da história e do futuro, da esperança e da utopia, constitui objeto de atenção e interesse teológico, tanto ao elaborar a relação íntima existente entre salvação e história ou entre história e cristologia, quanto ao contemplar o aspecto histórico da mesma revelação divina e a relação entre a história e o mistério.³⁰ A "teologia da esperança", por exemplo, valoriza a tensão apocalíptica do "todavia não" e a dialética histórica do *novum*. A categoria do futuro revela-se como fundamental para a existência humana, individual e social. O homem vive na dimensão da esperança, entre a possibilidade e o evento, na perspectiva da "utopia". Por isso, a revelação não deve ser pensada como epifania de um "eterno presente", mas como manifestação histórica do Deus que vem. Ora, o *deus adventurus* é precisamente o Deus da esperança e do futuro. A revelação é, antes de tudo, promessa para um futuro que vem, diferentemente do presente e de sua prolongação previsível. A certeza da esperança na promessa radica na fidelidade divina e em suas prefigurações antecipadas a modo de "utopias realísticas". A promessa inclui três elementos: novidade escatológica, universalidade antropológica e intensificação meta-histórica. A promessa prolonga-se eticamente no mandato. Por isso, a promessa torna-se a categoria teológica fundamental para compreender a Lei e o Evangelho. Também a revelação escatológica é "promessa" em sentido supremo, não devendo ser admitido um conceito apocalíptico da experiência do Espírito, como se a vivência do entusiasmo religioso se constituísse já no "cumprimento" definitivo. A comunidade vive sob a *theologia crucis* e não sob uma *theologia gloriae*. A mesma ressurreição de Jesus é promessa e primícia do futuro escatológico esperado.³¹

4.2. Teologias da modernidade e da práxis

(i) *Teologias da modernidade*. Também no campo da teologia católica se intentou uma confrontação com o desafio da secularização, buscando um novo paradigma teológico, para integrar as exigências da racionalidade crítica da cultura secular e os conteúdos da tradição crente da comunidade cristã. A experiência da secularização é tematizada como

---

[28] Ver ROBINSON, J. A. T. *Honest to God* (1962); COX, H. E. *God's Revolution and Man's Responsibility* (1965); SÖLLE, D. *Stellvertretung* (1965).

[29] Ver COX, H. E. *The Secular City* (1965); VAHANIAN, G. *The Death of God* ((1961); van BUREN, P. M. *The Secular Meaning of the Gospel* (1963); HAMILTON, W. *The New Essence of Christianity* (1966).

[30] Ver CULLMANN, O. *Heil als Geschichte* (1965); PANNENBERG, W. (ed.). *Offenbarung als geschichte* (1961).

[31] Ver MOLTMANN, J. *Tehologie der Hoffnung* (1966).

contexto de uma nova "teologia natural", em que a fé é vista simultaneamente com confiança na vida e como afirmação crente, unida ao empenho em favor da fraternidade e da justiça. Para superar niilismo e ateísmo, as teologias católicas da modernidade intentam novos caminhos: apelando a uma "confiança de fundo" com base da afirmação crente; buscando no empenho ético um novo paradigma de transcendência; superando o esquema de rivalidade entre liberdade criatural e liberdade onipotente.[32]

A despeito do exposto, o processo de "mudanização", com a afirmação do secular em sua autonomia, aparece como forma legítima de libertação humana de uma heteronomia opressiva. Contudo, em sua opacidade mundana e em sua ambiguidade histórica, o mundo manifesta sobretudo certos *vestigia hominis*. Somente em uma perspectiva transcendente e enquanto realidade criatural, o mundo pode revelar certos *vestigia Dei*. A afirmação do secular e mundano é considerada legitimamente como corolário da experiência cristã, em que o mundo é visto teologicamente como criação e aliança, obra divina e destinatário da *historia salutis*.[33]

(ii) *Teologias da práxis*. O interesse teológico pela sociedade e cultura secular, como lugar de encontro do homem com Deus, leva a uma nova consideração da relação entre religião e história ou entre cristianismo e política. Um projeto de "teologia política" é elaborado como corretivo e denúncia da privatização do sentimento religioso, de parte do interesse individualista da cultura burguesa. A ilustração, como superação de uma visão não emancipada da cultura e da sociedade, significou também uma crítica da incidência do cristianismo, vivido como *religio civilis* e como legitimador da conservação social e política. No entanto, a "teologia política" pensa em um cristianismo escatológico, incidindo como *religio publica* na sociedade. As promessas do reino não podem ser privatizadas: reconciliação e paz, liberdade e justiça, fraternidade e solidariedade não podem ser vividas de forma meramente individualista. A cruz, enquanto recordação da paixão de Jesus, atua como "memória subversiva" dos vencidos e humilhados na história. Essa *memória passionis* diminui o cristianismo do risco do servilismo e da tentação do poder. A tarefa da "teologia política" consiste em realizar a hermenêutica da história, devendo ser completada por uma "ética política", pensada como uma moral de transformação da realidade histórica, realizada em uma perspectiva escatológica.[34]

No contexto história da América Latina, em busca de uma nova emancipação das classes populares e das raças e culturas subalternas, a "teologia da libertação" sublinha a relevância política do Deus da revelação bíblica como o Senhor da libertação dos oprimidos sob a escravidão e como o Rei da religião profética, Senhor de uma aliança de santidade e justiça, que não só condena os pecados contra a justiça e a fraternidade, como também os de idolatria.[35] Na *historia salutis*, Deus revela-se como Senhor da esperança e do futuro, que realiza a libertação de oprimidos e humilhados. Ao considerar o significado teológico da revelação bíblica, o pobre se torna "lugar epistêmico" privilegiado, enquanto que o "paradigma do êxodo" ilumina

---

[32] SCHILLEBEECKX, E. *God, the Future of Man* (1968); DEWART, L. *The Future of Belief* (1966); KÜNG, H. *Existiert Gott?* (1978).
[33] Ver METZ, J. B. *Zur Theologie der Welt* (1968) e *Die Zukunft der Hoffnung* (1970).
[34] Ver METZ, J. B. *Befreiendes Gedächtnis Jesu Christi* (1970) e *Zur Theologie der Geschichte um der Gesellschaft* (1977).
[35] Ver GUTIÉRREZ, G. *Teología de la liberación. Perspectivas* (1971); ASSMANN, H. *Teología desde la práxis de iberación* (1973); SEGUNDO, J. L. *Liberación de la Teología* (1974). Ver também PASTOR, F. A. "Liberación e Teología", in *Estudios Eclesiásticos* LIII (1978), p. 355-381.

a reflexão crente sobre a atualidade histórica.[36] Em um continente cristão, assombrado por uma pobreza desumana, à hora de ler o significado total da mensagem cristã, o evangelho do reino divino, como momento de esperança e de libertação para os oprimidos e condenados da história, torna-se uma espécie de "Canon no Canon", que permite denunciar o contraste entre a realidade social conflitiva e o ideal cristão da fraternidade.[37]

Contudo, a "teologia da libertação", enquanto teologia da ortopráxis, não deixa de suscitar problemas relevantes, em nível metodológico e hermenêutico, bem como no plano do conteúdo teológico e ético. Ao elaborar o anelo por uma libertação integral e uma utopia cristã de igualdade e justiça, a reflexão teológica sobre a libertação assumiu diversas formas bem diferenciadas, seja em nível metodológico, seja quanto a seus conteúdos doutrinais e pastorais.[38]

De outras metodologias atuais, usadas nas teologias emergentes, como a teologia negro-americana[39] ou a teologia feminista,[40] ou como diversas teologias da África ou Ásia,[41] não poderemos ocupar-nos neste presente estudo.[42]

5. Princípios fundamentais

Tanto no método dialógico ou apologético quanto no método kerygmático, é necessário articular a razão e a fé, evitando ou a redução racionalista, ou o integrismo fideísta.

5.1. Sobre o "intellectus fidei"

(i) *Intellectus quaerens fidem*. No campo teológico, a fé é normativa e, portanto, precondição de qualquer reflexão da razão humana, procurando entender, aceitar e responder à revelação divina em Cristo, palavra eterna e definitiva. Diante de tal evento, o homem deve não só aceitar pessoalmente de modo firme e confiado (*fides qua*), mas também de modo inteligente e objetivo, os conteúdos doutrinais e éticos da mesma fé (*fides quae*). O homem pode conhecer Deus, a partir da revelação "natural" pelas criaturas,[43] sendo para poder afirmar a mesma revelação divina; deve ser capaz de conhecer a verdade e distingui-la do erro; deve também poder conhecer o bem e distingui-lo do mal; deve poder expressar a verdade em um enunciado e deve poder escolher o bem em um ato livre. A fé, ainda enquanto *fides quae*, encerra em si mesma um saber; portanto certa inteligibilidade lhe é intrínseca. Para compreender-se a si mesma, a fé supõe uma filosofia e produz uma

---

[36] Ver SOBRINO, J. *Cristologia desde América Latina* (1976); BOFF, C. *Teologia e Prática* (1978).
[37] Sobre a tipologia e as formas da "teologia da libertação!", ver SCANNONE, J. C. "La teología de la liberación: Caracterización, corrientes, etapas", in *Stromata* (1982), p. 3-40.
[38] Ver PASTOR, F. A. "Ortopraxis y Ortodoxia", in *Gregorianum LXX* (1989), p. 689-739.
[39] De CONE, J. H. ver *Black theology and Black Power* (1969); *God of Oppressed* (1975); *A Black theology of Liberation* (1990).
[40] GIBELLINI, R. *La teologia del XX secolo*, p. 447-480; PINTOS, M. M. "Teologia Feminista", in FLORISTAN, C. – TAMAYO, J. J. *Conceptos fundamentales del cristianismo*, Madrid 1993, p. 1327-1337; TORREL, J. P. *La théologie catholique*, Paris 1994, p. 108-114.
[41] GIBELLINI, R. *La teologia del XX secolo*, p. 481-522.
[42] GIBELLINI, R. *La teologia del XX secolo*, p. 621-634.
[43] CONC. VATICANUM II, Const. Dogm. *Dei Verbum*, c.i., n. 6 (EV 1, n. 879).

teologia. A recepção de uma filosofia homogênea com a fé é indispensável para poder dialogar com a cultura.[44] Sem impor um sistema determinado, não deixa de ser útil e ainda necessário um pensar reto e verdadeiro sobre Deus e sobre o homem e seu mundo. A cultura filosófica ou científica é usada de forma integrada e coerente com a mesma fé, sem que se possa considerar indiferente o tipo de filosofia ou o modo de usá-la. O *intellectus fidei* deve indicar a lógica interna da mesma fé e sua própria inteligibilidade, em confrontação com as diversas compreensões do homem nas distintas situações culturais ou históricas. A lição do passado mostra como uma profunda compreensão da revelação pressuponha uma visão espiritualista da realidade humana.

(ii). *Fides quaerens intellectum*. Todo discurso teológico tem na fé seu ponto de chegada e seu ponto de partida. A reflexão teológica, como exercício do *intellectus fidei*, enquanto momento reflexivo crente, supõe a verdade da afirmação de fé (*auditus fidei*). A teologia refere-se sempre à fé e a fé refere-se sempre à revelação divina. A razão humana, ao serviço da fé, tem sua utilidade e vigência, para ilustrar a relevância de uma determinada doutrina de fé na vida do crente e da comunidade eclesial, explicitando organicamente o discurso crente em sua coerência com as implicações do mistério cristão, inclusive mostrando o *nexus mysteriosum*, aprofundando na compreensão do *depositum fidei*. Tal exercício somente se realiza corretamente se estiver integrado na globalidade da *analogia fidei*, detectando a conexão e articulação existente entre os diversos enunciados sobre a doutrina da fé, dentro de uma legítima *hierachia vertiatum*.[45] É função do *intellectus fidei* não apenas sistematizar a verdade crente, mas também ilustrar seu significado teórico e sua relevância vital, para o indivíduo e para a comunidade humana e eclesial, explicitando os elementos incluídos na experiência da fé e atualizando seu significado no contexto histórico do crente, bem como defendendo a verdade da fé das possíveis objeções da crítica incrédula ou da indiferença religiosa. No exercício da reflexão teológica, o teólogo deve mostrar a relação dos diversos dogmas entre si, indicando sua articulação, porém afirmando todos eles com a mesma adesão de fé.[46]

5.2. Sobre o "auditus fidei"

(i) *Escritura e Tradição*. Para a teologia católica, uma verificação de que a doutrina da fé se contém ou ao menos deriva da revelação divina só se obtém com um estudo do testemunho do cânon bíblico, corroborado pela documentação da tradição eclesial, que transmite e interpreta, explicita e atualiza a mensagem revelada. Uma ulterior confirmação se obtém pelo testemunho crente da comunidade eclesial, expressa nas definições do magistério ou no sentir dos fiéis vivido na oração litúrgica.[47] O fundamento da teologia encontra-se na

---

[44] Ep. *En cette période sur l'enseignement de la philosophie dans lês seminaries* (20.01.1972), c. ii, n. 1ss. (EV IV, nn. 1531ss).

[45] Decr. *Unitatis redintegratio*, c. ii, n. 11: "In comparandis doctrinis meminerint existere ordinem seu 'hierarchia' veritatum doctrinae atholicae, cum diversus sit earum nexus cum fundamento fidei Christiane" (EV I, n. 536).

[46] CONGREGATIO PRO DOCTRINA FIDEI. Declaratio *Mysteirum Ecclesiae* (24.VI.1973), c. 4: "Existit profecto ordo ac veluti hierarchia dogmatum Ecclesiae, cum diversus sit eorum nexus cum fundamento fidei" (EV IV, n. 2575); COMMISSIO THEOLOGICA INTERNATIONALIS. Theses *Rationes magisterii cum theologia* (6. VI. 1976), in EV V, n. 2034ss.

[47] Particular significado assumem, como testemunho da *regula fidei*, os *symbola fidei* e outros documentos do magistério, seja na tradição litúrgica (*Lex orandi – Lex credendi*), seja na tradição doutrinal (*Lex credendi – Lex statuat supplicand*).

palavra divina (*verbum Dei*), contida principalmente na Escritura (*sacra pagina*), acolhida na fé (*auditus fidei divinae*) e interpretada eclesialmente, não somente segundo seu sentido literal (*sensus literalis*), mas também segundo uma verdade total (*analogia fidei*).[48] Com efeito, a comunidade eclesial é o lugar de recepção da palavra divina. A Igreja recebe e guarda, proclama e transmite, explica e defende o *depositum fidei*.[49] Da palavra divina, a teologia obtém o fundamento para afirmar a conexão entre a doutrina eclesial e a revelação divina, sem que para isso possa prescindir do múltiplo testemunho da tradição cristã ou da função interpretativa do magistério vivo da Igreja.[50] Assim sendo, o exercício teológico do *auditus fidei* deve integrar o testemunho da palavra divina, transmitida na escritura e na tradição eclesial, com a interpretação autêntica do magistério.[51] No trabalho interpretativo, há que distinguir adequadamente entre o *depositum fidei*, contido na *traditio fidei*, que se expressa na liturgia e no dogma, na ética e na devoção da comunidade, e outras tradições culturais, que não derivam da revelação divina ou que não fazem parte do consenso da tradição.

(ii) *Escritura e Magistério*. O Novo Testamento afirma uma relação vinculante entre a sucessão apostólica do Episcopado, com sua custódia do *depositum fidei*, e o exercício do ministério da palavra. O Episcopado Católico *una cum Petro* exerce uma função magisterial ao serviço do povo de Deus, transmitindo e proclamando a verdade divina revelada em Cristo, tanto propondo a substância da mensagem cristã de modo ordinário, quanto defendendo de modo extraordinário enunciados irreformáveis sobre a verdade da fé.[52] Em suas declarações, o magistério eclesial pode referir-se não apenas a uma doutrina claramente enunciada na revelação divina e contida no *depositum fidei*, mas também a doutrinas contidas só de forma virtual e implícita, ou incluindo as doutrinas não contidas na revelação divina positiva, mas também na revelação natural, como os chamados *praeambula fidei* ou a lei natural ou outros *facta dogmatica* intrinsecamente relacionados com a proposição da verdade de fé. Tais declarações, acolhidas com *religiosum obsequium*, ainda que não cheguem a expressar positivamente a totalidade do mistério cristão, evitam um erro no conceito de verdade de fé, ajudando assim os fiéis a crerem retamente, mantendo constantemente o sentido do dogma, segundo está contido no *depositum fidei*.[53] Na interpretação de tais declarações, é útil distinguir, no enunciado em questão, aspectos formais e substância doutrinal.[54] O sentido do dogma permanece imutável; o que pode mudar é o método de investigação, o esquema de interpretação ou a linguagem da exposição. Qualquer mudança só pode ser admitida provando sua identidade com o conteúdo das fórmulas antigas.[55]

---

[48] Const. Dogm. *Dei Verbum*, c. ii, n. 12: "Sed, cum Sacra Scriptura eodem Spiritu quo scripta est etiam legenda et interpretanda sit, ad recte sacrorum textuum sensum eruendum, non minus diligenter respiciendum est ad contentum et unitatem totius Scripturae, ratione habita vivae totius Ecclesiae Traditionis et analogie fidei" (EV I, n. 893).

[49] *Ibidem*, c. ii, n. 10 (EV I, n. 886).

[50] *Ibidem*: "munus autem authentice interpretandi verbum Dei scriptum vel traditum soli vivo Ecclesiae magisterio concreditum est, cuius auctoritas in nomine Iesu Christi exercetur" (EV I, n. 887).

[51] *Ibidem*: "Patet igitur Sacram Traditionem, Sacram Scripturam et Eccleisae Magisterium, iuxta sapientissimum Dei consilium, ita inter se connecti et consociari, ut unum sine aliis non consistat" (EV I, n. 888).

[52] DS 3028; 3074.

[53] Ioannes XXIII, Alloc. *Gaudet Mater Ecclesia* (11.X.1962): "Quod Concilii Oecumenici maxime interest, hoc est, ut sacrum christiane doctrinae depositum efficaciore ratione custodiatur atque proponatur" (EV I, n. 45).

[54] *Ibidem*: "Est enim aliud ipsum depositum Fidei, seu veritates, quae veneranda doctrina nostra continentur, aliud modus, quo eaedem enuntiantur, eodem tamen sensu eademque sententia" (EV I, n. 55).

[55] CONGREGATIO PRO DOCTRINA FIDEI. Declaratio *Mysterium Ecclesiae*, c. 5: "Ipse autem *sensus* formularum dogmaticarum semper verus ac secum constans in Ecclesia Manet, etiam cum magis dilucidatur et plenius intellgitur".

6. Relevância teológica do *"depositum fidei"*

Como verificação fundamental e como confirmação teológica de quanto precedentemente enunciado, propõe-se expor brevemente a doutrina eclesial do *depositum fidei* em sua relação com a tarefa teológica.

6.1. *Verificação bíblica*

No direito consuetudinário da cultura jurídica da antiguidade, a figura do *depositum* adquire um perfil moral delimitado. Assim na tradição mosaica se contêm preceitos bem precisos, no "código da aliança" ou no "ritual de expiação", em referência a bens confiados e eventualmente deteriorados, assim como diversos tipos de compensação e de expiação que o depositário infiel seria obrigado a realizar, ressarcindo inclusive o dobro de quanto recebeu e submetendo-se a diversas formas de expiação.[56] O templo mesmo recebia os depósitos dos pobres e os conservava como obrigação sagrada, garantida por um *ius divinum*. O mesmo depósito confiado era considerado como objeto sacro, que devia ser zelosamente custodiado, já que uma eventual fraude seria vista como sacrilégio.[57] Tal contexto cultural e religioso pode explicar alguns aspectos dos ensinamentos de Jesus sobre o devedor insolvente, o administrador infiel ou o servo injusto.[58]

Em seu discurso de despedida de Éfeso, Paulo, pressentindo o fim de seu ministério e de sua vida, confia, a modo de hereditariedade ou legado espiritual, ao colégio de presbíteros ou aos anciãos da comunidade local sua própria doutrina sobre a conversão a Deus e a justificação pela fé em Cristo. Pela mesma doutrina paulina, os presbíteros reconheceram o desígnio salvífico divino, que os constituiu guardiães ou vigilantes (*episkopoi*) do rebanho de Cristo. Com efeito, a vigilância doutrinal dos sucessores do Apóstolo se requer diante dos que tratam de perverter a verdade, corrompendo a autêntica doutrina confiada pelo Apóstolo.[59] Também a literatura epistolar neotestamentária conhece uma insistência sobre a fidelidade doutrinal ao legado apostólico, convidando a interpretar retamente a Escritura divina, a evitar os ensinamentos de mestres perversos e a conservar a recordação da doutrina apostólica, e sobre a doutrina profética e evangélica.[60]

As cartas pastorais possuem significado especial, com sua doutrina explícita e precisa sobre o *depositum* que deve ser custodiado cuidadosamente (*parathêkê*). Com efeito, o depósito deve ser guardado zelosamente, como quem deve prestar contas a seu dono ou quem tem que transmiti-lo intacto ao novo destinatário. O *depositum fidei* deve ser defendido e guardado vigilantemente, tanto por Paulo quanto por Timóteo.[61] Timóteo, por sua vez, deve confiá-lo tanto quanto recebeu do Apóstolo a outros ministros, dignos

---

[56] Êx 22,6-12; Lv 5,21-26.
[57] 2Mc 3,7-30; FALVIUS JOSEPHUS, *Antiquitates Iudaicae*, IV, 38 (285). A mesma legislação romana previa, nas *XII Tabulae*, que todo depositário infiel deveria devolver o dobro de quando recebeu em custódia.
[58] Mt 18,23-35; 24,46-51; 25,14-30. O mesmo Zaqueu assume para si a obrigação de devolver quatro vezes, quando defraudado, obrigação prevista raramente na lei judaica (Lc 19, 8; Êx 21,37), enquanto que a lei romana previa tal restituição somente em casos de *furta manifesta*.
[59] At 20,18-32.
[60] 2Pd 3,1-2; 1Pd 19-20; 2,1-3; Jd 3-4; 17-19.
[61] 2Tm 1,12.14; 1Tm 6,20.

de confiança, que por sua vez o devem transmitir a outros, instruindo-os na doutrina verdadeira.[62] Os Pastores da comunidade devem regular a oração e a ética dos fiéis, oferecendo-lhes a instrução na doutrina sana da Escritura inspirada.[63] Os Pastores devem opor-se firmemente a toda nova e estranha doutrina, que coloque em perigo a identidade religiosa da comunidade, rompendo a comunhão de fé e a fidelidade ao depósito recebido, que deve ser conservado intacto e transmitido sem míngua à nova geração de crentes, confiando sempre na assistência especial do Espírito Santo.[64]

6.2. Legitimação teológica

O Concílio Vaticano I já havia ensinado solenemente o dever de afirmar quando a Igreja nos propõe como revelado por Deus e como conteúdo *in verbo Dei scripto vel tradito*.[65] A Igreja recebeu, com *múnus docendi*, um mandato apostólico para custodiar o *depositum fidei*, defendendo de falsas doutrinas, sem possibilidade de enganar-se ou de enganar (*infalibiliter*). Por isso, o sentido dos dogmas é permanentemente fixado naquilo que a Igreja declarou.[66] Opondo-se ao relativismo e ao subjetivismo historicista do modernismo, Pio X reafirmou uma dimensão sobrenatural e objetiva da revelação cristã, como depósito doutrinal encerrado com a época apostólica, cujo conteúdo é explicado e defendido pelo magistério eclesial.[67] Também Pio XII reafirmou a função normativa exercida pelo magistério eclesial, na conservação do *depositum fidei*, na ulterior formulação de seu conteúdo doutrinal e no exercício de sua autêntica interpretação.[68]

Em sua alocução inaugural do Concílio Vaticano II, João XXIII recordou ao Episcopado católico o dever de retomar o *depositum fidei* com fundamento doutrinal para a tarefa conciliar, buscando o modo mais adequado para propor ao mundo a substância da doutrina católica do modo mais apto para ser escutada e aceita.[69] Segundo o mesmo Concílio Vaticano II, o *depositum fidei* é protegido do erro, precisamente pelo carisma de infalibilidade eclesial. O magistério do colégio episcopal *una cum Petro* deve escrutar atentamente o testemunho profético e apostólico, para ser fiel à revelação divina, sem que deva esperar uma nova revelação, para exercitar seu ofício de compreender, expressando em uma linguagem adequada as exigências da verdade divina contida no *depositum fidei*.[70]

---

[62] 2Tm 2,2. Com efeito, a comunidade como "casa de Deus", enquanto permanece como coluna firme da verdade e se separa dos mitos da falsa sabedoria (1Tm 3,15).

[63] 1Tm 2,1-8; 4,1-3; 2Tm 3,14-17; Tt 1,10-14.

[64] 2Tm 1,6-7; 2,1-2; Tt 1,5-9. Os novos candidatos ao ministério eclesial devem ser cuidadosamente eleitos e preparados (1Tm 3,1-8. 9-13; 5,17-25). Especialmente devem ser ensinados a fugir das falsas doutrinas (1Tm 4,1-16; 6,3-10; 2Tm 2,14-19; Tt 3,9-11).

[65] Const. Dogm. *Dei Filius*, c. iii (DS 3011).

[66] *Ibidem*, c. iv (DS 3018; 3020).

[67] Decr. S. Officii *Lamentabili* (3.VII.1907), nn. 20-22 (DS 3420-3422).

[68] Litt. Encycl. *Humani Generis* 912.VIII.1950), in *AAS* XLII (1950), p. 568: "Una enim cum sacris huiusmodi fontibus Deus Ecclesiae suae Magisterium vivum dedit, ad ea quoque illustranda et enuncleanda, quae in fidei deposito nonnisi obscure ac veluti implicite continentur" (DS 3886).

[69] Alloc. *Gaudet Mater Ecclesia*: "Ut autem haec doctrina multiplices attingat humanae navitatis campos, qui ad singulos homines, ad domesticum convictum, ad socialem vitam pertinent, in primis necesse est, ne Ecclesia oculos a sacro veritatis patrimonio a maioribus accepto umquam avertat; at simul necesse habet, ut praesentia quoque aspiciat tempora, quae novas induxerunt rerum condiciones, novasque vivendi formas, atque nova catholico apostolatui patefecerunt itinera" (EV I, n. 49).

[70] Const. Dogm. *Lumen Gentium*, c. iii, n. 25 (EV I, n. 347).

Na compreensão de tal verdade intervém o inteiro "povo de Deus", guiado pelo *sensu fidei*, suscitado pelo Espírito Santo e orientado doutrinariamente pelo mesmo magistério eclesial, em sua adesão fiel à palavra de Deus e em seu intento de traduzir seus imperativos na vida pessoal e comunitária.[71] Ainda que a revelação divina possa ser considerada completa com o ministério escatológico de Jesus e com a predicação apostólica, a inteligência da mesma deve frutificar e progredir na comunidade eclesial, na que ressoa sempre a *viva Vox evangelii*.[72] O povo cristão é constantemente solicitado a uma adesão fervorosa à doutrina apostólica e à unidade eclesial, com seus Pastores, permanecendo sempre fiel ao *depositum fidei*, constituído pela Sagrada Escritura e pela tradição da fé.[73] O depósito da fé é definitivo e irreformável, porém o modo de propor suas exigências doutrinais e morais pode e deve ser atualizado nas novas condições da comunidade, que peregrina na história.[74]

7. Conclusão

O saber teológico e a história da teologia cristã documentam amplamente a utilidade de um discurso do método em teologia, visando a manter uma fidelidade ao *depositum fidei* e também a responder aos sempre novos desafios que a situação histórica e cultural da humanidade coloca à tarefa eclesial de proclamar o evangelho a todos os homens de todos os tempos. Desse impulso fundamental nascem tanto as exigências do "método kerygmático", orientando a proclamação e o aprofundamento crente do mistério cristão, quanto o imperativo do "método dialógico", dirigido a encontrar o homem de cada época e cultura, para orientá-lo a Cristo, sabedoria divina reveladora do mistério do eterno desígnio da divinização humana. Por sua vez, a história da teologia católica mostra como ininterruptamente a comunidade eclesial aceitou diversos modelos e paradigmas metodológicos, no modo de articular as exigências da razão pensante e os imperativos vinculantes da fé eclesial na revelação divina, mostrando igualmente como o magistério rechaçou sempre toda forma de subordinação da doutrina da fé aos esquemas da razão crítica, procurando não obstante evitar um enclausuramento do saber teológico em toda forma de fideísmo e irracionalidade.

A história da cultura cristã mostra como sempre, em geral, foram levados em consideração seja o estudo humanístico, literário e científico, seja o saber filosófico, quando inspirado por uma visão espiritualista e teônoma do homem. Tal filosofia teônoma é o lugar de encontro do cristianismo com a cultura humana e constitui uma base utilíssima, para não dizer indispensável, para uma assimilação não superficial do *depositum fidei* no processo de reflexão teológica. A mesma teologia cristã é o cume da razão contemplativa e aberta ao mistério, em seu encontro com a revelação divina acontecida na *historia salutis*. Por último, uma articulação entre *intellectus fidei* e *auditus fidei* deve ser diligentemente procurada, seja integrando verdade humana (*lumen rationis*) e *kerygma* cristão (*lumen fidei*), seja

---

[71] *Ibidem*, c. ii, n. 12 (EV I, n. 316).

[72] Const. Dogm. *Dei Verbum*, c. ii, n. 8 (EV I, n. 884).

[73] *Ibidem*, c. ii, n. 10: "Sacra Traditio et Sacra Scriptura unum verbi Dei sacrum depositum consatituunt Ecclesie commissum" (EV I, nn. 886).

[74] Decr. *Unitatis Redintegratio*, c. ii, n. 6 (EV I, n. 520).

procurando ulteriormente o saber de uma fé que busca sua própria lógica (*fides quaerens intellectum*). Para isso será útil não só a atenção à história do pensamento humano e cristão, mas também um estudo objetivo do debate atual, realizado à luz dos princípios fundamentais do saber teológico, verificando adequadamente a coerência da doutrina proposta com o conteúdo da verdade revelada (*verbum Dei*), bem como as declarações e definições do magistério eclesial e do *sensu fidei* de toda a comunidade *(fides ecclesiae)*.

III

"PRINCIPIUM TOTIUS DEITATIS"
MISTÉRIO INEFÁVEL E LINGUAGEM ECLESIAL

Seguindo as definições e declarações do Magistério, como *regula fidei*, este capítulo analisa a linguagem eclesial sobre o mistério de Deus: origem, tipologia, crise, significado, coerência e atualidade. O processo de explicitação do mistério tem sido interpretado diversamente.[1] Para a unidade eclesial, é relevante a fórmula de fé que, adorando a Trindade inseparável, propõe a *sancta monarchie praedicatio* ou unidade de origem da vida divina e do *okonomiae sacramentum*, no Pai ingênito, *principium totius Deitatis*.[2]

1. *"Oikonomiae sacramentum"*

A origem da linguagem eclesial sobre o mistério de Deus deve ser buscada na tradição bíblica e litúrgica, no monoteísmo do Antigo e nas fórmulas do Novo Testamento, em que o amor do Pai ingênito, origem da missão do Filho e do Espírito, é glorificado na *Ecclesia orans*.

1. *Lex orandi – Lex credendi*. A tradição litúrgica constitui *lócus theologicus* privilegiado para expressar a experiência de fé: a doxologia da Trindade salvífica precede a afirmação da Trindade imanente. A linguagem litúrgica do Novo Testamento[3] é rica em fórmulas que relacionam *mysterium salutis* e *mysterium Trinitatis*: fórmulas batismais, símbolos de fé, orações eucarísticas, bênçãos e doxologias testemunham a fé trinitária.[4] Para a *traditio apostolica*, têm

---

[1] Cf. LEBRETON, J. *Histoire du dogme de la Trinité* I-II, Paris 1927; BARDY, G. "Trinité", in *DThC* Xv/I (1946), p. 1545-1702; PRESTIGE, G. L. *God in Patristic Thought*, London (1936) 1956; PETERSON, E. "Der Monotehismus als polotisches Problem", in *Theologische tractate*, München 1951, p. 45-147; EVANS, E. *Tertulian's Treatise Against Praxeas*, London 1948; VERHOEVEN, Th. "Monarchia dans Tertulien *Adversus Praxean*", in *Vigiliae Christiane* V 1951, p. 43-48; WOLFSON, H. A. *The Philosophy of the Church Fathers*, Cambridge (Mass.) 1956; MARCUS, W. *Der Subordinatianismus als historiologisches Phänomen*, München 1963; SCHEFFCZYK, L. "Lehramtliche Formulierungen und Dgomengeschichte der Trinität", in *Mysterium Salutis*, einsiedel 1967, II, p. 146ss.; GRILLMEIER, A. *Jesus der Christus im Glaube der Alten Kirche*, I, Düsseldorf 1985; SIMONETTI, M. *Studi sulla cristologia del II e III secolo*, Roma 1993; HÜBNER, R. M. "Melito von Sardes und Noet von Smyrna", in PAPANDREOU, D. – BIENERT, W. A. – SCHÄFERDIEK, K. *Oecumenica et Patristica*, Chambésy-Genf 1989, p. 219-240; PIETRAS, H. "La difesa della monarchia divina da parte del Papa Dionigi (268)", in *Archivium Historiae Pontificiae* XXVIII 1990, p. 335-342; DEL CURA ELENA, S. "Monarquía", in PIKAZA – SILANES, N. (org.) *Diccionario teológico: El Dios cristiano*, Salamanca 1992, p. 929-935; BIENERT, W. A. "Sabellius und Sabellianismus als historisches Problem", in BRENNECKE, H. CH. – GRASMÜCK, E. L. – MARKSCHIES, CH. *Logos*, Berlin – New York 1993, p. 124-139; URIBARRI BILBAO, G. *Monarquía y Trinidad*, Madrid 1996.

[2] AUGUSTINUS. *De Trinitate* IV, 20,29: "principium totius Deitatis", in *PL* XLII, p. 908; Conc. TOLETANUM VI, in *DZ* 490; Conc. TOLETANUM XI, *Symbolum*, in *DZ* 525, LEO XIII, Ep. Enc. *Divinum illud múnus*, in *ASS* XXIX 1896/97, p. 646ss. (*DZ* 3326). A doutrina da monarquia divina aparece em Justino, Taciano, Irineu de Lyon, Q.SF. Tertuliano, Dionísio de Roma, Basílio de Cesareia, Gregório Nazianzeno, Gregório de Nyssa, Epifânio de Salamina e Agostinho de Hipona, sendo compatível com a fé trinitária: significa a unidade de origem da vida divina e a divinização da criatura, no *principium sine principio*, o Pai ingênito, *fons toitus divinitatis*.

[3] 2Cor 1,3; 13,13; Ef 1,3; 1Pd 1,3; Mt 28,19.

[4] IRENAEUS. *Adversus Hareses* I, 10,1: "Ecclesia enim per universum orbem usque ad finews terrae seminata, et apostolis et a discipulis eorum accepit eam fidem, quae est in unum Deum, Patrem Omnipotentem, qui fecit caelum et terram,

significado particular as fórmulas batismais, dado que a profissão de fé trinitária acontece na *sanctissima nox*, que comemora o evento salvífico.[5] Vale também o princípio: *Lex credendi – Lex statuat supplicandi*. Manifestam uma estrutura triádico-econômica as orações eucarísticas, nos diversos ritos, ocidentais e orientais, nos testemunhos indiretos da tradição ou em outras fórmulas de bênção, consagração e reconciliação.[6] Epitáfios de quantos selaram com martírio sua fé testemunham a convicção na participação da salvação de Deus Pai, por Cristo, no Espírito.[7] Aparecem fórmulas bíblicas e litúrgicas, que mantêm, nos *symbola fidei*,[8] a continuidade com a *traditio apostolica*.[9] A linguagem litúrgica constitui testemunho de fé na Trindade salvífica, confessada no batismo de água do catecúmeno e no batismo de sangue do mártir, em símbolos e orações, bênçãos e doxologias.[10]

2. *Fides – exercitatio*. Uma linguagem teológica se faz inevitável para poder dialogar com a sinagoga e com o helenismo.[11] A linguagem da fé no Mistério sublinha a transcendência, pela *via negationis* e pela *via mística*: Deus é infinito, incriado, invisível, impassível, inefável, ilimitado, indiviso, imenso, incompreensível, indescritível. A nota de apofatismo na linguagem sobre Deus Pai explica o interesse da Teologia nascente pela função mediadora do *Logos*, na criação e na divinização da criatura.[12] É preciso considerar a relação entre fé popular e teologia erudita: a teologia nascente distingue a *fides*, que *in regula posita est*, e a *exercitatio*, que *in curiositate consistit*, sublinhando a distinção entre uma afirmação das verdades de fé (*quia sint*) e a reflexão posterior (*quomodo autem et unde sint*).[13] Dada sua adesão ao *depositum fidei*, pode-se supor a ortodoxia da fé popular. Porém a *teologia erudita* elabora linguagens não sempre suscetíveis de consenso universal. A história das doutrinas documenta um pluralismo de tendências divergentes: *Monarchia* do Pai e Dualismo; cristologia do *Logos* e cristologia do *nudus homo*; patripassianismo e triteísmo; linguagem preocupada pela *oikonomia* da salvação que fala de ordem (*taxis*) nas missões e processões do *Logos*, de sua *homoousia* com o Pai e da *homotimia* do Espírito, rompendo com a *regula fidei*.[14]

---

et maré, et omnia quae in iis sunt; et in unum Iesusm Christum, Filium Dei, incarnatum pro nostra salute; et in Spiritum Sanctum, qui per prophetas praedicavit dispositiones Dei", in *PG* VII, p. 549.

[5] IUSTINUS. *Apologia*, I, 61, in *PG* VI, p. 420; TERTULLIANUS. *De baptismo*, 15, in *PL* I, p. 1216 (*CV* XXX, p.213); *De Corona*, 3, in *PL* II, p. 79; *Adversus Praxeam*, 2, in *PL* II, p. 156 (*CV* XLVII, p. 229); ORÍGENES. *Peri Archon* I, Pref. 4, in *PG* XI, p. 117 (*CB* V, p.9); CYPRIANUS. *Epistula* LXXIII, 18, in *PL* III, p. 1120 (*CV* III/2, p. 791).

[6] DIDACHÉ IX, 1, in F. X. Funk I, p. 20; *Martyrium Polycarpi* XIV,3, in *PG* V, p. 1040 (Funk I, p. 330); CLEMENS ROMANUS. *I Epistula ad Corinthios*, 58,2 (Funk I, p. 172); IUSTINUS. *Apologia* I, 65-67, in *PG* Vi, p. 428ss.; HIPPOLYTUS. *Traditio apostolica* 3, 8-9, 22, 33; CLEMEN ALEXANDRINUS. *Paedadogus* III, 10, 101,2, in *PG* VIII, p. 677 (*CB* I, p. 290); AMBROSIUS. *De mysteriis*, VII, 42, in *PL* XVI, p. 402).

[7] *Martyrium Polycarpi* XVII, 3; XIV, 3, in *PG* V, p. 1040ss.; Funk I, p. 336; CYPRIANUS, *Epistula* LXXIII, 22, in *PL* III, p. 1124; *Cv* III/2, p. 795.

[8] Symbola primitiva, in *DZ* 1ss.; Symbolum Apostolicum, in *DZ* 10ss.

[9] BENOIT, A. "L'apostolicité au second siècle", in *Verbum caro* XV 1961, p. 173ss.

[10] HAMNN, A. "Die Trinität in der Liturgie und in christlichen Leben", in *Mysterium Salutis* II, p. 132ss.; NEUHEUSER, B. "Cum altari adsistitur simper ad patrem dirigatur oratio", in *Augustinianum* XXV 1985, p. 105ss.

[11] DANIÉLOU, J. *Message évangélique et culture hellénistique*, Paris 1961; CULLMANN, O. *La foi et le culte de l'Église primitive*, Neuchâtel 1963, p. 47ss.; WAINWRIGHT, G. *Doxology*, London 1980, p. 103ss.; GRILLMEIER, A. *Hellenisierung-Judaissierung des Christentums als Deuteprinzipien der Geschichte des kirchlichen Dogmas*, in *Scholastik* XXXIII 1958, p. 321ss. e 528ss.

[12] Cf. SPANNEUT, M. *Le stoicisme dês Pères de l'Église de Clément de Rome à Clement* d'Alexandrie, Paris 1957; HOLTE, R. *Logos Spermatikós*, in *Studia Theologica* XII 1958, p. 109ss.; SCHEFFCZYK, L. *Mysterium Salutis* II, p. 146ss. Para explicar a relação entre o Verbo divino e o Pai, os primeiros teólogos usaram a linguagem do Judaísmo helenizado, da Acadêmica e do Pórtico, propondo o *Deus Christianorum*, como resposta ao desafio da religião judaica e da filosofia grega.

[13] TERTULLIANUSI. *De prescription haereticorum*, 7 e 13, in *PL* II, p. 20; 26; ORIGENES. *Peri Archon*, I, PRAEF, 3, in *PG* XI, p. 116; *CB* V,9); ELZE, M. *Häresie und Einheit der Kirche im 2.Jahrhundert*, in *ZThK* LXXI 1974, p. 389-409; SIMON, M. "Ortodossia ed eresia nel cristianesimo dei primi secoli", in SIMON, M. – BENOIT, A. *Giudaismo e cristianesimo*, Bari 1978, p. 269-287.

[14] LEBRETON, J. *Le désaccord de la foi populaire et de la théologie savante dans l'Église chrétienne Du IIe. Siècle*, in *Rév.*

3. *Modelo subordinacionista*. Em sua forma radical, esta linguagem considera divino somente o Pai; *Logos* e *Pneum* são pensados como inferiores em essência e potência. A linguagem subordinacionista salva a transcendência do Pai. Em um primeiro momento é elaborada por obra dos apologetas uma doutrina do *logos*: como Demiurgo entre Deus e o mundo; como agente divino da criação e conservação do universo; como mediador da divinização humana. Depois é elaborada a doutrina do *Pneuma*.[15]

No século II, Justino é o primeiro representante eclesial de uma linguagem subordinacionista moderada.[16] A Tríade divina aparece em Inácio de Antioquia;[17] em Justino, o pai ocupa o primeiro lugar, seguido na ordem pelo Verbo e pelo Espírito. Deus é o Pai; o Verbo é pensado como Deus mediador da criação e da revelação; o Espírito aparece como inspirador da Sagrada Escritura.[18] *Ho Pater* é em sentido absoluto *Ho Theos*; o Filho e o Espírito seguem como segundo e terceiro na ordem (*kata taxim*). Tal subordinação, na ordem das missões na *oikonomia*, não significa uma inferioridade ôntica. Ao Filho é atribuída dignidade divina e em seu nome é administrado o batismo, como também acontece com o Espírito.[19] Do *Logos* afirma-se a divindade, ainda que em uma posição inferior a Deus Pai, mistério absoluto, invisível e inefável, de quem o Verbo é epifania. Embora sendo engendrado da vontade do Pai, o Verbo não pode ser considerado como mera criatura.[20] O *Pneuma*, distinto do Verbo e preexistente ao mundo, atuou pelos profetas.[21] Possui notas semelhantes à linguagem trinitária de Taciano: Da vontade do *Ho Pater*, procede o *Logos*, sem que isso signifique diminuição em ambos, como o fogo e a luz não diminuem quando se propagam. O Verbo participa da virtude e da natureza divina, estando em certa dependência em relação ao Pai, princípio sem princípio. Esta moderação aparece também na pneumatologia, na qual o *Pneum* é considerado ao serviço do Filho.[22]

Teófilo de Antioquia aperfeiçoa a doutrina sobre o *Logos* e enriquece a linguagem trinitária, falando de uma tríade (*trias*), atuante na história salvífica (*oikonomia*).[23] Atenágoras formula a profissão de fé com clareza: *Ho Theos Pater* é ingênito e impassível, uno e eterno, invisível e incompreensível, inefável e ininteligível; o *Hyios theos* é primeira geração do Pai, ideia e atividade divina e o *Pneuma hagion* é procedente de Deus Pai, atuante nos profetas. Entre eles se dá unidade (*enosis*) na virtude *(dynamis)* e diferença *(diairesis)* na ordem (*taxis*). Em Deus se afirma a eternidade do *Logos*, como Filho do Pai, engendrado e não feito, ideia divina e mediador da criação, assim como a relação emanativa entre o *Pneuma* e o

---

HistEccl XIX 1923, p. 481-506; MARCUS, W. *Der Subordinatianissimus als historiologisches Phänomen*. München 1963; URIBARRI BILBAO, G. *Monarquía y Trinidad*, Madrid 1996, p. 495ss.

[15] GRILLMEIER, A. "Hellenisierung – Judaisierung *in Erforschung dês Urchristentums seit a. von Harnack*", in *Mit ihm und in ihm*, Freiburg 1975, p. 458ss.

[16] BELLINI, E. "Dion el pensiero di San Giustino", in *La Scuola Cattolica* XC (1962), p. 387ss.; NOCE, C. "Giustino: Il nome di Dio", in *Divinitas* XXIII (1979), p. 220ss.; RORDORF, W. "La Trinité dans les écrits de Justin Martyr", in *Augustinianum* XX (1980), p. 285ss.; SABUGAL, S. "El vocabulario pneumatológico en la obra de S. Justino y sus implicaciones teológicas", in *Augustinianum* XIII (1973), p. 459ss.

[17] PAULSEN, H. *Studien zur Theologie des Ignatius von Antiochen*, Göttingen 1978; JOLY, R. *Le dossier d'Ignace d'Antioche*, Bruxelles 1979.

[18] IUSTINUS. *Apologia* I, 63, in *PG* VI, p. 420). A fórmula "Deus Pai, Deus Verbo, Deus Espírito Santo" foi preparada pela teologia paulina da *kenosis* e da preexistência do Filho e pela doutrina joanina do *Logos* e da pneumatologia.

[19] IUSTINUS. *Apologia* I, 13 e 61, in *PG* VI, p. 345 4 p. 420.

[20] *Apologia* II, 6, in *PG* VI, p. 453.

[21] *Dialogus cum tryphone Iudaeo*, 100 e 128, in *PG* VI, p. 709 e 776.

[22] TATIANUS. *Adversus Graecos Oratio*, 5 e 13b, in *PG* Vi, p. 813 e p. 833.

[23] THEOPHILUS ANTIOCHENUS. *Ad Autolycum*, II, 10, 15 e 22, in *PG* VI, p. 1064, p. 1077 e p. 1088.

Pai, como o raio de luz procede do sol, unido na potência e diverso na ordem; distinguindo as propriedades do Pai, do Filho e do Espírito na Trindade imanente.[24] No século III, a mesma tendência em Alexandria, particularmente em Orígenes,[25] em quem se consome a relativa helenização da nascente teologia cristã. Orígenes usa uma linguagem de três "hipostasis", "sem princípio". O Filho engendrado pela vontade divina é com relação ao Pai totalmente semelhante (*homoios*). Posteriormente, o origenismo, unido à linguagem das *treis hyspotaseis*, ao modo de três essências (*ousai*), é acusado de triteísmo e marcionismo e se divide sobre a questão do Verbo: Um setor afirma a transcendência do *logos*, enquanto outro, sua temporalidade e *heterousia* com relação ao Pai.

4. *Modelo unitário*. Unido a uma cristologia do *nudus homo*, a linguagem unitária nega a fé trinitária e a experiência cristã como *theopoiesis*, entrando em conflito com a linguagem, que associava *Monarchia* e Trindade. A unidade de essência, entre Pai, Filho e Espírito, garante a qualidade divina da salvação.[26] Isso explica a reação contra uma interpretação da Monarquia em chave antitrinitária.[27] O monoteísmo bíblico e a experiência da salvação desapareceram no gnosticismo, em que Deus é somente abismo desconhecido (*bythos agnostos*), entrando em relação com o mundo através de emanações da natureza divina: O Verbo (*Logos*), a inteligência (*Nous*), a sabedoria (*Sophia*), a virtude (*Dynamis*). Para os gnósticos-cristãos, o Deus verdadeiro (*Theos agnostos*) era distinto do Demiurgo ou Deus criador do Antigo Testamento. A doutrina da Monarquia se opõe ao dualismo gnóstico.[28]

No século II, a linguagem adocionista manifesta a influência da cristologia ebionita do *nudus homo*, falando de adoção do homem Jesus a Filho de Deus, realizada na ressurreição ou no batismo, ou em sua concepção. Postula o adocionismo uma teologia dual, afirmando um Pai e um Espírito, identificado com o Verbo, unido ao homem Jesus. Segundo Teodoto de Bizâncio, no momento do batismo se unem o Espírito (Cristo celeste) e o Jesus terrestre. A mesma cristologia do *nudus homo* se encontra em Teodoto, o banqueiro, discípulo do anterior e em Artemón.[29] No século III, Paulo de Samosata, diante do origenismo com sua cristologia do *Logos-sarx*, elabora o modelo do *Logos-anthropos*: Uma forma de adocionismo, segundo a qual só existe a díada Jesus-Deus Pai, a este se associam, como forças (*dynameis*), o *Logos* e o *Pneuma*. Em sua concepção, o homem Jesus se une ao *Logos*, sendo assim Homoousios do Pai, por presença dinâmica e semelhança ética. A cristologia ebionita do *nudus homo* aparece como adoção do homem Jesus como Filho de Deus, morando o *Logos* nele, como seu templo ou habitação. Este adocinonismo era associado a um conceito indistinto

---

[24] ATHENAGORAS. *Legatio pro Christianis*, 10, in *PG* VI, p. 908.
[25] AEBY, G. *Les missions divines de Saint Justin à Origène*, Paris 1958; HARL, M. *Origène et la function révélatrice du Verbe Incarné*, Paris 1958; NEMESHEGYI, P. *La paternité de Dieu chez Origène*, Paris 1960; RIUS-CAMPS, J. *El dinamismo trinitario en la divinización de los seres racionales según Orígenes*, Roma 1970.
[26] CLEMENS ROMANUS. *I Epistula ad Corinthios*, 46, 6, in *PG* I, p. 304; IRENAEUS. *Adversus Haereses* IV, 20,5, in *PG* VII, p. 1035; TERTULLIANUS, *Adversus Praxean*, 2, in *PL* II, p. 156 (*CV* XLVII, p. 229).
[27] IRENAEUS. *Adversus Haereses*, in *PG* VII, p. 549ss.; TERTULLIANUS, *Adversus Praxean*, in *PL* II, p. 156ss.
[28] ORBE, A. *Estudios Valentinianos* I-V, Roma 1955-1956; JONAS, H. *The Gnostic Religion*, Boston 1958; TRÄGER, K. W. (org.). *Gnosisis und Neues testament*, Berlin 1973; KOSCHORKE, K. *Die polemic der Gnostiker gegen das kirchliche Christentum*, Leiden 1978; FILORAMO, G. *L'atesa della fine. Storia della gnosi*, Bari 1983.
[29] HILGENFELD, A. *Die Ketzergeschichte des Urchristentums*, Leipzig 1984, p. 610ss.

da tríade divina. Entre Pai, Verbo e Espírito não haveria distinção de subsistência, mas uma única subsistência eterna, sendo *Logos* e *Pneuma* meras forças divinas (*dynameis*). Essa visão traduzia a versão radical do monoteísmo, em que a *homoousia* do Verbo não implicava sua distinção do Pai. Tal foi a posição, no século IV, de Fotino de Sirmio e Marcelo de Ancira.[30]

No século III, propõe-se também uma doutrina, que concebe Pai, Filho e Espírito, como três nomes da única divindade. O Filho é revelação do Pai e o Espírito é a realidade escondida do mesmo Pai, oculta no Filho. O Pai é o único realmente preexistente, com subsistência própria; o Filho não é preexistente; o Espírito sim é preexistente, porém não com subsistência própria. O *patripassianismo* afirma a encarnação do Pai, aparecendo como Filho e morrendo na cruz. O modalismo de Noeto, Praxeas e Sabélio, deriva de um modalismo judaico, que interpretava as teofanias do Antigo Testamento, rechaçando toda hipostatização angelológica. Contra o dualismo gnóstico e o subordinacionismo platônico, o modalismo proclama a monarquia divina entendida a modo hebraico (Êx 20,2-3; Is 40,6), interpretando modalisticamente a teologia joanina da imanência entre Pai e Filho (Jo 10,38; 14,9ss.). O primeiro sabelianismo concebia a tríade divina como três nomes ou três energias (*energeiai*), que manifestavam a única hipóstase ou pessoa (*prosopon*) divina; um sabelianismo posterior propôs a Trindade como *tria prosopa*, pensadas como máscaras.[31] Para conciliar o monoteísmo do Antigo Testamento com uma leitura triádica da soteriologia do Novo, Noeto de Smirna, Praxeas e Sabélio afirmam uma Trindade da *oikonomia*, que se manifesta nas teofanias, e negam uma Trindade imanente, distinta, eterna, subsistente. O único sujeito divino é Deus, pensado como monada distante e misteriosa, que aparece como tríade na epifania salvífica. Deus revela-se no Pai como criador, no filho como redentor, no Espírito como santificador. Encarnado no Filho (*Hyiopator*), o Pai morre (*patripassianismo*). Uma revelação trinitária aparente reduz a Trindade a três nomes distintos ou a três aparências (*prosopa*) da única realidade. Uma variante concebia a *passio Christi* de outra forma: a parte humana do Cristo é o Filho e padece na cruz; a parte divina é o Pai, que compadece na paixão.[32] Uma forma moderada dessa linguagem se encontra em Melito de Sardes, em Ceferino, em Calisto de Roma.[33]

2. *"Sancta Monarchiae Praedicatio"*

A linguagem eclesial opõe-se ao monadismo e ao unitarismo, ao adocionismo e ao patripassianismo, ao dualismo e ao triteísmo. Partindo da tradição, a busca de consenso integra a linguagem da Monarquia e a fórmula trinitária, procurando categorias para expressar unidade e Trindade.

1. *Trinitas & Monarchia*. Em meados do século II, Irineu de Lyon expressa a dialética de unidade e distinção, de Trindade e *Monarchia*, usando uma linguagem semelhante ao de Melito de Sardes. Irineu anuncia o Filho como imagem visível do Pai; distingue-se do modalismo radical por afirmar a preexistência eterna junto do Pai, do Filho e do Espírito, ainda

---

[30] KELLY, J. N. D. *Early Christian Doctrine*, London 1958, p. 115ss. e p. 158ss.

[31] CANTALAMESSA, R. "Prassea e l'eresia monarchiana", in *La Scuola Cattolica* XC (1962), p. 28ss.; SIMONETTI, M. "Sabelio e Il sabelianismo", in *Studi sotrico religiosi* IV (1980), p. 7ss.

[32] SLUSSER, M. "The scope of patripassianism", in *Studia Patristica* XVII (1982), p. 169-175.

[33] *DZ* 105.

que às vezes pareça concebê-los como forças ou atributos divinos. Irineu aproxima-se também da teologia subordinacionista, falando do Filho e do Espírito como "mãos" de Deus, ou do *Logos* e da *Sophia* como de realidades pessoais, que dirigem os anjos.[34] Irineu anuncia a recapitulação da *oikonomia* nas missões do *Logos* e do *Pneuma*, de parte de Deus Pai, para divinização da humanidade, através da encarnação e da santificação.[35] Objeto da revelação é a disposição divina (*oikonomia*). A fé adora a Trindade econômica; o referente à Trindade imanente, como a *prolatio* do Verbo, pertence aos *nenarrabilia Deis mysteria*.[36]

Nos princípios do século III, a linguagem de Tertuliano é fiel à perspectiva bíblica da *historia salutis* e à *regula fidei* da tradição apostólica, no contexto de sua polêmica com Praxeas.[37] Tertuliano compreende a necessidade de aperfeiçoar a teologia do Verbo: Distinguindo os seus três estados (*Verbum insitum prolatum incarnatum*); precisando a realidade pessoal do Filho e sua função na processão do Espírito.[38] Aperfeiçoa-se a pneumatologia, indicando a função do Verbo na missão do Espírito e a distinção entre as três pessoas trinitárias.[39] Tertuliano concilia Monarquia e Trindade,[40] sublinhando unidade (*uma substantia vel status*) e distinção (*vel formae*).[41] A única substância divina se expande no filho e no Espírito, na criação e na redenção, como uma realidade que se dilata. A Trindade coeterna, Pai, Filho e Espírito, atua unitariamente na *oikonomiae sacramentum*. Certos símbolos manifestam dialeticamente unidade e trindade: Sol, raio, ponta do raio de sol; manancial, rio e canal; raiz, ramo e fruto.[42] Também Novaciano se opõe aos patripassianistas, sublinha a transcendência do Filho, sua distinção do Pai e relevância na *historia salutis*.[43]

---

[34] Cf. SAGNARD, F. M. *La gnose valentinienne et laq témoignage de Saint irénée*, Paris 1947; HOLSTEIN, J. "Les foromules du symbole dans l'ovre de Saint irenée", in *Recherches de Science Religieuse* XXXV 1947, p. 454ss.; OPRBE, A. *Antropología de San Ireneo*, Madrid 1969. Em Irineu se faz presente a angelologia judaica (Gn 18,2; Êx 25,22; Is 6,2).

[35] IRENAEUS. *Adversus Haereses* V, 20,1, in *PG* VII, p. 1032: "Non ergo angeli fecerunt nos nec nos plasmaverunt, nec angeli potuerunt imaginem facere Dei; nec alius quis, praeter Verbum Domini, nec virtus longe absistens a Patre universorum. Nec enim indigebat horum Deus ad faciendum quae ipse apud se praedefinierat fieri, quase ipse suas non haberet manus. Adest enim ei semper Verbum et Sapientia, Filius et Spiritus, per quos et in quibus omnia libere et sponte fecit, ad quos et loquitur, dicens: *Faciamus hominem ad imaginem et similitudinem mostram*".

[36] *Adversus Haereses* II, 28,6, in *PG* VII, p. 808: "Si quis itaque nobis dixerit. Quomodo ergo Filius prolatus a Patre est? Dicimus ei, quia prolationem istam, sive generationem sive nuncupationem sive adapertionem exsistentem, Nemo novit; non Valentinus, non Marcion, neque Saturninus, neque Basilides, neque angeli, neque archangeli, neque principes, neque potestates, nisi solus qui generavit Pater, et qui natus est Filius. Inenarrabilis itaque generatio eius cum sit, quicumque nituntur generationes et prolationes enarrare, non sunt compotes sui, ea quae inenarrabilia sunt enarrare promittentes".

[37] TERTULLIANUS, *Adversus Praxeam*, 2, in *PL* II, p. 156; *CV* XLVII, p. 229: "Hanc regulam ab initio evangelii decucurrisse, etiam ante priores quosque haereticos, nedum ante Praxean hesternum, probabit tam ipsa posteritas omnium haereticorum quam ipsa novelitas Praexeae hesterni. Quo peraeque adversus universas haereses iam hinc praeiudicatum sit id esse verum, quodcumque primum, id esse adulterum, quodcumque posterius".

[38] *Adversus Praexeam*,7, in *PL* II, p. 163; *CV* XLVII, p. 238: "Quaecumque ergo substantia Sermonis fuit illam dico personam et illi Filii nomen vindico et, dum Filium agnosco, secundum a Patre defendo".

[39] *Adversus Praexeam*, 4, in *PL* II, p. 161; *CV* XLVII, p. 235: "Spiritum non aliunde puto quam a Patre per Filium"; *Ibid*. 8, in *PL* II, p. 163; *CV* XLVII, p. 238: Tertius est Spiritus a Deo et Filio, sicut tertius a radice fructus ex frutice et tertius a fonte rivus ex flumine et tertius a sole apex ex radio".

[40] Cf. *Adversus Praexeam*, 25, in *PL* II, p. 164; *Cv* XLVII, p. 239.

[41] *Adversus Praexeab*, 2, in *PL* II, p. 156; *CV* XLVII, p. 229: "et nihilominus custodiatur oikonomiae sacramentum, quae unitatem in trinitatem disponit, tres dirigens Patrem et Filium et Spiritum – tres autem non stat used gradu, nec substantia sed forma, nec potestate sed specie, – unius autem mae et species in nomine Patris et Filii et Spiritus Sancti deputantur".

[42] Cf. VERHOVEN, Th. *Studien over Tertullianus "Adversus Praxeam"*, Amsterdam 1948; CANTALAMESSA, A. *La cristología di Tertulliano*, Fribourg 1962; BENDER, W. *Die Lehre über den leiligen Geist bei Tertullian*, München 1961; MOINGT, J. *La théologie trinitaire de Tertullien* I-IV, Paris 1966ss.; DANIÉLOU, J. *Les origins du christianisme latin*, Paris 1978.

[43] NOVATIUS. *De Trinitate*, 31, in *PL* III, p. 949: "Si enim natus non fuissety, innatus comapratus cum eo qui esse innatus, aequatione in utroque ostensa, duos faceret innatos et ideo duos faceret deos"; *Ibidem*, 29, in *PL* III, p. 944>: "(spiritus Sanctus) hic est qui operatur ex aquis secundam nativitatem, semen quoddam divini generis, et consecrator caelestis nativitatis, pignus promissae hereditatis et quasi chirographum quoddam aeternae salutis; qui no Dei faciat templum et nos eius efficiat domum; qui interpellat divinas aures pro nobis gemitibus ineloquacibus, advocationis implens official et defensionis exhibens

2. *Augustissima Ecclesiae Dei praedicatio.* Até o ano 260, Dionísio de Alexandria entra em conflito com Dionísio de Roma, que exclui o triteísmo de Marcião e o modalismo de Sabélio e afirma a *homoousia* do Verbo e a unidade da *monarchia*.[44] Em meados do século III, Dionísio de Roma procura uma *via media* entre Sabélio e Marcião, entre unitarismo e *triarchia*. Contra o origenismo radical, o Papa afirma a *homoousia* do Filho, porém rechaça a linguagem origenista de três hipóstases, a modo de três essências (*ousiai*). Dionísio predica do Filho engendrado (*gennasthai*), no ser feito (*poiesthai*).[45] Na controvérsia sobre a *homoousia* do *Logos*, Paulo de Samosata afirmava em sentido adocionista, também Sabélio a havia afirmado em sentido de *tautosia*; os origenistas radicais a negaram, afirmando uma *heterousia* correspondente a sua doutrina de três hipóstases, pensadas como três essências, três forças ou três divindades. Dionísio de Roma afirma a *homoousia*, proclama a Trindade (He *theia trias*), defende a monarquia (*to hagion kerygma tes monarchias*).[46]

Os representantes radicais do *Modelo unitário* encontraram a resistência eclesial. Ao final do século II, o papa Victor I condena o adocionismo de Teodoro Bizantino. No final século III, Calisto I condena o sabelianismo, em torno de 220. Em 268, um Sínodo de Antioquia condena o uso do *homoousios iem Paulo de Samosata*.[47] Posteriormente, rechaçam-se as sentenças de Fotino de Sirmio e Marcelo de Ancira.[48] No século IV, em sua forma extrema, o *Modelo subordinacionista* aparece nos *Heresiarcas*: Ario une origenismo radical e adocionismo, exasperando a separação entre Pai e Filho.[49] Este é pensado como criado do nada e no tempo, diferentemente (*heterousios*) do primeiro, provocando a controvérsia de 318, concluída em 325 em Niceia[50]. Estendendo ao Espírito a doutrina da criaturalidade, Macedônio[51] inicia o debate resolvido em 381 em Constantinopla.[52] A busca de uma linguagem eclesial foi provocada pela crise ariana, ao afirmar a subordinação do *Logos* em relação ao Pai, único ingênito, princípio divino, eterno e imutável. Deste axioma, Ario concluía a criaturalidade do *Logos* e sua diferença com relação ao Pai, do qual receberia a divindade por participação criatural, não por geração eterna. Subordinado ao Pai, como a criatura o é ao Criador, o *Logos*, enquanto criatura, era mutável e não eterno. A tese ariana negava o mistério da divinização humana, dado que a verdade divina da encarnação e da graça supunha a realidade de uma Trindade imanente.[53]

---

munera; inhabitator corporibus nostris datus et sanctitatis effector".
[44] Cf. NUTIN, P. *Lettres et écrivains chrétiens*, Paris 1961, p. 143ss.; BIENERT, W. A. *Dionysius von Alexandrien*, Berlin 1978, p. 220ss.; SIMONETTI, M. "Ancora homoousios", in *Vetera Christianorum* XVII (1980), p. 85-98.
[45] Cf. BIENERT, W. A. *Dionysius von Alexandrien*, p. 20ss. Em *Dz i112ss* nega-se a exegese platônica de Pr 8,22.
[46] Cf. DIONYSIUS ROMANUSI. *Epistula ad dionysiium Ep. Alex*, c. III, in *DZ* 115; ATHANASIUS. *De decretis Nicaenae synodi*, 26, in *PG* XXV, p. 461-465; OPITZ, H. G. *Athanasius Werke* II/1, p. 22-23.
[47] Cf. SIMONETTI, M. "Per la rivalutazione di alcune testimonianze su Paolo di Samosata", in *Rivista di stori e letteratura religiosa* XXIV (1988), p. 177ss.
[48] Cf. *DZ* 51.
[49] Cf. BOURLARAND, E. *L'herésie d'Arius et la foi de Nycée* I-II, Paris, p. 1972-1973; SIMONETI, M. *La crisi ariana nel IV secolo*, Roma 1975; LORENZ, R. *Arius judaizan? Untersuchungen zur dogmengeschichtlichen Einordnung dês Arius*, Göttingen 1979; HANSON, R. P. C. *The Search for the Christian Doctrine of God*, Edinburgh 1988.
[50] Cf. ORTIZ DE URBINA, I. *El símbolo de Nicea*, Madrid 1947.
[51] Cf. SCHULTZE, B. "Die Pneumatologie des Symbols von Konstantinopel als abschliessende Formulierung der griechischen Theologie", in *OrChrist Per* XLVII 1981, p. 5ss.; ORTIZ DE URBINA, I. "El Espíritu Santo en la teología del S. IV desde Nicea a Constantinopla", in *El concilio de Constantinopla I y El Espíritu Santo*, Salamanca 1983, p. 75ss.
[52] Cf. RITTER, A. M. *Das Konzil von Konstantinopel und sein Symbol*, Göttingen 1965.
[53] ATHANASIUS, *Epistula de synodis*, 51, in *PG* XXVI, p. 784: "Huius enim partipatione Patris participles efficimur, eo quod ipse proprium Patris sit Verbum. Unde si ipse quoque ex partipatione esset et non ex se subtantialis divinitatis et imago Patris, non deificaret alios, cum et ipse deificatus esset".

3. *Trinitas in Unitate*. O Concílio de Niceia I (325) condena o arianismo: a linguagem eclesial da consubstancialidade do Filho eterno com relação ao Pai ingênito expressa unidade na distinção (*hooousios to patri*), contraposta à distinção sem unidade (*anomoios*), própria do arianismo, e à identidade sem distinção (*tautousios*), típica do sabelianismo. Rechaçando subordinacionismo e patripassianismo, a linguagem eclesial defendia o pressuposto da experiência da salvação como ação divinizante.[54] A crise posterior da linguagem eclesial obrigou a precisar o conceito de consubstancialidade (*homoousia*), para distingui-lo tanto da dessemelhança dos eunomianos (*anomeos*) quanto da mera semelhança dos acacianos (*homeos*), sem por isso cair na identidade dos sabelianos (*tautousia*).[55] A linguagem eclesial distinguia a essência divina (*ousia*) e as três pessoas (*hypostaseis*), como modos distintos de subsistência (*tropoi tes hyparxeos*). Desde o final do século IV, o consenso linguístico entre atanasianos, acacianos e eusebianos permite superar a posição ariana e eunomiana com relação ao *Logos*. Aparece uma nova forma de subordinacionismo radical da terceira hipóstase, por parte dos macedonianos e pneumatômacos, sobre a criaturalidade do Espírito, nem engendrado, nem procedente da substância do Pai, adorador e não adorável, servo e não *kyrion*. Por obra dos teólogos da Capadócia, chega-se ao chamado consenso neoniceno, aceitando Roma e Alexandria a fórmula *treis hypostaseis – mia ousia* como a tradição latina havia aceitado uma substância *in tribus personis*.[56]

Contra a linguagem pneumatômaca, reage a tradição do monaquismo, representada por Basílio de Cesareia, Gregório Nazianzeno, Gregório de Nissa, Anfilóquio de Icônio. Progride a linguagem eclesial com a doutrina das três hipóstases adaptada ao debate neoniceno.[57] Sublinha-se a inascibilidade do Pai (*agennesia*), a geração do Filho (*gennesia*) e a processão (*ekporeusis*) do Espírito (*to pneuma to hagion*). O Concílio Constantinopolitano I (381) confirma a teologia. O *Pneuma* não é vivificado, mas vivificante (*zoopoion*); nem é servo, mas Senhor (*to Kyrrion*); nem é adorador, mas adorado (*proskynoumenon*); nem é criatura, mas procedente (*ekporeuomenon*). A divindade do Espírito é a consequência da certeza de sua missão, como aperfeiçoador da divinização da humanidade. Na única essência divina (*ousia*), das três hipóstases, devem ser proclamadas a mesma glória (*homodoxia*), honra (*homotimia*) e consubstancialidade (*homoousia*).[58]

O Concílio Constantinopolitano II (553) anuncia a Trindade consubstancial (*triada homoousion*) como única divindade (*mian theoteta*), em três hipóstases (*em trisin hypostasein*). A fórmula do consenso neoniceno é posta em relação ao *Depositum fidei*: Um é Deus Pai, de quem tudo procede; um é Jesus Cristo, por meio do qual são feitas todas as coisas; e um

---

[54] Cf. Conc. NICAENUM I, *Symbolum Nicaenum*, in *DZ* 125ss.; ORTIZ DE URBINA, I. El símbolo Niceno, Madrid 1947, p. 21ss.
[55] SCHEFFCZYK, L. *Mysterium Salutis* II, p. 177ss.
[56] BASILIUS MAGNUS. *De Spiritu Sancto*, XVIII, 47, in *PG* XLV, p. 125: "Proinde via ad Dei cognitionem est ab uno Spiritu per unum Filium ad unum Patrem. Ac rursus native bonitos et naturalis sanctimonia et regalis dignitas ex Patre per Unigenitum, ad Spiritum permanat. /ad hunc modum et hypostases profitemur, Nec *pium monarchiae dogma* labefactatur".
[57] Adaptando a doutrina platônica, em analogia com a primeira hipóstase, o Deus supremo, fala-se do Pai eterno como causa principal de quanto existe; a semelhança da segunda hipóstase; o Demiurgo, fala-se do Filho como causa demiúrgica da criação; em paralelo à terceira hipóstase, como *anima mundi*, fala-se do Espírito como causa do aperfeiçoamento da criação; GREGORIUS NYSSENUS. *Quod non Sunt tres dii*, in *PG* XLV, p. 125: "Omnis operatio divinitus ad creaturam perveniens, et secundum varios conceptus nominata, ex Patre oritur et per Filium progreditur in Spiritu Sancto perficitur. In multitudinem operantium nomen operationis noon dividitur".
[58] Cf. Conc. CONSTANTINOPOLITANUM I, *Symbolum Constantinopolitanum*, in *DZ* 150.

é o Espírito, em quem tudo se sustenta.[59] Em seu rechaço da baixa cristologia, presente nos três capítulos ou sentenças de Ibas de Edessa, Teodoreto de Ciro e Teodoro de Mopsuéstia, o Concílio indica a alta cristologia, de tipo ciriliano, consagrada na expressão do crucificado como *Deus verus e unus de Trinitate*.[60] O Concílio Constantinopolitano III (680-681) vê a questão do monotelitismo na perspectiva trinitária da tradição.[61] No Concílio Niceno II (787), o Patriarca Tarásio de Constantinopla professa a fé no Espírito Santo, "Senhor e vivificante, que procede do Pai, acrescentando através do Filho (*di Hyiou*)".[62]

4. *Modelo grego*. Atanásio afirmou a *homoousia* do Verbo, no sentido de uma única essência e substância divina (*mia ousia – mia hypostasis*); depois aceitou a fórmula dos capadócios, da única realidade subsistente em três hipóstases (*treis hypostaseis – mia ousia*), não ao modo sabeliano, como meros modos de aparecer ou de ser denominados, mas como modos reais distintos de subsistir ou existir (*tropoi tes hyparxeos*).[63] Com a linguagem eclesial que afirmava a Trindade sem diluir a Monarquia, conclui-se o processo genético delimitando uma dupla frente herética: arianos, eunomianos e pneumatômacos, por um extremo, e, por outro, sabelianos, fotinianos e marcelianos.[64] A literatura do século IV e do século V testemunha a vigência do consenso neoniceno, com acentos típicos no Oriente e no Ocidente.[65]

No chamado *modelo grego*, a teologia oriental parte da *monarchia* do Pai Ingênito, princípio sem princípio e origem sem origem da vida intradivina, de quem procedem o Filho eterno e o Espírito, na comunhão da única essência divina.[66] O Pai tudo o realiza por meio do *Logos* e no *Pneuma* divino. A linguagem oriental evita subordinacionismo ariano, eunomiano ou macedoniano, e modalismo sabeliano, acentuando a *Trindade na unidade*. Importante é considerar as fórmulas dos capadócios, por sua posterior influência no Oriente bizantino.[67] Elaborado no século VI por Dionísio, em uma ontologia teológica, em que Deus Pai aparece como o Uno, que irradia a plenitude de sua bondade na criação, por meio do Filho e do Espírito, com dons ou frutos divinos, a linguagem da teologia oriental é sistematizada por João Damasceno, ao final do século VII, em sua visão da Trindade consubstancial, na eternidade e na *historia salutis*.[68]

---

[59] Cf. Conc. CONSTANTINOPOLITANUM II, Sessio VIII, cn. 1, in *DZ* 42.

[60] Cf. *Ibidem,* cn. 10, in *DZ* 432.

[61] Cf. Conc. CONSTANTINOPOLITANUM III, Sessio XVIII, 16 sept. 681, in *DZ* 553ss.

[62] Cf. MANSI XII, p. 1122.

[63] BIENERT, W. A. "Das vornicaenische homoousios als Ausdruck der Rechtgläubigkeit", in *Zeitschr. Kircheng.* XC (1979), p. 151ss.; STEAD, G. C. *Divine substance*, Oxford 1977, p. 190ss.

[64] Cf. *Symbolum Nicaenum*, in *Dz* 125ss.; *Ep. Synodalis ad Aegyptios*, c. I, n. 2, in *DZ* 130; Conc. CONSTANTINOPOLITANUM, cn. 1, in *Dz* 151; *Tomus Damasi* (382), 1-7, in *DZ* 152ss.

[65] Cf. TH. DE RÉGNON. *Études de théologie positive sur la Sainte Trinité* I-IV, Paris 1892ss.; COURTH, F. *Trinität* I, Freiburg 1985.

[66] Cf. STROHM, P. M. "Die Trinitätslehre des hl. Athanasius und ihr Missverstehen im Abendland", in *Kyrios* XIV 1974, p. 43ss.; VERHEES, J. "Die bedeuteung der Transzendenz des Penuma bei Basilius", in *Ostkirchliche Studien* XXV 1976, p. 285ss.; HUSSEY, M. E. "The Theology of the Holy Spirit in the Writings of St. Gregory of Nazianzus", in *Diakonia* XIV 1979, p. 224ss.; GONZALEZ, S. *La formula mia ousia y treis hypostaseis en S. Gregorio de Nisa*, Roma 1939; BRENNECKE, H. C. "Erwägungen zu den Anfängen des Neunizänismus", in PAPANDREU, D. (org.). *Oecumenica et patristica*, Chambésy-Genf 1989, p. 241ss.

[67] Cf. BASILIUS MAGNUS, *Adversus Eunomium*, n. II, 12, in *PG* XXIX, p. 593; *De Spiritu Sancto,* XII, 28, in *PG* XXXII, p. 116; GREGORIUS NAZIANZENUYS. *Oratio theological* V, 9, in *PG* XXXVI, p. 141; GREGORIUS NYSSENUS, *Contra Anomoeos*, Hom. VII, 6, in *PG* XLVIII, 765.

[68] Cf. DIONYSIUS AREOPAGITA. *De divinis nominibus*, 2,4, in *PG* III, p. 641; IOANNES DAMASCENUS. *De Haresibus*, Epil., in *PG* XCIV, p. 780; *De fide orthodoxa* I, 12, in *PG* XCIV, p. 849; *De Sancta Trinitate*, 1, in *PG* XCV, p. 9.

3. *"Aeternaliter ex Patre"*

Nos séculos IV e V, a linguagem de Hilário, de Vitorino, de Faustino, de Ambrósio ou de Agostinho, evita todo o sabelianismo e o arianismo, na compreensão da Trindade.[69] A partir da única substância divina condividida na santa Trindade – Pai, Filho e Espírito Santo –, o *modelo latino* sublinha a *unidade na Trindade*.[70]

3.1. Modelo latino

O bispo de Hipona propõe uma meditação original sobre o mistério divino,[71] a partir da unidade trinitária,[72] que se manifesta como único princípio em relação ao universo.[73] Agostinho verifica a linguagem eclesial na revelação, em relação ao Pai, *principium totius Deitatis*,[74] as missões salvíficas e as processões eternas,[75] procurando uma inteligência do Mistério, contemplado na *imago Dei*.[76] A linguagem agostiniana sobre o mistério divino, em si e não em seu projeto eterno de uma *deificiatio* humana, atuada na *dispositio salutis*, vem da tradição eclesial, que falava das *missões* salvíficas do Verbo e do Espírito[77] e das *processões* eternas, pelas quais ambos procedem do Pai ingênito.[78] O Verbo por geração eterna;[79] o Espírito por um modo diverso de procedência divina.[80] Tal mistério permite falar de *relationes* reais intratrinitárias. Usando essa categoria, empregada por teólogos capadócios, Agostinho pode responder à objeção ariana. Em Deus nada é acidental e as pessoas divinas são entre si consubstanciais. A distinção em Deus deve ser pensada na

---

[69] Cf. HILARIUS. *De Trinitate* II, 6, in *PL* X, p. 54; *De Synodis*, 71, in *PL* X, p. 527; VICTORINUSI, C. M. *Adversus Arium* IV, 33, in *PL* VIII, p. 1137; *Dee generatione divini Verbi*, 28, in *PL* VIII, p. 1033; FAUSTINUS. *De Trinitate* VII, 3, in *PL* XIII, p. 1071; AMBROSIUS. *De Spiritu Sancto*, 3,42, in *PL* XVI, p. 714; AUGUSTINUS. *De Trinitate* I, 4,7, in *PL* XLII, p. 824.

[70] Cf. SMULDERS, P. *La doctrine trinitaire de saint Hilaire de Pitiers*, Roma 1944; ZIEGENAUS, A. *Die Trinitarische Ausprägung der göttlichen Seinsfülle nach Marius Victorinus*, München 1972; ROY, O. *L'intelligence de la foi en la Trinité selon sinta Augustin*, Paris 1966.

[71] AUGUSTINUS. *De doctrina Christiana* I, 3,5, in *PL* XXXIV, p. 21: "Pater et Filius et Spiritus Sacntus, et singulus quisque horum Deus et simul oomnes unus Deus, et singulus quisque horum plena substantia et simul omnes una substantia".

[72] *De Trinitate* I, 4,7, in *PL* XLII, p. 824: "Omnes quos legere potui, qui ante me scripserunt de Trinitate, quae Deus est, divinorum librorum veterum et novorum catholici tractatores, hoc intenderunt secundum scripturas docere, quod Pater et Filius et Spiritus Sanctus unius eiusdem substantiae inseparabili aequalitate divinam insinuent unitatem; ideoque non sint ter dii sed unus Deus".

[73] *De Trinitate* V, 3,15, in *PL* XLII, p. 921: "ad creaturam vero Pater et Filius et Spiritus Sanctus unum principium, sicut unus creator et unus Dominus"; *Ibidem* I, 4,7: "indivisa opera Trinitatis, sicut et indivisa est Trinitatis essential".

[74] Cf. *De Trinitate* V, 20,29, in *PL* XLII, p. 908.

[75] *De Trinitate* IV, 220,28, in *PL* XLII, p. 908: "Pater, cum ex tempore a quoquam cognoscitur, non dicitur missus; non enim habet de quo sit, aut ex quo procedat. Sapientia quipped dicit: *Ego ex ore Altissimi prodivi*. ET de Spiritu Sancto dicitur: *A Patre procedit*; Pater vero a nullo".

[76] *Sermo* LII, 6,7: "Hominem enim Deus fecit ad imaginem et similitudinem suam. In te quaere, ne forte imago Trinitatis habeat aliquod vestigium Trinitatis"; *De Civitate Dei* XI, 26: "Nam et sumus, et nos esse novimus et id esse novimus et id esse ac nosse diligimus".

[77] *De Trinitate* XV, 30,51, in *PL* XLII, p. 1097: "Domine Deus noster, credimus in te Patrem, et Filium, et Spiritum Sanctum. Neque enim diceret veritas: *Ite, baptizate omnes gentes in nomine Patris et Filiis et Spiritus Sancti*, nisi Trinitas esses. Nec baptizari nos iuberes, Domine Deus, in eius nomine, quinon est dominus Deus. Neque dieretur voce divina: *Audi, Israel, Dominus Deus tuus Deus unus est*, nisi Trinitas ita esses, ut unus Dominus Deus esses".

[78] *De Trinitate* XV, 30, 47, in *PL* XLII, p. 1094: "Pater enim solus non est de alio, ideo solus appellatur ingenitus, non quidem in scripturis, sed in consuetudine disputantium, et de re tanta sermonem qualem valuerint proferentium. Filius autem de Patre natus est; et Spiritus Sanctus de Patre principaliter, et ipso sine ullo temporis intervallo diante, communiter de utroque procedit".

[79] *De Trinitate* XV, 14, 23, in *PL* XLII, p. 1076: "Verbum ergo Dei Patris unigenitus Filius, per omnia Patri similis et aequalis, Deus de Deo, lumen de lumine, sapientia de sapientia, essentia de essentia; est hoc omnino quod Pater, non tamen Pater; quia iste Filius, ille Pater. Ac per hoc movit omnia quae novit Pater, sed ei nosse de Patre est, sicut esse. Nosse enim et esse ibi unum est. Et ideo, Patri sicut esse non est a Filio, ita Nec nosse".

[80] *De Trinitate* XV, 26, 47, in *Pl* XLII, p. 1093: "Diceretur autem Filius, Patre et Filii, si, quod abhorret ab omnium sanorum sansibus, eum ambo genuissent. Non igitur abutroque est genitus, sed procedit ab utroque amborum Spiritus".

categoria de *relativum* subsistente.[81] O termo *persona*, ou *hypostasis*, significa a diversidade intradivina em oposição ao arianismo, porém reflete a dificuldade de evitar o sabeliano.[82] Para a compreensão do mistério, enquanto tensão de unidade na monarquia e diversidade nos três modos reais e distintos de subsistir, Agostinho usa uma linguagem simbólica da espiritualidade humana, vista com *imago Trinitatis*.[83] A distinção de memória, inteligência e vontade se realiza sem menoscabo da unidade.[84]

3.2. Unitas in Trinitate

Durante o primeiro milênio, a diversa tonalidade teológica no Oriente e no Ocidente não impede uma concórdia substancial. No final do século IV, o sínodo romano (382) proclama a divindade do Espírito Santo.[85] No final do século V, em 447 Leão Magno condena priscilianistas e patripassianos.[86] No século VI, Pelágio I ensina (557) o dogma tradicional (*ut trina sit unitas, et uma sit trinitas*).[87] Na linguagem ocidental se faz patente o agostinianismo teológico: Quem quer ser salvo (*Quicumque vult salvus esse*) deve confessar sua fé na Trindade (*unus Deus inTrinitate*).[88] No século VII, o Concílio de Latrão I (649) enquadra a questão do monotelismo dentro da ortodoxia trinitária (*unus Deus in tribus subsistentiis consubstantialibus et aequalis gloriae*); o Verbo divino, *unus de Trinitate*, é consubstancial ao Pai.[89] O Concílio renova a condenação da linguagem herética de Sabélio, Ario, Eunomio, Macedônio, Apolinar e Paulo de Samosata, apelando ao testemunho dos *quinque Synodi*.[90] O Concílio Romano (680) confirma aos imperadores a reta fé: *non trium nominum subsistentiam, sed trium subsistentiarum unam substantiam.*[91]

---

[81] *De Trinitate* V, 5,6, in *PL* XLII, p. 914: "In Deo autem nihil quidem secundum accidens dicitur, quia nihil in eo mutabile est; nec tamen omne quod dicitur, secundum substantiam dicitur. Dicitur enim ad aliquid, sicut pater ad filium et filius ad patrem, quod non est acciden; quia et ille semper pater et ille filius"; *Ibidem*: "quamobrem quamvis diversum sit patrem esse et filium esse, non est tamen diversa substantia, quia hoc non secundum substantiam dicuntur, sed secundum relativum; quod tamen relativum non est accidens, quia non est mutabile".

[82] *De Trinitate* VII, 4,8, in *PL* XLII, p. 941: "Quod de personis secundum nostrum, hoc de substantiis secundum Graecorum consuetidunem, ea quae diximus, opportet intellegi. Sic enim dicunt illi tres substantias, unam essentiam, quaemadmodum nos dicimus tres personas, unam essentiam vel subantiam".

[83] *Contra sermonem Arianorum*, 16, in *PL* XLII, p. 695: "Dictum est: *ad imaginem nostram*. Quod expersona ipsius Trintiatis rectissime accipitur. Tria itaque in hominis anima cogitemus; memoriam, intelligentiam, voluntatem; ad his tribus fit omne quod facimus".

[84] *De Trinitate* XII, 6,6, in *Pl* XLII, p. 1001: "Sed quia fiebat ad imaginem Trinitatis, propterea dictum est: *ad imaginem nostrum*. Rursus autem ne in Trinitate credendos arbitraremur tres deos, cum sit eadem Trinitatis unus Deus, *Et fecit*, inquit, *Deus hominem ad imaginem Dei*, pro eo ac si diceret: ad imaginem suam".

[85] Conc. ROMANUM. *Tomus Damasi*, 16, in *DZ* 168: "Si quis non dixerit Spiritum Sanctum de Patre esse vere ac proprie, sicut filium, de divina substantia et Deum verum: haereticus est".

[86] Cf. LEO I MAGNUS. *Ep. Quam laudabiliter* ad Turribium ep. Astur (447), c. I, in *DZ* 284.

[87] PELAGIUS I. *Ep. Humani Generis*, in *DZ* 441: "Hoc est, tres perosnas sive tres subsistentias unius essentiae sive naturae, unius virtutis, unius operationis, unius beatitudinis atque unius potestatis".

[88] Formula *Fides Damasi*, in *DZ* 71: "Et in hac Trinitate unum Deum credimus"; Symbolum *Clemen Trinitas*, in *DZ* 73: "Clemen Trinitas est una divinitas"; Symbolum *Quicumque*, in *DZ* 75: "Quicumque vult salvus esse, ante omnia opus est, ut teneat catholicam fidem: quam nisi quis integram inviolatamque servaverit, absque dubio in aeternum peribit. Fides autem catholoica haec est, ut unum Deum in Trinitate, et Trinitatemin unitate veneremus".

[89] Conc. LATERANENSE I Actio V, cm. 1 I *DZ* 501: "Si quis secundum sanctos Patres non confidetur proprie et veraciter Patrem et filiium et Spiritum Sanctum, trinitatem in unitate et unitate in trinitate, hoe est, unum Deum in tribus subsistentiis (...) condenatus sit", *Ibidem*, cn. 2 , in *DZ* 502: "ipsum unum sanctae et consubstantialis et venerandae Trinitatis Deum Verbum e caelo descendisse, et incarnatum ex Spiritu Sancto".

[90] Cf. *Ibidem,* cn. 18, in *Dz* 518.

[91] Cf. CONC. ROMANUMI, Ep. *Omnium bonorum spes*, in *DZ* 546.

Na evolução da linguagem eclesial, possuem particular significação os sínodos de Toledo, na Igreja visigótica. No século V, o I Concílio de Toledo (440) contrasta dualismo e modalismo no priscilianismo, afirmando na Trindade unidade substancial e distinção pessoal, identidade entre o Deus trinitário e o criador do universo.[92] No século VI, o I Concílio de Braga (561) confirma o sínodo toledano e condena Prisciliano por seu modalismo, dualismo e adocionismo.[93] O III Concílio de Toledo, no *symbolum Reccaredi Regis* (589), ordena o abandono da linguagem herética de Ario, Macedônio, Nestório e Eutiques pela Corte visigoda, afirmando a fé de Niceia, Constantinopla, Éfeso e Calcedônia na Trindade consubstancial.[94] No século VII, presidido por Isidoro Hispalense, o IV Concílio de Toledo (633) propõe um símbolo de fé, que afirma a Trindade consubstancial e o Verbo criador e encarnado, *unus de Trinitate*.[95] O VI Concílio de Toledo (638) amplia a mesma doutrina, em uma profissão de fé trinitária e cristológica, com importantes notas doutrinais. Afirma-se *unum Deum solum non solitarium*, em oposição ao arianismo, proclamando a unicidade divina contra a *poliarchia*; proclama-se o Pai *ingenitum, increatum, fontem et origem totius divinitatis*; anuncia-se o Filho *per omnia coaequalis Patri* e *Deus verus de Deo vero*, diz-se do Espírito, que é *de Patre Filioque procedentem*; conclui-se a unidade na Trindade.[96] O XI Concílio de Toledo (675) proclama sua fé na Trindade divina e enumera as propriedades pessoais: O Pai, *a nullo origiem ducit*, "fonte e origem" da divindade, do que recebem o Filho sua nativiade e o Espírito sua procedência; o Filho *ante saecula natum*, consubstancial ao Pai por sua geração eterna e divina, *natura est Filius non adoptione*; o Espírito *ab utrisque procedetem*, como *caritas sive sanctitas amborum*. Unidade na substância faz o *unus Deus Trinitas*. Nas pessoas se dá a relatividade, *cum relative tres personae dicantur*. As pessoas, tanto na eternidade, como na história da salvação, *inseparabiles enim inveniuntur et in eo quod sunt, et in eo quod faciunt*.[97] Também o símbolo do XVI Concílio de Toledo (693) usa uma linguagem trinitária precisa: O Pai *es totiums fons et origo divinitatis*; o Filho, *plena imago Deis*, procede por geração *ex intimo Patris*; o Espírito *es donum donatoris*, já que a pessoa *ad relativum pertinere dignoscitur*.[98]

3.3. Opus tripartitum Trinitatis

A linguagem teológica adota no Ocidente uma tipologia diversificada, para manter a fidelidade à Tradição e encontrar fórmulas de união. A leitura ocidental da teologia

---

[92] Conc. Toletanum I, Symbolum, in *Dz* 188: "hanc Trinitatem, personis distinctam, substantiam unam"; *Libellus in modum symboli*, cn. 2, in *DZ* 192; "Si quis dixerit vel crediderit, Deum Patrem eundem esse Filium vel Paracletum"; *Ibidem*, cn. 9, in *DZ* 199: "Si quis (...) crediderit, ab altero Deo mundum factum fuisse et non ab eo, de quo scriptum est: *In principio fecit Deus caelum et terram*".

[93] Cf. Conc. Bracarense I, *Anathematismi*, n. 1-3, in *Dz* 452ss.

[94] Conc. Toletanum III, *Symbolum Reccaredi regis*, in *DZ*470: "Confitemur esse Patrem, qui genuerit ex sua substantia Filium sib coaqualem et coeternum, non tamen ut ipse sit natus ingenitus, sed persona alius sit Pater, qui genuit, alius sit Filiius, qui fuerit generatus, unius tamen uterque substantiae divinitate subsitat"; "Spiritus aeque Sanctus confitendeus a nobis et praedicandus est a Patre et a Filio procedere et cum Patre et Filio unius esse substantiae".

[95] Conc. Toletanum IV, *Symbolum*, in *DZ* 485: "Secundum divinas Scripturas et doctrinam quam a sanctis Patribus accepimus, Patrem et Filium et Spiritum Sanctum unius deitatis atque substantiae confitemur; in personarum diversitate trinitatem credentes, in divinitate unitatem praedicantes, Nec personas confundimus Nec substantiam separamus"; "Filium Dei et creatorem omnium, ex substantia Patris ante saecula genitum (...) unus de sancta Trinitate".

[96] Cf. Madoz, J. "El símbolo del VI Concilio de Toledo", in *Gregorianum* XIX (1938), p. 161ss.; Conc. Toletanum VI, *Declaratio de Trinitate*, in *Dz* 490: "per hoc substantialiter unum sunt, quia et unus ab utroque procedit".

[97] Cf. Conc. Toletanum XI. *Symbolum*, in *DZ* 525ss.

[98] Cf. Conc. Toletanum XVI. *Symbolum*, in *DZ* 568ss.

agostiniana acentuou, na linguagem trinitária, a nota formal e ontológica, em menoscabo do momento salvífico e deificante, presente nela.[99] Na teologia latina nem sempre foram evitados problemas inerentes à linguagem trinitária. A definição de Boécio, *rationalis naturae individua substantia*, atribuindo individualidade às pessoas, obscurece a monarquia, favorecendo uma compreensão triteísta, ao não sublinhar a comunicação amorosa intratrinitária.[100] A linguagem teológica de João Escoto Erigena dissolve a divindade em um panteísmo, não distinguindo Criador de criatura, com as pessoas divinas como momentos da única *natura naturans*, que se expande no universo.[101] A linguagem medieval adota uma dupla linguagem: Uma variante, próxima ao "modelo grego", atende ao aspecto salvífico da *deificatio*, considerando em concreto as hipóstases divinas, o Pai ingênito, o Filho engendrado e o Espírito procedente, vindo o universo criador a *creatrix Trinitas*. Criação, redenção e santificação são *opus tripartitum Trinitatis*.[102] A *innascibilitas* e a *formais plenitudo* do Pai divino é sublinhada, assim como sua *fecunditas respectu personarum*, descrevendo a vida divina na linguagem da *dilectio*: O Pai *diligens*, o Filho *dilectus* e o Espírito *condilectus*.[103] Ao ser Deus *summa caritas*, a metafísica do amor caracteriza o *consortium amoris* das pessoas divinas.[104] Outra variante usa a linguagem do "modelo latino", sublinhando a Trindade imanente em categorias como *natura e substrantia*, *subsistentia* e *persona*, *missio* e *processio*, *relativum* e *relatio*, ou a tríade *anima, sapientia, amor*, imagem do Criador, cuja potência, sabedoria e amor devem ser confessados como subsistentes e eternos;[105] sem que se esqueça da conexão existente entre missões atuantes na *dispotio salutis* e processões eternas da Trindade imanente.[106]

O tomismo resolve questões presentes no agostianismo, fortalecendo a coerência do sistema.[107] A diferença entre as processões intradivinas, espirituais e imanentes é explicada com a consideração da realidade espiritual. No ato de conhecer. No *Verbum* existe uma *ratio similitudinis* entre a imagem engendrada e o princípio engendrante; no ato de amor, *inclinatio in REM volitam*, não se dá o motivo de semelhança. Tal diversidade ilustra a diferença entre a *generatio Verbi* e a *spiratio Amoris*. A categoria de *relatio* se torna central: afirma-se a existência em Deus de relações permanentes, imanentes e subsistentes, com prioridade lógica sobre as mesmas processões, que constituem formalmente as pessoas.[108]

---

[99] Cf. Turrado, A. "La teología trinitaria de San Agustín en el Mysterium Salutis", in *RevAgust Espri* XII (1971), p. 445ss.; Arias Reyero, M. "La doctrina trinitaria de San Agustín", in *TeolVida* XXX (1989), p. 249ss.
[100] Cf. Boethius. *De duabus naturis*, 3, in PL LXIV, p. 1343-1344; V. Schurr, *Die Trinitätslehre des Boethius in Lichte der skytischen Kontroversen*, Paderborn 1935.
[101] Cf. Scheffczyk, L. "Die Grundzüge der Trinitätslehre des Iohannes Scotus Eriugena", in *Theologie in Geschichte und Gegenwart*, München 1957, p. 497ss.
[102] Cf. Scheffczyk, L. "Die heilsöikonomische Trinitätslehre des Rupert von Deutz", in *Kirche und übeerlieferung*, Freiburg 1960, p. 90ss.
[103] Cf. Schmaus, M. "Die Trinitäskonzeption in Bonaventura Itinerarium mentis in Deum", in *Wissenschaft und Weltbild* XV (1962), p. 229ss.
[104] Cf. Ethier, A. M. *Le De Trinitate de Richard de St. Victor*, Paris – Ottawa 1936.
[105] Cf. Hoffmeier, J. F. *Die Trinitäslehre des Hugo von S. Viktor*, München 1963.
[106] Cf. Schneider, J. *Die Lehre vom dreieinigen Gott in der Schule des Petrus Lombardus*, München 1961.
[107] Cf. Vanier, P. *Théologie trinitaire de St. Thomas*, Paris 1953; Richard, R. I. *The Problem of an Apologetical Perspective in the Trinitarian Theology of St. Thomas of Aquin*, Roma 1963.
[108] Bourassa, F. "Note sur le traité de la Trinité dans la Somme Théologique de St. Thomas", in *Science et Esprit* XXVII (1975), p. 187ss.

A teologia medieval não evitou formalismo e nominalismo.[109] Renasce o interesse por mística e platonismo. Deus, como *unum* primordial, por criação e graça entra em relação com um universo, contido em sua multiplicidade por Deus mesmo como *maximum* e se revela em sua realidade trinitária como *unitas, aequalitas* e *connexio*.[110]

Tanto quanto se acentua a diversidade das noções pessoais na Trindade divina, acentua-se também a unidade de substância, podendo a linguagem ser levada a extremos de triteísmo e modalismo. Ao final do século XI, o Concílio de Soisson condena a linguagem de Roscelino (1092), como expressão de triteísmo, por pensar as três pessoas como *tres res per se, sicut tres angeli aut tres animae*, e não como *uma tantum res*. Em tal caso, arguia Roscellino, a Trindade toda deveria ter-se encarnado e não somente o Filho. Para Anselmo, supor as pessoas como *tres res ad invicem separatas* equivalia a pensá-las como *tres deos*.[111] O mesmo sínodo de Soissons censurou a linguagem de Pedro Abelardo em *De unitate etg trinitate divina*, como tendente ao modalismo. No século XII, o Concílio de Sens (1140) condena Abelardo por pensar a Trindade sob os atributos de *potentia, sapientia* e *benignitas*, referidos ao Pai, ao Filho e ao Espírito.[112] A linguagem de Gilberto de Poitiers foi rechaçada no sínodo de Reims (1148), por equiparar natureza abstrata e pessoas concretas, induzindo uma *quaternitas (ne aliqua ratio in theologia inter naturam et personas divideret)*.[113] No século XIII, o Concílio de Latrão IV (1215) rechaça a sentença de Joaquim de Fiore, em sua *De unitate Trinitatis*, contra o Lombardo, por propor uma unidade divina, *non veram et propriam, sed quase collectivam et similitudinariam*.[114]

3.4. Tanquam ex uno Principio

Roma procura superar a divisão entre latinos e orientais.[115] A diferença de linguagens, no modo de falar da procedência do Espírito, originou certa perplexidade no Oriente e no Ocidente. O problema pneumatológico, objeto no século IX da polêmica de Fócio (867), foi argumento no século XI, pela aceitação do papa do desejo de Henrique II (1014) de introduzir o *Filioque* no credo litúrgico, para chegar em 1054 à ruptura entre Humberto e Miguel Ceriulário.[116]

---

[109] Cf. WOLFEL, E. *Seinsstruktur und Trinitätsproblem. Untersuchungen zur Grundlegung der natürlichen Theologie bei Johannes Duns Scotus*, Münster 1965; DE ANDRÉS, T. *El nominalismo de Guillermo de Ockam como filosofía del lenguaje*, Madrid 1969.

[110] Cf. HAUBST, R.*Das Bild des einen und dreieinigen Gottes in der Welt nach Nikolaus von Kues*, Trier 1952; RUH, R. "Die trinitarische Spekulation der deutschen Mystik und Scholastik", in *Zeitsch.Deustche Philol*. LXXII (1953), p. 24ss.

[111] Cf. MANSI XX, p. 741ss.; ANSELMUS. *De incarnation Verbi*, 1.

[112] Cf. CONC. SENONENSE. *Errore Petri Abaelard*, 1 e 14, in *DZ* 721 e 734.

[113] Cf. CONC. REMENSE. *De trinitate divina*, in *DZ* 745; MANSI XXI, p. 712ss.

[114] Cf. CONC. LATERANENSE IV, c. II: *De errore abbatis Ioachim*, in *Dz* 803: "et ideo in Deo solummodo trinitas est, et no quaternitas".

[115] Cf. PALMIERI, A. "Filioque", in *DThC* Vm p. 2331-23342; ULLMANN, W. "Das Filioque als Problem ökumenischer Theologie", in *Kerygma und Dogma* XVI (1970), p. 58ss.; DE HALLEUX, A. "Pour un accord oecuménique sur la procession de l'Esprit Saint e et l'addition du Filioque au symbole", in *Irénikon* LI (1978), p. 451ss.; ZIZIOULAS, J. D. "The Teaching of the 2nd. Ecumenical Council of the Holy Spirit in historical and ecumenical Perspective", in *Credo in Spiritum Sanctum* I, Roma 1983, p. 29ss.

[116] Cf. Bula del Card. UMBERTO (16/11/1054), in *PL* CXLIII, p. 1001ss.; CERULARIO, M. *Acto Sinodal* (24/07/1054), in MANSI XIX, p. 811ss.; ORPHANOS, M. A. "The procession of the Holy Spirit according to certain later Greek Fathersa", in VISCHER, L. (org.). *Spirit of God, Spirit of Christ*, Genf. 1981, p. 21ss.; GARRIGUES, J. M. *El Espiritu que dice "Padre!"*, Salamanca 1982; STANILOAE, D. "Le Saint Esprit dans la théologie byzantine et dans la réflexion orthodoxe contempraine", in *Credo in Spiritum Sanctum* I, Roma 1983, p. 661ss.; CONGAR, Y. M. *El Espíritu Santo*, Barcelona 1983; GARIJO-GUEMBE, M. M. "filioque", in *El Dios cristiano*, Salamanca 1992, p. 545ss.

O Concílio de Lyon II, em sua *Constitutio de summa Trinitate* (1274), explica a processão do Espírito Santo *aeternaliter ex Patre et Filio* como de dois princípios, *sino tanquam ex uno principio*.[117] O mesmo Concílio recebe a *professio fidei* de Miguel Paleólogo, em fórmula sugerida em 1267 por Clemente IV.[118] Durante o Concílio, a posição oriental acusava os altinos de heresia pela adição do *Filioque* no símbolo. Contudo, manifestou-se a disponibilidade de aceitar a Tradição latina recebida por Máximo, o Confessor, em sua carta a Martin I. O Concílio opinou que a fórmula grega (*dia mesou tou Logou*) podia significar certa participação do Filho, recebida do Pai eterno.[119]

Depois do Concílio, o patriarca Gregório de Chipre e o teólogo Gregório Palamas distinguem processão eterna do Espírito, somente do Pai, e missão na *oikonomia*, enviado do Pai e do Filho.[120] No século XV, um novo concílio começa em Basileia (1431), continua em Ferrar (1438), prossegue em Florença (1439) e conclui em Roma (1443), buscando a união com os orientais. A Bula *Laetentur caeli* (1439) consagra a união com os gregos, legitimando ambas tradições sobre a procedência do Espírito oriental (*ex Patre per Filium*) e ocidental (*ex Patre et Filio*).[121] Porém o teor do decreto força a equivalência das fórmulas, ao entender o *per Filium* como causa (*aitia*) igual ao Pai, anulando a mediação conciliar. Os gregos desejavam manter sua tradição, defendendo a monarquia do Pai. A Bula defende o Pai como *fons ac principium totius deitatis*, proclamando a procedência do Espírito *ex utroque aeternaliter tanquam ab uno principio et única spiratione*. Dado o teor da antiga tradição latina, considera-se legítima a introdução do *filioque* no *Credo* da liturgia romana.[122] À união com os armênios, o Concílio de Florença dedica a Bula *Exultate Deo* (1439), na qual se precisa: à fé dos três primeiros concílios, acrescenta-se o *Filioque* do credo latino, à fé cristológica dos concílios de Éfeso e de Constaninopla III, contra as opostas linguagens eutiquiana e nestoriana.[123] À união com coptos e etíopes, dedica-se a Bula *Cantate Domino* (1442), na qual se propõe a fórmula: na Trindade (*una divinitas*), tudo é uno (*omniaque sunt unum*), a não ser na oposição de relação (*ubi non obviat relationis oppositio*),[124] sendo que as hipóstases não são intercambiáveis.[125] A Bula condena os sabelianos por confundir as pessoas; arianos, eunomianos, macedonianos por estabelecer graus na Trindade; maniqueus por dividir o Deus do Antigo Testamento do Deus do Novo Testamento: Ebião, Cerinto, Marcião, Paulo de Samosata, Fotino, Valentino, Teodoro, Nestório, Eutiques e Macário de Antioquia, por sua linguagem herética sobre divindade e humanidade do Filho de Deus, *uma ex Trinitate persona*.[126] O Concílio promove a união com sírios, caldeus e maronitas de Chipre.[127]

---

[117] Cf. CONC. LUGDUNENSE II, Sess. II, *Constitutio de summa Trinitate et fide catholica*, in DZ 850.

[118] Cf. *Ibidem*. Sess. IV, *Professio Fidei Michaelis palaeologi imperatoris*, in DZ 851ss.

[119] Cf. GARIJO-GUEMBE, M. M. "Marcos Eugenikos", in TER XXII (1991), p. 105ss.

[120] Cf. GILL, J. *Theo Council of Florence*, Cambridge 1959.

[121] Cf. CONC. BASILEENSE-FERRARIENSE-FLORENTINUM-ROMANUM, Sess. VI, *Bulla Laetentur caeli*, in COD 523ss.; DZ 1300ss.

[122] Cf. COD 526ss.; DZ 1300.

[123] Cf. COD 534ss.

[124] Cf. CONC. FLORENTINUM. Sess. XI, Bulla *Cantate Domino*, in DZ 1330; ANSELMUS CANTUARIENSIS. *De processione Spiritus Santi*, c. I, in COD 567ss.

[125] BULLA *Cantate Domino*, in DZ 1330: "sed Pater tantum Pater est, Filius tantum filius est, Spiritus Sanctus tantum Spiritus Sanctus est".

[126] Cf. DZ 1332ss.

[127] Sess. XIII: Bull *unionis Syrorum* (1444), in COD 586ss.; Sess. XIV: Bulla *unionis Chaldeorum et Maronitarum Cypri* (1445), in COD 589ss. No século XVIII, em sua profissão de fé a Simon Evodio, patriarca de Antioquia dos Maronitas (1743), Bento XIV lhe propôs o Constantinopolitano, a doutrina dos oito primeiros Concílios e os ensinamentos do Florentino e do Tridentino. Veja Const. *Nuper ad nos (1743), Professio fidei Orientalibus praescripta*, in DZ 2525ss.

4. "Misteria in Deo abscondita"

Pluralismo teológico e confrontação ecumênica prosseguem diante dos desafios da Reforma evangélica e da Razão moderna.

4.1. Deus unus in tribus personis distinctis

No século XVI, a Reforma adota a perspectiva do Novo Testamento, aceita nos símbolos da fé da tradição apostólica a linguagem dos Padres da Igreja indivisa e a regra de fé dos primeiros Concílios. A ruptura com a teologia medieval, com sua precisão formal, e a presença do fideísmo favoreceram um renascer de velhas heresias ou ao menos o uso de uma linguagem heterodoxa. Reaparecem correntes unitárias, de tipo adocionista, modalista ou ariana.[128] A teologia católica usa uma linguagem trinitária próxima ao modelo latino do agostinianismo e do tomismo,[129] sem que falte uma aproximação à linguagem de modelo grego, atendendo às propriedades pessoais, com uma vinculação maior entre as missões (Trindade econômica) e processões (Trindade imanente). A inabitação divina na alma do justo é considerada própria do Espírito Santo.[130] A linguagem eclesial, fiel ao consenso neoniceno, segue a *via media* da Igreja antiga. No século XVI, o Concílio de Trento confessa sua fé (1564) com a fórmula de Constantinopla, incluindo o *Filioque*.[131] Paulo IV condena a heresia unitária (1555), que afirmava *Deum omnipotentem non esse trinum in personis*.[132]

A crise da modernidade em relação à linguagem eclesial significa um momento de verificação da *coerência* lógica e do conteúdo do dogma trinitário. A Filosofia da Ilustração duvida dos pressupostos doutrinais e critica os conceitos de mistério e essência, natureza e substância, pessoa e subsistência. A filosofia cristã se limita a uma posição negativa, defendendo a não irracionalidade do Dogma e a não absurdidade do Mistério.[133] Faz-se presente a influência do criticismo e do panteísmo no racionalismo moderno.[134] Ao final do século XVIII, Pio VI condenou erros do concílio de Pistoia na Constituição *Auctorem Fidei* (1794), na fórmula *Deus unus, in tribus personis distinctus*, e não sem *tribus personis distinctis*, para não dividir a essência divina.[135]

4.2. O racionalismo teológico

Durante o século XIX, a filosofia do idealismo valoriza em sua especulação o tema trinitário, com risco de dissolver o Mistério em panteísmo ou em triteísmo, em que um Espírito absoluto, pensado como natureza absoluta, objetiva-se no devir do Universo. A substância absoluta se comunica imanentemente e se objetiva cosmicamente. A geração eterna do *Logos* deixa de ser *processio imanens* para tornar-se *actio transiens* no processo do devir

---

[128] Cf. JANSEN, R. *Studien zu Luthers Trinitätslehre*, Bern-Frankfurt 1976; KOOPMANNS, J. *Das altkirchliche Dogma in der Reformation*, München 1955; FORTMANN, E. J. *The Tri-une God*, London 1972, p. 230ss.

[129] Cf. RUIZ DE MONTOYA, D. *De Trinitate*, Lugduni 1621; DE ALDAMA, J. A. "Ruiz de Montoya y el problema trinitario del principio de identidad comparada", in *EstEcl* XI (1932), p. 447ss.

[130] Cf. DA PETAVIUSI. *Dogmata theological: De Trinitate*, Paris 1865.

[131] Cf. CONC. TRIDENTINUM, Bulla *Iniunctum nobis* (1564), *Professio fidei Tridentina*, in Dz 1862.

[132] PAULUS IV. Const. *Vum quorundam hominum* (1555), in *DZ* 1880.

[133] PAULUS IV. Const. *Cum quorundam hominum* (1555), in *Dz* 1880.

[134] KANT, I. *Die Religion innerhalb der Grenzen der blossen Vernunft* (1797); SCHLEIERMACHER, F. D. E. *Über die Religion. Reden an die Gebildeten unter ihren Verächtern* (1830).

[135] PIUS VI. Const. *Auctorem Fidei*, in DZ 1697 ss.

divino, que se reconhece na realidade finita e se torna momento do mesmo processo.[136] A influência da especulação racionalista chega à teologia evangélica e à católica.[137] Outro caminho para fugir da tentação panteísta ou triteísta, constitui-o o neomodalismo, buscando a fé como sentimento de dependência ou como intuição do Infinito.[138] A teologia católica do romantismo critica os pressupostos do racionalismo idealista e permanece fiel à linguagem eclesial, acentuando a perspectiva salvífica.[139]

4.3. Lumen rationis – Lumen fidei

Gregório XVI condena o racionalismo de Georg Hermes.[140] Na encíclica *Qui Pluribus* (1846), o papa reprova a doutrina de Anton Günther: a Trindade era pensada como autoafirmação do Absoluto no processo dialético, em que a substância divina se triplicava em cada pessoa divina, enquanto natureza correta dotada de vontade e entendimento.[141] Rechaça-se a posição de I. Froschammer em sua negação do Mistério (1862).[142] O *Syllabus* (1864) exclui o racionalismo e o panteísmo.[143]

O Vaticano I, em sua constituição *Dei Filius* (1870), afirma o Deus oniperfeito, absoluto em sua transcedência e pessoal em sua liberdade e bondade, Criador e providente, *re et essentia a mundo distinctus*. São rechaçados o deísmo, o panteísmo, o racionalismo, o fideísmo, o agnosticismo, o ateísmo. O *Deus creator* pode ser conhecido pela *lumen rationis*, na criação; pela *lumen fidei*, na revelação, pela qual cremos os *mysteria in Deo abscondita*.[144] Leão XIII rechaça a sentença de A. de Rosmini Serbati (1887) de provar com argumentos dedutivos e indiretos o dogma trinitário, supôs o *aposteriori* da revelação.[145] Leão XIII recorda ao arcebispo de Baltimore (1899) a doutrina do *Depositum Fidei*, para rechaçar o erro da suposta necessidade de adaptar a doutrina às filosofias do século.[146] Abandonando o sentido mantido na tradição (*veteri relaxata severitate*); omitindo verdades julgadas *levioris momenti*; deixando o sentido, *quem constanter tenuit Ecclesia*.[147]

---

[136] SPLETT, J. *Die Trinitätslehre*, G.W.F. Hegels, Freiburg 1965; SCHOEPSDAU, W. "Zeitlichkeit und Trinität. Anmerkungen zur Zeitstheorie Schellings", in *Evang. Theologie* XXX-VIII (1978), p. 37ss.

[137] KRUGER, KL. *Der Gottesbegriff der spekulativen Theologie*, Berlin 1970, p. 131ss.; SIMONIS, W. *Trinität und Vernunft*, Frankfurt 1972, p. 123ss.

[138] SCHLEIERMACHER, F. D. E. *Der christliche Glaube*, Berlin 1935; LESSING, E. "Zu Schleiermacher Verständnis der Trinitätslehre", in *ZThK* LXXVI (1979), p. 450ss.

[139] STAUDENMEIER, Fr. A. *Die christliche Dogmatik II*, Freiburg 1844; KUHN, J. E. v. *Die christliche Lehre der göttlichen Dreienigkeit* (Katholische Dogmatik II) Tübingen 1857.

[140] GREGORIUNS XVI. Breve *Dum acerbissimas* (1835), Errores G. Hermes (DZ 2738ss.).

[141] Cf. PIUS IX. Ep. *Qui pluribus. De errore rationalismi* (1846), in *DZ* 2775ss.; *Idem*. Breve *Eximiam tuam*. Errores A. Günther (1857), in *Dz* 2828.

[142] Cf. PIUS IX. Ep. *Gravissimas inter*. Errores I. Frohschammer (1862), in *DZ* 2850ss.

[143] Cf. PIUS IX. *Syllabus*. Propositiones 1-14 (1864), in *DZ* 2901ss.

[144] Cf. CONC. VATICANUM I, Const. Dogm. *Dei Filius*, c. I-II (DZ 3001-3041).

[145] Decr. S. Officii *Post obitum*. Errores Antonii de Rosmini Serbati (1887), 25, in *DZ* 3225: "Revelato mysterio SS. Trinitatis, potest ipsius demonstrari argumentis mere speculativis, negativis quidem et indirectis"; DZ 3226: "tres supremae formae *esse*, nempe subiectivitas, obiectivitas, sanctitas, seu realitas, idealitas, moralitas, si transferantur ad esse absolutum, non possunt aliter concipi nisi ut perosnae subsistentes et viventes".

[146] Cf. CONC. VATICANUM I, Const. Dogm. *Dei Filius*, c. IV, in *DZ* 3020: "Neque enim fidei doctrina, quam Deus revelavit, velut philosophicum inventum proposita est huymanis ingeniis perficienda, sed tamquam divinum depositum Christi Sponsae tradita, fideliter custodienda et infallibiliter declaranda".

[147] LEO XIII, Ep. *Testem benevolentiae ad archiep. Baltimor* (1899), in *DZ* 3340ss: "Aetatum vero praeteritarum omnium historia testis est, Sedem hanc Apostolicam, cui non magisterium modo, sed supremum etiam regimen totius Ecclesiae tributum est, constanter quidem 'in eodem dogmate, eodem sensu eademque sententia' haesisse".

4.4. A crise do modernismo

Em princípios do século XX, o magistério enfrenta a crise do modernismo. Pio X rechaça (1907) um conceito subjetivo de revelação (*acquisita ab homine suae ad Deum relationis conscientia*), reduzindo o dogma à interpretação humana e sua obrigatoriedade, a *norma praeceptiva agendi* e não a *norma credendi*.[148] Da dissolução do dogma trinitário deriva, em cristologia, a divisão entre o Jesus da história e o Cristo da fé e o relativismo da doutrina cristã: Ao princípio, *iudaica*; a seguir, *primum paulina iunc ioannica*; finalmente, *hellenica et universalis*.[149]

Segundo a crítica racionalista, a Igreja antiga havia se dividido entre um modelo virtualmente triteísta e outro trinitário. Contra um triteísmo, por influência gnóstica, helênica ou devocional, reage a teologia asiática com o unitarismo adocionista ou patripassiano, salvando o monoteísmo, porém não a Trindade.[150] O dogma trinitário viria a preencher o vazio produzido pela diminuição da tensão escatológica, devido à dilatação da Parusia.[151] Depois de um período que valorizava o tema trinitário, chegando quase a um triteísmo, faz-se presente o minimalismo de considerar o dogma produto de helenização do cristianismo, postulando uma leitura de tipo unitário, em que a relação com o Mistério divino, ou a adoração de sua presença espiritual, é vivida como sentimento criatural de piedade filial e fraternidade solidária, como teria sido o caso da comunidade primitiva e de Jesus.[152] Contra o relativismo e o racionalismo da Escola liberal, reage a teologia evangélica, a partir de Karl Barth.[153] A teologia ortodoxa valoriza o dogma eclesial.[154] Superando o historicismo e o modernismo, renovada com a proposta de Karl Rahner,[155] a teologia católica oferece espaço sempre maior à preocupação ecumênica, ao propor a linguagem da fé no Mistério divino inefável.[156]

---

[148] Cf. Pius X, Ep. Enc. *Pascendi dominici gregis* (1907), in *ASS* XL (1907), p. 596ss. (*DZ* 3475ss.).

[149] Pius X, Decr. *Lamentabili. Errores Modernisitarum* (1907), 2º, 22, 26, 29 e 60, in *AAS* XL (1907), p. 470ss. (*DZ* 3420; 3422; 3426; 3429; 3460).

[150] Cf. Hagemann, H. *Die Römanische Kirche und ihre Einfuss auf Disciplin und Dogma in den erstenb drei Jahrhunderten*, Freiburg 1864; Harnack, A. von. *Lehrbuch der Dogmensgeschichte I. Die Entstehung dês kirchlichen Dogmas*, Tübingen (1885) 1931, p. 697ss.

[151] Cf. Werner, M. *Die Entstehung des christlichen Dogmas*, Bern-Tübingen 1951.

[152] Cf. Harnack, A. von. *Das Wesen des Christentums*, München und Hamburg 1864, p. 82ss.

[153] Cf. Barth, K. *Die kirchliche Dogmatik* II/I, Zürich 1945, TATO, I. G. "Fundamentos para una doctrina trinitaria según Karl Barth", in *RevEspTeol* XXXVI (1976), p. 125ss.; Otto, H. *Gott*, Stugart – Berlin 1971; Jungel, Eb. *Gott als Geheiminis der Welt*, Tübingen 1977; Moltmann, J.*Trinität und Reich Gottes*, München 1980.

[154] Cf. Nissiotis, N. *Die Theologie der Ostkirche in ökumenische Dialog*, Sttugart 1965; Lossky, V. *La teologia mistica della Chiesa d'Oriente*, Bologna 1985; Bulgakov, S. *Il Parclito*, Bologna 1987; Nellas, P. *Deification in Christ*, New York 1987; Staniloae, D. *Dios es amor*, Salamanca 1994.

[155] Cf. Rahnerf, K. "Der Dreifaltige Gott als transzendenter Ursprung der Heilsgeschichte", in *Mysteirum Salutis* II, p. 317-397; Idem. "Theos im Neuen Testament", in *ST* I, p. 91-167; Idem. "Bemerkungen zur Gotteslehre in der kath. Dogmatik", in *ST* VIII, p. 165-186; Idem. "Um das Geheiminis der Dreifaltigkeit", in *ST* XII, p. 320-325; Idem. *Einzigkeit* un Dreifaltikeit Gottes im Gespräch mit dem Islam", in *ST* XIII, p. 129-147; De França Miranda, M. *O Mistério de Deus na nossa vida. A Doutrina trinitária de Karl Rahner*, São Paulo 1975; Hilberath, B. J. *Der Personbegriff der trinitättheologie in Rückfrage Von Karl Rahner zu Tertullians Adversus Praxean*, Innsbruck-Wien 1986; Campos Lavali, L. *O Mistério santo. Deus Pai na teologia de Karl Rahner*, São Paulo 1986; Miggelbrink, R. *Ekstatische Gottesliebe in tätigen Weltbezug. Der Beitrag Karl Rahners zur Zeitgenösichen Gotteslehre*, Altenberge 1989; De Luis Ferreras, A. *La cuestión de la incompresibilidade de Dios em Karl Rahner*, Salamanca 1995; Tourenne, Y. *La théologie Du dernier Rahner*, Paris 1995.

[156] Cf. Lonergan, B. *De Deo Trino* I-II, Roma 1964; Bourassa, F. *questions de théologie trinitaire*, Roma 1970; De Margerie, B. *La Trinité chrétienne dans l'histoire*, Paris 1975; Auer, J. *Gott – Der Eine und Dreiene*, Regensburg 1978; Hill, W. J. *The Three-Personed God*, Wahsngton 1982; Kasper, W. *Der Gott Jesu Christi*, Mainz 1982; Pastor, F. A. *Semântica do Mistério*, São Paulo – Rio de Janeiro 1982; Idem. *La lógica de lo Inefable*, Roma 1986; Courth, F. *Trinität (HandbDogmen. II/I)*, Freiburg/Br 1985ss.; Vorgrimmler, H. *Theologische Gotteslehre*, Düsseldorf 1985; Forte, B. *trinità come storia. Saggio sul Dio cristiano*. Cinisello – Balsamo 1985; Salvati, G. M. *Teologia trinitaria come croce*, Torino 1987; Boff, L. *La Trinidad,*

5. "Ecclesia de Trinitate"

Na segunda metade do século XX, a Igreja vive o *aggiornamento* do Vaticano II. Paulo VI e João Paulo II propõem a doutrina trinitária em relação à *Dispsitio salutis*, em perspectiva da *Ecclesia de Trinitate*.

5.1. Arcana e a opera de salute

Já Leão XIII tinha sublinhado a dimensão salvífica, pela incidência da pneumatologia na eclesiologia e na antropologia, nas encíclias *Satis cognitum* (1896) e *Divinum illud munus* (1897), atendendo ao mistério eclesial, *corpus Christi vita supernaturali praeditum*, a um tempo *compactum* e *connexum*, pelo que a *Ecclesia Christi* permanece única *et perpetua*.[157] O papa descreve o mistério divino a partir do Pai, *principium toitus Deitatis*, origem da encarnação do Verbo e da santificação do justo, causa do universo, já que *ipso sunt omnia*. O Filho divino, *Imago Dei*, causa exemplar, é caminho, verdade e vida, *reconciliator* do homem com Deus, *per ipsum sunt omnia*. O Espírito Santo, caridade divina, aperfeiçoa *arcana em opera de salute*, pois *in ipso sunt omnia*: a ele se inscreve a ação divina na *Incarnati Verbi Mysterium*, concepção e santificação de Cristo para a recepção dos *charismata omnia*: vivificação do *Corpus Christi* e *inhabitatio* na alma do justo *totius Trinitatis numine*.[158] Também Pio XII, na encíclica *Mystici Corporis Christi* (1943), considera a Igreja sob a categoria de corpo de Cristo: *Christi mystici sui Corporis Caput est discendus*, pois misticamente *ipse est, qui per Ecclesiam baptizat*. Como fruto da Redenção em Cristo, *Spiritus cum Ecclesia aberrima effusione, communicatur*, até tornar-se sua *anima*. A atribuição da obra santificadora ao Espírito não deve fazer esquecer que quando se atribui a Deus, segundo a suma, causa eficiente, deve ser pensado como *communia* à Trindade.[159]

5.2. Ex amore Patris aeterni

Paulo VI impulsiona a renovação teológica continuando o Concílio Vaticano II e defendendo a reta fé. Na encíclica *Ecclesiam Suam* (1964), oferece uma meditação sobre a *conscientia de Ecclesiae mysterio*, buscando a renovação do *sensus Ecclesia* no encontro como Deus revelado.[160] O Vaticano II busca no Mistério divino o fundamento transcendente do *sacramentum salutis*.[161] Segundo a constituição *Sacrosanctum Concilium* (1963), a comunidade se congrega animada pelo Espírito para celebrar a *fidei mysterium*; em *Christo mediatore* realiza a comunhão, *in unitatem cum Deo et inter se*, vivendo sua esperança escatológica, *ut sit*

---

la sociedad y la liberación, Madrid 1987; O'Donnel, J. *Il mistero della Trinità*, Roma 1989; Peñamaria de Llano, A. *El Dios de los cristianos*, Madrid 1990; García-Murga, J. M. *El Dios del amor y de la paz*, Madrid 1991; Pikaza, X. – Sillanes, N. (org.). *El Dios Cristiano*, Salamanca 1992; Coda, P. *Dios uno y trino*, Salamanca 1993; Amato, A. (org.). *Trinità in contesto*, Roma 1994.

[157] Cf. Leo XIII. Litt. Enc. *Satis cognitum* (1896), in *AAS* XXVIII (19895/96), p. 709ss. (*DZ* 3300ss.).

[158] Cf. Leo XIII, Litt. Enc. *Divinum illud munus* (1897), in *AAS* XXIX 1896/97, p. 646ss. (*Dz* 3225ss.).

[159] Cf. Pius XII. Litt. Enc. *Mystici corporis* (1943), in *AAS* XXXV (1943), p. 200ss. (*DZ* 3806ss.).

[160] Paulus VI. Litt. Enc. *Ecclesiam Suam* (06/11/1964), in *AAS* LVI (1964), p. 609ss.: "aliquid Deus de se demonstrat, de suae vitae arcano, de sua videlicet unica essentia, Personis trina".

[161] Cf. Alonso, J. M. *Ecclesia de Trinitate*, in Morcillo, C. (org.). *Comentarios a la constituición sobre la Iglesia*, Madrid 1966, p. 138ss.; Philipon, M. *La Santíssima Trinidad y la Iglesia*, in Barauna, G. (org.). *La Iglesia del Vaticano II*, Barcelona 1966, p. 341ss.; Silanes, N. "La Iglesia de la Trinidad", Salamanca 1981; Pastor, F. A. "El hombre y su búsqueda de Dios", in Latourelle, R. (org.). *Vaticano II: Balance y perspectivas*, Salamanca 1989; p. 693ss.; Del Cura Elena, S. "La Chiesa Del Dio uno e trino", in *Studi Ecumenici* XIV (1966/2), p. 183ss.

tandem Deus omnia in omnibus.[162] Na constituição dogmática *Lumen Gentium* (1964), a Igreja é contemplada, segundo a tradição da fé, em relação ao mistério da unidade divina: *de unitate Patris et Filii et Spiritus sancti plebs adunata*. Realidade mistérica e histórica, a Igreja suplica e trabalha para que o mundo se transfigure em *populus Dei*, em *corpus Christi* e em *templu Spiritus*.[163] A Igreja contempla, na constituição dogmática *Dei Verbum* (1965), a *revelationis oeconomia*, adorando o desígnio divino, pelo qual a bondade do Pai se comunica pelo Verbo e no Espírito como mistério de comunhão e como verdade salvífica, da qual Cristo é *mediator simul e plenitudo*.[164] Na constituição pastoral *Gaudium et Spes* (1965), anuncia-se ao homem sua vocação em Cristo, sua dignidade fundada no mistério divino (*ad ipsam Dei communionem ut filius vocatur*), para chegar à plenitude insuspeitada (*ad ipsius felicitatem participandam*). A comunhão eclesial procede *ex amore Patris aeternis*, no tempo *fundata a Christo redemptore*, e na escatologia, *coadunata in Spiritu sancto*; somente na consumação consegue seu *finem salutarem*.[165]

De Paulo VI são relevantes a *Solennis professio fidei* (1968) e a Declaração *Mysterium Filii Dei* (1972). Aos 30 de junho de 1968, no XIX centenário do martírio dos apóstolos Pedro e Paulo, encerrando "Ano da Fé", o Papa renova sua profissão de fé no único Deus, como realidade última e única, em sua essência e onipotência, em sua ciência e providência, em sua vontade e caridade, revelado como Pai, Filho e Espírito, afirmado em sua unidade divina e no *mysterium sanctissimae Trinitatis*.[166] Aos 21 de fevereiro de 1972, o Papa aprova a Declaração *De erroribus circa mysteria Incarnationis et Trinitatis*. Afirma-se a legitimidade da linguagem eclesial em seu conteúdo referente aos dogmas da *Incarnatio Verbi* e do *mysterium Trinitatis*. Propõe-se a fé na eterna subsistência de três hipóstases divinas, distintas e consubstanciais, na única substância divina não multiplicável. A declaração era necessária diante das tendências presentes em correntes progressistas. O documento indica positivamente a relação entre a Trindade do *kerygma* e a Trindade do dogma, sublinhando como o Mistério divino se revela na *historia salutis*, sendo verificável de algum modo na objetivação da linguagem bíblica.[167]

5.3. Depositum fidei

Que a linguagem da fé eclesial, tal como se propõe na revelação e na tradição, não pode ser considerada irrelevante ou secundária, ou carente de continuidade como Mistério da salvação, foi prova o magistério doutrinal e pastoral de João Paulo II, primeiramente em suas três encíclicas sobre a santa Trindade. A encíclica *redemptor Hoimnis* (1979) sublinha o mistério divino-humano do Redentor e a redenção, fundamento do Cristianismo, anunciado ao homem de nosso tempo, inquieto em sua solidão existencial e ameaçado em sua realidade histórica; enquanto a comunidade eclesial responde com sua solicitude materna, como continuadora da missão do Redentor, no exercício do *triplex*

---

[162] Cf. CONC. VATICANO II. Const. *Sacrosanctum Concilium* (1963), C. i, 48, in *DZ* 4048; *COD* 830.
[163] Cf. CONC. VATICANO II. Const. Dogm. *Lumen Gentium* (1964), c. I, 4; c. II, 17, in *DZ* 4104 e 4141; *COD* 851 e 862.
[164] Cf. CONC. VATICANO II, Const. Dogm. *Dei Verbum* (1965), c. I, 2, in *DZ* 4202; *COD* 972.
[165] Cf. CONST. Past. *Gaudium et Spes* (1965), Pars. I, c. I, 21 e c. IV, 40, in *DZ* 4321 e 4340; *COD* 1080 e 1093.
[166] Cf. PAULUS VI, *Solennis profession fidei* (30/11/1968), in *AAS* LX (1968), p. 433ss.; *EV* III, 545.
[167] Cf. CONGR. PRO DOCTRINA FIDEI, Decl. *Mysterium Filii Dei* (21/02/1972), 3 e 5, in *AAS* LXIV (1972), p. 237ss.; *DZ* 4520ss.; *Ev* IV, 1561-1566.

munus, profético, sacerdotal e pastoral.[168] A encíclica *Dives in misericordia* (1980) destaca misericórdia do *Deus revelatus*, como Pai de bondade e perdão, em sua revelação e em seu modo de atuação na *oikonomia*. A missão da comunidade eclesial é oferecer sempre o *testemonium misericordiae Dei*, pela grandeza da bondade manifestada na redenção em Cristo e no dom do Espírito.[169] A encíclica *Dominum et vivificantem* (1986) expõe a pneumatologia como integradora do anúncio de um mistério trinitário deificante, *donum gratiae hominibus impertitum per oeconomiam salutis*, sublinhando a função parenética do Espírito no processo penitencial, na perspectiva do Jubileu do Terceiro Milênio, recordando que a comunidade eclesial é espaço do Espírito e a função do mesmo na oração e conversão.[170]

A doutrina trinitária das encíclicas é confirmada nas catequeses sobre o *Credo*: A doutrina sobre o Pai (1985-1986) sublinha a dialética entre o *Deus absconditus* do mistério e o *Deus revelatus* da fé, conhecido como Pai de bondade e santidade, criador onipotente e providente, criador do homem, a sua "imagem e semelhança", Deus predestinante e salvador, mistério de amor e de graça, que vence "o mistério do mal".[171] A doutrina sobre o Cristo (1987-1989) acentua o Mistério divino-humano do Filho de Deus, concebido por obra do Espírito, nascido da Virgem Maria, Verbo divino preexistente e Filho eterno enviado em missão de revelação e salvação, Messias que exerce o *triplex munus* de rei, sacerdote e profeta até consumar sua missão no mistério pascal, *signum amoris* por excelência.[172] A doutrina sobre o Espírito (1989-1991) sublinha a missão paraclética e parenética, dom e promessa, deificante e beatificante do crente e da Igreja.[173] Tal doutrina é confirmada pelo *Catholicae Ecclesiae Catechismus*, promulgado aos 11 de outubro de 1992, com a constituição *Fidei depositum*.[174]

5.4. Tertio adveniente millennio

Alguns documentos adquirem particular relevo ecumênico. Aos 2 de janeiro de 1980, a epístola *Patres ecclesiae* recorda o XVI centenário da morte de Basílio, o Grande, invo-

---

[168] Cf. IOANNES PAULUS II. Litt. Enc. *Redemptor Hominis* (04/03/1979), in *AAS* LXXI (1979), p. 257ss.; *EV* VI, 1167ss.; *DZ* 4640ss.

[169] Cf. IOANNES PAULUS II. Litt. Enc. *Dives in misericordia* (30/11/1980), in *AAS* LXXII (1980), p. 1177ss. (*EV* VII, 857ss.; *DZ* 4680ss.).

[170] Cf. IOANNES PAULUS II. Litt. Enc. *Dominum et vivificantem* (18/05/1986), in *AAS* LXXVIII (1986), p. 809ss.; *EV* X, 448ss.; *DZ* 4780ss.

[171] Cf. IOANNES PAULUS II. "Il Dio della nostra fede", in *Insegnamenti* VIII/2 (1985), p. 158ss. e 215ss.; *Idem.* "Dio resta nella sua essenza Dio nascosto", in *Ibidem*, p. 531ss., 571ss. e 647ss.; *Idem.* "Dio: Padre Onnipotente", in *Ibidem*, p. 688ss.; *Idem.* "Dio è amore", in *Ibidem*, p. 832ss.; *Idem.* "Il Dio único è ineffabile e santíssima Trinità", p. 896ss., 1409ss., 1485ss., 1538ss.; *Idem.* "Credo in Dio creatore Del cielo e della terra", in *Ibidem* IX/1 (1986), p. 111ss., 211ss., 614ss., 900ss.; *Idem.* "l'uomo creato a immagine di Dio", in *Ibidem*, p. 959ss., 1038ss., 1110ss.; *Idem.* "La Divina Providenza", in *Ibidem*, p. 1176ss., 1411ss., 1697ss.; *Idem.* "La Provvidenza e la presenza Del male", in *Ibidem*, p. 1758ss., 1800ss., 1841ss.; *Idem.* "La Divina Providenza e la crescita del Regno di Dio", in *Ibidem*, p. 1915ss.

[172] Cf. IOANNES PAULUS II. "Gesù, concepito per opera dello Spirito Santo e nato di Maria Vergine", in *Insegamenti* X/1 (1987), p. 19ss.; 258ss.; *Idem.* "Gesù Cristo, Messia", in *Ibidem*, p. 313ss., 362ss., 417ss., 489ss., 584ss.; *Idem.* "Gesù Cristo: Il Figlio mandato dal Padre", in *Ibidem* X/2 (1987), p. 2304ss.; *Idem.* "Abba-Padre", in *Ibidem* X/3 (1987), p. 3ss., 50ss., 83ss.; *Idem.* "Gesù Cristo, Verbo eterno di Dio Padre", in *Ibidem*, p. 287ss.; *Idem.* "I miracoli di Cristo", in *Ibidem*, p. 1254ss., 1356ss., 1423ss.

[173] Cf. IOANNES PAULUS II. "Credo nello Spirito Santo", in *Insegnamenti* XII/1 (1989), p. 949ss., 1264ss e 1331ss.; *Idem.* "La pentecoste", in *Ibidem* XII/2 (1989), p. 124ss., 142ss., 253ss., 449ss.; *Idem.* "Lo Spirito Santo come Dono", in *Ibidem*, p. 1243ss., 1314ss., 1379ss. As catequeses se referem também à relação do Espírito com a vida sacramental e com o ministério pastoral, com os carismas e com inabitação na alma do justo. Confira: *Ibidem*, XIV/1 (1991), p. 234ss., 300ss., 420ss., 604ss., 1305ss., 1353ss., 1424ss.

[174] Cf. IOANNES PAULUS II. Const. apost. *Fidei depositum* (11/10/1992), in *AAS* LXXXVI (1994), p. 113ss.; *Catholicae Ecclesiae Catechismus*, Roma 1992; PASTOR, F. A. "Io credo in Dio Padre", in FISICHELLA, R. (org.). *Catechismo della Chiesa Cattolica*, Monferrato 1993, p. 657ss.

cado como "luz da piedade", que considerou o Cristo seu único "soberano, rei, médico e mestre de verdade", doutor do *Mysterium ipsius vitae Dei*. Basílio apontou ao "homem novo" seu mistério e sua vocação, enquanto chamado, por meio da revelação do *Logos* e na graça do Espírito, a glorificar ao Pai divino. Para Basílio, a *trias nominum divinorum* indica *tres hypostases distinctas*, sem deixar de glorificar a monarquia do pai, *omnium principium, eorum quae existunt causa, radix viventium*, Pai de Nosso Senhor Jesus Cristo, *Logos* feito carne.[175] Aos 25 de março de 1981, a epístola *A concilio Constantinopolitano I* comemora o Concílio Constantinopolitano I e o de Éfeso, por seus ensinamentos pneumatológicos e cristológicos. Na perspectiva do *iamiam tertium millenium adventurum*, o Papa exalta o significado do símbolo do Constantinopolitano, com o *delcaratio unicae fidei communis*, em que *mysterium collustratur Spiritus sancti eiusque originis ex Patre*, e se proclama a *aequalitas Spiritus sancti cum Patre et Filio*.[176]

Na solenidade da santa Trindade, aos 2 de junho de 1985, publica-se a encíclica *Slavorum apostoli*, no XI centenário da morte de Metódio, acontecida a Velehrad em 885, enquanto seu irmão Cirilo falecera em Roma 869. Fazendo-se eco de documentos precedentes, o Papa exalta a evangelização dos eslavos mantendo a unidade entre as Igrejas irmãs de Roma e Constantinopla.[177] No milenário do batismo da Rússia de Kiev, a epístola *Euntes in mundum* (25/01/1988) agradece *innefabili Deo* a conversão de tantos povos.[178] O Papa escreve também à comunidade da Ucrânia, confiada *Deo uni et trino*.[179] A encíclica *Redemptoris missio* (07/11/1990) insiste sobre a validez permanente do mandato missionário, cuja origem reside no Mistério divino.[180]. Finalmente, a epístola *Tertio millennio adveniente* (10/11/1994) recomenda a preparação do Grande Jubileu, seguindo um itinerário espiritual: *Per Iesum Christum*, no primeiro ano; *in Spiritu*, no segundo ano: no terceiro ano, *Ad Patrem*.[181] A epístola *Orientale Lumen* (02/05/1995), no centenário da carta de Leão XIII, *Orientalium dignitas*, sobre a riqueza da Tradição Oriental, exalta a doutrina de Irineu, e os capadócios, sobre a monarquia do Pai e a divinização.[182] Pouco depois a encíclica *Ut unum sint* (25/05/1995) traça um balanço e propõe um programa para o futuro, em função da chamada de Cristo à unidade eclesial.[183]

6. *"Unitatis redintegratio"*

O fim do segundo milênio cristão incita a uma meditação ante os desafios do ecumenismo, com a participação de quantos *Deum Trinum invocant*, confessando a Jesus como

---

[175] Cf. IOANNES PAULUS II. Ep. Ap. *Patres Ecclesiae* (02/01/1980), in *AAS* LXXII (1980), p. 5ss. (*Ev* VII, 2 e 12ss).
[176] Cf. IOANNES PAULUS II. Ep. *A Concilio Constantinopolitano I* (25/03/1981), in *AAS* LXXIII (1981), p. 513ss. (*EV* VII, 1171ss).
[177] Cf. IOANNES PAULUS II. Ep. Enc. *Slavorum apostolic* (02/06/1985), in *AAS* LXXVII (1985), p. 779ss. (*Ev* IX, p. 1554ss.); Litt. Ap. *Egregiae virtutis* (31/12/1980), in *EV* VII, p. 957ss.; LEO XIII, Ep. enc. *Grande munus* (30/09/1880), in *Acta* II, p. 125ss.; PIUS XI, Ep. *Quod S. Cyrillum* (13/02/1927), in *AAS* XIX (1927), p. 93ss.; IOANNES XXIII, Ep. Ap. *Magnifici eventus* (01/05/1963), in *AAS* LV (1963), p. 434ss.; PAULUS VI. Ep. Ap. *Antiquae nobilitatis* (02/02/1969), in *AAS* LXI (1969), p. 137ss.
[178] IOANNES PAULUS II. Ep. Ap. *Euntes in mundum* (25/01/1988), in *AAS* LXXX (1988), p. 935ss. (*Ev* XI, p. 120ss.).
[179] Cf. IOANNES PAULUS II. Ep. *Magnum baptismi donum* (14/02/1988), in *AAS* LXXX (1988), p. 98ss. (*Ev* XI, 218ss.).
[180] IOANNES PAULUS II. Litt. Enc. *Redemptoris Missio* (/07/12/1990), 12, in *AAS* LXXXIII (1991), p. 249ss.: "Salus consist ex credendo et accipiendo Patris eiusque amoris mysterio, qui se ostendi et donat in Iesu per Spiritum".
[181] Cf. IOANNES PAULUS II. Litt. Ap. *Tertio millenio adveniente* (10/11/1994), in *AAS* LXXXVII (1995), p. 5ss.; MARCHESI, G. "La lettera apostolic sul Grande Giubileo del Muemila", in *Civ.Catt.* I (1995), p. 61ss.
[182] Cf. IOANNES PAULUS II. Litt. Ap. *Orientale Lumen* (02/05/1995), 6; MARCHESI, G. *La lettera apostolica di Giovanni Paolo II 'Orientale Lumen'"*, in *Civ. Catt.* III (1995), p. 65ss.
[183] Cf. IOANNES PAULUS II. Lit. Enc. *Ut unum Sint* (25/05/1995), in *Civ. Catt.* II (1995), p. 577ss.

Senhor e salvador, na *unitatis motum, oecumenicum nuncupatum*. O Vaticano II exorta no decreto *Unitati redintegratio* (1964), a procurar a unidade vivendo com pureza *secundum evangelium*, unidos *arctiore communione cum Padre, Verbo et Spiritu*, dado que o trabalho ecumênico não se dá *sine interiore conversione*.[184] Tal convite encontrou resposta nos encontros do Bispo de Roma com o patriarca ecumênico, com outros patriarcas orientais e com o Primado da Comunhão anglicana.

6.1. Fundamentalia Dogmata

Na festa de Santo Ambrósio, vigília da clausura do Concílio Vaticano II, aos 7 de dezembro de 1965, a Declaração de Paulo VI e do patriarca de Constantinopla, Atenágoras I, abolia as excomunhões entre ambas Igrejas e expressava sua esperança de avançar pelo caminho da unidade.[185] Aos 25 de junho de 1967, Paulo VI escreve ao Patriarca notando como ambas Igrejas possuem *fundamentalia dogmata Christiane fidei*: O Mistério de *Trinitate et de Verbo Dei incarnato*, definido nos primeiros concílios. Ambos fazem uma Declaração, aos 28 de outubro de 1967, buscando a renovação das Igrejas.[186]

No princípio de seu ministério, João Paulo II encontrou-se com o Patriarca Dimitrios I, na festividade do Apóstolo André, 30 de novembro de 1979, na Sede de Phanar, "buscando a glória de Deus e o cumprimento de sua vontade", em ordem à unidade e à paz.[187] Em 1987, renova-se o encontro do Papa e do Patriarca.[188] Significativo é também o encontro com Bartolomeu I em Roma (1995), na festa de São Pedro.[189]

6.2. Mysterium Trinitatis

Outros encontros realizaram-se com Patriarcas de Igrejas orientais, que aceitam a doutrina dos primeiros concílios. Aos 12 de maio de 1970, Paulo VI e Vasken I, Patriarca dos Armênios, realizam uma Declaração comum convidando os fiéis de ambas as Igrejas a aprofundar no estudo do mistério de Jesus Cristo e da revelação, fiéis à tradição apostólica, intensificando oração e esforços a favor da paz e da fraternidade.[190] Aos 27 de outubro de 1971, Paulo VI e o Patriarca de Antioquia, Ignatius Jacob III, da Igreja sírio-ortodoxa, fazem uma Declaração sobre a comunhão já existente entre ambas as Igrejas, com base na fé em Jesus Cristo, Verbo de Deus feito homem, fiéis à tradição apostólica, ao ensinamento dos Padres e Doutores, particularmente de Cirilo de Alexandria, e à celebração dos sacramentos da fé, estimulando os fiéis a remover as barreiras para a plena

---

[184] Cf. CONC. VATICANO II. Decr. *Unitatis Redintegratio* (1964), c. II, 7, in *COD* 913; *DZ* 4185ss.
[185] Cf. PAULUS VI e ATHENAGORA I. *Declaratio Communis* (07/12/1965), in *AAS* LVIII (1966), p. 20ss. (*EV* II, p. 494ss.; *Dz* 4430ss.); PAULUS VI. Litt. Apost. *Ambulate in dilectione* (07/12/1965), in *AAS* LVIII (1966), p. 40ss. (*Ev* II, 499); Tomos di S. S. ATENAGORA, in *EV* II, 500.
[186] Cf. PAULUS VI. Litt. *Anno ineunte* (25/06/1967), in *AAS* LIX (1967), p. 852ss.; PAULUS e ATHENAGORAS I. *Declaratio communis* (28/10/1967), in *AAS* LIX (1967), p. 1054ss. (*EV* II, 1514ss.).
[187] IOANNES PAULUS II e DIMITRIOS I. *Déclaration commune* (30/11/1979), in *AAS* LXXI (1979), p. 1603ss. (*EV* VI, 1940ss.).
[188] Cf. IOANNES PAULUS II e DIMITRIOS I. *Déclaration commune* (07/12/1987), in *AAS* LXXX (1988), p. 252ss. (*EV* VI, 1940ss.).
[189] Cf. BATHOLOMAIOS I e IOANNES PAULUS II. *Declaratio communis* (29/06/1995), in *AAS* LXXXVIII (1995), p. 240-243. De acordo com MARCHESI, G. "L'abbraccio tra Il Papa e Il Patriarca di Constantnipoli", in *Civ.Catt* III (1995), p. 513ss., relevantes foram as palavras de João Paulo II diante do Patriarca ecumênico em São Paulo. Assim sendo, afirma o autor na p. 521: "Da parte cattolica, c'è ferma volontà di chiarire la dottrina della dottrina tradizione Del *Filioque*, presente nella versione liturgica Del *Credo* latino, cosi Che ne sai messa in luce la piena armonia con cio Che Il Concilio ecumenico confessa nel suo símbolo: Il Padre come sorgente di tutta la Trinità, única origine e Del Figlio e della Spirito Santo".
[190] Cf. PAULUS VI e VASKEN I. *Déclaration commune* (12/05/1970), in *AAS* LXII (1970), p. 416ss.

comunhão.[191] Aos 10 de maio de 1973, Paulo VI e Shenouda III, Patriarca de Alexandria, realizam em Roma uma Declaração para melhor cooperar no serviço de Jesus Cristo e para aprofundar no caminho da unidade, segundo a doutrina dos primeiros concílios: Confessando a fé em Deus uno e trino, a divindade do Unigênito de Deus, "segunda pessoa da santa Trindade, que por nós se encarnou".[192]

João Paulo II prossegue os encontros com os Patriarcas Orientais. Em 1983, o Papa encontra os católicos de Armênia. Karekine II Sarkissian, por ocasião da visita, alude-se a precedentes encontros entre ambas as Igrejas, no espírito da unidade e de fraternidade.[193] Aos 23 de junho de 1984, o Papa encontra-se com o Patriarca de Antioquia e de todo o Oriente, cabeça da Igreja sírio-ortodoxa universal, Moran Mar Ignatius Zakka I Iwas, adorando juntos a Cristo e reforçando as relações entre ambas as Igreja irmãs, desejando dilatar o horizonte de fraternidade e consolidando laços já existentes de fé, esperança e caridade, com base na fé de Niceia e na comum confissão do Mistério da encarnação do Senhor Jesus Cristo, em quem se unem humanidade e divindade, de modo "real, perfeito, indivisível e inseparável". Batizados em nome da Santíssima Trindade, deseja-se chegar à plena comunhão.[194] Dez anos depois, o Papa encontra os *Catholicos* da Igreja assíria do Oriente, Mar Dinka IV, aos 11 de novembro de 1994, convidando a superar os mal-entendidos do passado, proclamando a fé apostólica na linguagem de Niceia e confessando o Mistério da encarnação: "Um só Senhor, Jesus Cristo, unigênito de Deus, nascido do Pai antes de todos os séculos". Pois "o Verbo de Deus, a segunda Pessoa da Santíssima Trindade, pela potência do Espírito Santo, encarnou-se assumindo da santa Virgem Maria um corpo animado de uma alma racional", com a que foi unido desde o momento de sua concepção.[195] De 10 a 15 de dezembro de 1996, realiza-se em Roma o encontro de João Paulo II com os católicos Karekin I e, aos 25 de janeiro de 1997, com Aram I Keshishian, católicos de Cilícia dos Armênios.[196]

6.3. Fides communis

Com a comunhão anglicana, realizaram-se encontros relevantes. Paulo VI e o Arcebispo de Canterbury, Michael Ramsey, fizeram uma Declaração aos 24 de março de 1966, na Basílica de São Paulo, em Roma, em espírito de reconciliação e busca de unidade.[197] Onze anos depois, o Papa encontra a Fr. Donald Coggan, arcebispo de Canterbury, no Vaticano, aos 30 de abril de 1977, reconhecendo a fé em Deus nosso Pai, em nosso Senhor Jesus Cristo e no Espírito Santo. Sendo comum o batismo em Cristo, a participação nas Escrituras, os símbolos de fé apostólica e de Niceia, a doutrina de Calcedônia e o ensinamento dos Padres.[198]

---

[191] Cf. PAULUS VI e IGNATIUS JACOBIUS III. *Declaratio communis* (27/10/19713), in *AAS* LXIII(1971), p. 814ss. (*EV* IV, 1113ss.).
[192] Cf. PAULUS VI e SHENOUDA III. *Declaratio communis* (10/05/1973), in *AAS* LXV (1973), p. 299ss. (*EV* IV, 2488ss.).
[193] Cf. Communiqué commun *La rencontre* (16/04/1982), in *OR* 20/04/1982 (*EV* IX, 178ss.); Encontro entre Pablo VI y Khoren I, in *Civ.Catt.* II (1967), p. 502ss.
[194] Cf. IOANNES PAULUS II – MORAN MAR IGNATIUS ZAKKA I IWAS. *Joint declaration His holiness* (23/06/1984), in *OR* 02/07/1984 (*EV* IX, 837ss.; *EO* III, 2006-2015).
[195] Cf. *EO* III, 758ss., esp. 759.
[196] Cf. *Il Regno* XLI (1996), n. 783, p. 646ss.; *OR* (25/01/1997) 1,4ss.
[197] Cf. PAULUS VI – RAMSEY, M. arch. Cantuar, *Declartio communis* (24/03/1966), in *AAS* LVIII (1966), p. 286ss. (*EV* II, 676ss.; *EO* I, 161ss.).
[198] Cf. PAULUS VI – FRIDERICUS DONALD COGGAN. Arch. Cantuariensis, *Declaratio communis* (30/04/1977), in *AAS* LXIX (1977), p. 286ss. (*EV* VI, 176ss.; *EO* I, 163ss.).

Na vigília da festa de Pentecostes, aos 29 de maio de 1982, na Catedral de Canterbury, João Paulo II encontra o Arcebispo Robert Runcie, recordando encontros precedentes em Roma e Canterbury em 1966 e 1977, unindo-se em oração a Jesus, prometendo pedir ao Pai para seus discípulos o dom do Espírito da verdade e trabalhando pela unidade[199]. Sete anos depois, aos 2 de outubro de 1989, o Papa encontra-se com o Primado anglicano para reafirmar a unidade imperfeita existente, baseada na comunhão em séculos passados.[200] De 3 a 6 de dezembro de 1996, João Paulo II se encontra com o primado anglicano, G. Carey, realizando uma Declaração para o novo Milênio.[201]

6.4. Traditio apostolica

Um grupo de teólogos católicos e orientais, reunidos em Viena, publica, aos 11 de setembro de 1971, um Comunicado sobre a Doutrina cristológica de ambas as Igrejas e sua conformidade com a tradição apostólica e com a doutrina de Niceia (325), Constantinopla I (381) e Éfeso (431), em oposição às heresias de Nestório e Eutiques, desejando superar o problema da linguagem de Calcedônia (451), cuja compreensão dividiu ambas as Igrejas.[202] De 26 a 30 de março de 1974, a Comissão mista da Igreja Católica e copta, reunida no Cairo, realiza uma Declaração sobre a Cristologia de ambas as Igrejas, a fé no Mistério da encarnação do Filho de Deus e na economia da salvação.[203] Um novo encontro, também no Cairo, de 27 a 31 de outubro de 1975, fixa as linhas de trabalho, a partir da vivência precedente a 451 e da tradição comum.[204] Numerosos encontros acontecem entre católicos e coptos. De 26 a 29 de agosto de 1976, em Viena, realiza-se um encontro para chegar a uma Declaração comum, publicada seguidamente.[205] Aos 23 de junho de 1978, no Cairo, realiza-se o quarto encontro católico-copto, sobre os princípios da unidade.[206]

---

[199] IOANNES PAULUS II – ROBERT RUNCIE. Common Declaration *In the Cathedral Church* (29/05/1982), in *AAS* LXXIV (1982), p. 924ss. (*EV* VIII, 191ss.; *EO* I, 174ss.). Posteriormente se publica o documento "La salvación y la Iglesia" (03/09/1986), em *EO* III, 6ss: "La voluntad de Dios, Padre, Hijo y Espíritu Santo, es de reconciliar consigo todo cuanto há creado y mantiene em la existência".

[200] Cf. IOANNES, PAULUS II – ROBERT RUNCIE. *Common Declaration* (02/10/1989), in *AAS* LXXXII (1989), p. 323ss. (*EV* XI, 2648ss.). Recorda-se o fundamento comum da fé na Santíssima Trindade, o batismo e as Escrituras, os símbolos Apostólico e Niceno, a doutrina de Calcedônia e os Padres. Em setembro de 1990, publicou-se em Dublin "La Iglesia como comunión", em *EO* III, 42ss.: "La comunión comprende sea El visible unirse del pueblo de Dios sea su fuente divina vivificante. Estamos pues en camino hacia la vida de Dios, Padre, Hijo y Espíritu Santo, la vida que Dios quiere condividir con todos los hombres".

[201] Cf. *Il Regno* XLI (1996), n. 783, p. 650ss.

[202] Cf. *EO*, 2261ss., professa-se a fé no "misterio inexorable y inefable" do "único Senõr Jesucristo", perfeito em sua divindade e humanidade, Filho de Deus encarnado. De acordo com *EO* I, 2263 "sua divindade é uma com sua humanidade, sem mescla, sem confusão, sem divisão, sem separação". Em *EO* I, 2264, as formulações teológicas de ambas tradições podem ser compreendidas segundo as diretrizes de Niceia e Éfeso.

[203] Cf. *EO*, 2217ss., esp. 2219ss. A união da divindade e da humanidade na encarnação do Senhor é mistério incompreensível e inefável. Em *EO*, 2222, o fundamento da fé é a revelação do Espírito Santo nas Escrituras e na Tradição de nossos comuns Padres na fé antes do cisma: "um da Santa Trindade, a segunda Pessoa, que é verdadeiro Deus", pela salvação assumiu de Maria "um corpo verdadeiro com uma alma racional". De acordo com *EO*, 2223, ambas as Igrejas possuem a fé dos três primeiros concílios, o símbolo Niceno-Constantinopolitano e o rechaço das quatro heresias cristológicas: arianismo, apolinarismo, nestorianismo e eutiquianismo. Infere-se em *EO* I, 2224ss., que ainda que não tenhamos uma fórmula comum, existe comunidade de intenção. Amabas Igrejas professam a mesma fé, com linguagem diversa, na unidade pessoal do Filho de Deus, e em sua perfeita divindade e humanidade. Finalmente em *EO*, 2228ss., formula-se o acordo doutrinal.

[204] Cf. *EO*, 2243ss., esp. 2254.

[205] Cf. *EO* III, 1938ss. e 1949ss. A Declaração esclarece a anfibologia do termo "natureza" aplicado a Cristo. Assim, exprime-se ainda em *EO* III, 1948: Nele se conservou todas as propriedades da divindade e todas as propriedades da humanidade, juntas, em uma união reta, perfeita, indivisível e inseparável".

[206] Cf. *EO* III, 1953-1995.

Devem ser assinalados também outros encontros teológicos. De 30 de junho a 6 de julho de 1982, celebra-se em Munique uma sessão da Comissão para o Diálogo teológico entre a Igreja católica e a Igreja ortodoxa, aprovando o documento "O mistério da Igreja e da eucaristia à luz do mistério da Santa Trindade", sobre a eclesiologia eucarística e a *Ecclesia de Trinitate*.[207] Devem ser mencionados outros dois documentos: "Fé, sacramentos e unidade da Igreja", de 1987, e "O sacramento da ordem na estrutura sacramental da Igreja", de 1988.[208] No monastério de Amba Bishoi, aos 12 de fevereiro de 1988, propõe-se uma "Fórmula breve sobre a Cristologia", expressando a doutrina comum e rechaçando as doutrinas de Nestório e Eutiques.[209] Aos 27 de abril de 1990, também no Monastério de Amba Bishoi, conclui-se a sessão de estudo sobre a doutrina pneumatológica nas Igrejas católica e copta e a controvérsia do *Filioque*, no plano histórico, bíblico, teológico, patrístico e canônico.[210] Aos 3 de junho de 1990, realiza-se uma Declaração de Acordo cristológico, da Igreja católica e da Igreja ortodoxa síria-malankar.[211]

7. "Regula Fidei"

No fim do segundo milênio cristão, incita a um balanço da história da linguagem eclesial sobre o Mistério divino inefável, em sua função insubstituível de *Regula fidei*.

7.1. Cognoscibilidade do Mistério

O testemunho da fé, plasmado na linguagem eclesial, propõe os *mysteria in Deo abscondita*. Proclama-se o mistério de Deus em seu ser, em sua natureza e vida divina, eternamente subsistente em três hipóstases consubstanciais e em sua ação de autocomunicação na criação e deificação da criatura, pela encarnação do Verbo e a divinização do justo, no dom do Espírito.[212]

---

[207] Cf. *EO*, 2183ss. No documento aparece uma grande sintonia. O Espírito procede eternamente do Pai e se manifesta no Filho (*EO* I, 2186). Os crentes são "batizados no Espírito em nome da Trindade Santa"; na comunhão com "o corpo e o sangue de Cristo" os fiéis crescem nesta divinização misteriosa que opera sua permanência no Filho e no Pai, mediante o Espírito"; *EO* I, 2187: "A Igreja itinerante celebra a eucaristia sobre a terra até que seu Senhor não volte para devolver o Reino a Deus Padre, para que Deus seja tudo em todos"; *EO* I, 2188: "A missão do Espírito permanece unida àquela do Filho".

[208] Cf. *EO* III, 1762-1811 e 1812-1866, em que se afirma a unidade doutrinal e a legítima diversidade de ambas as tradições, oriental e ocidental, sempre fiéis à doutrina apostólica e à "única fé no Pai, no Filho e no Espírito Santo". Os diferentes símbolos (Niceno-Constantinopolitano e Apostólico) não indicam divergência sobre "o conteúdo da fé transmitida e vivida" (*EO* III, 1780ss.); *EO* III, 1813: "nossa comum tradição reconhece o estreito vínculo que existe entre a obra de Cristo e a do Espírito Santo"; *EO* III, 1817: "O Espírito que desde a eternidade procede do Pai e repousa sobre o Filho preparou o advento de Cristo e o realizou. A encarnação do Filho de Deus, sua morte e ressurreição têm sido realizadas, com efeito, segundo a vontade do Pai, no Espírito Santo".

[209] Cf. *EO* III 1996ss.; *EO* III, 2000: "Nosso Senhor, Deus e Salvador, Jesus Cristo, o *Logos* encarnado, é perfeito em sua divindade e perfeito em sua humanidade, sem mescla ou confusão".

[210] Cf. *Eo* III, 2001-2005.

[211] Cf. *EO* III, 2016ss.; *EO* III, 2019: "Afirmamos a fé comum em Jesus Cristo, nosso Senhor e Salvador, Verbo eterno de Deus, segunda pessoa da Santíssima Trindade, que por nós e por nossa salvação desceu do céu e por obra do Espírito Santo se encarnou na Beata Virgem Maria, mãe de Deus". Em *EO* III, 2022, afirma-se o mistério da Igreja na qual "o Pai, por meio do Espírito Santo, recapitula e renova em Cristo e inteira criação".

[212] Cf. *DZ* 114, 167, 367, 525, 616, 800, 851, 1330, 2669, 3015ss., 3225ss., 4522ss., o mistério de Deus é inefável, incompreensível, inenarrável. Contra o racionalismo teológico, a linguagem eclesial afirma a realidade divina como Mistério absoluto e impenetrável para a razão lógica e dedutiva e como realidade adorável, para a razão crente e contemplativa.

7.2. Verificabilidade da fé

Sendo a história da salvação a epifania concreta da Trindade, a verdade da fé e de sua linguagem depende da confrontação com o *kerygma*. Na promessa da antiga Aliança e na realidade da nova, revela-se o Deus da fé, como criador onipotente e Pai eterno, cheio de bondade, que se manifesta em seu *Logos* e nos salva na mediação redentora do Filho eterno, vindo em nosso meio, *propter nostram salutem*. Deus Pai se dá no dom incriado do Espírito Santo.[213]

7.3. Dialética da linguagem eclesial

A relevância do conteúdo informativo da linguagem eclesial constata-se na contraposição dialética de ortodoxia e heresia. A fé no mistério de Deus rechaça constantemente os modelos triteísta e unitário, dualista e patripassiano, adocionista e sabeliano, ariano e eunomiano, pneumatômaco e priscilianista, assim como as posteriores formas de diteísmo, cripoteísmo ou de unitarismo e neomodalismo radical. O Deus único, "só e não solitário", subsiste eternamente em três hipóstases divinas e somente em três, de modo indiviso, e não multiplicável em sua natureza, essência e substância.[214]

7.4. Primeiro artigo da fé

A linguagem eclesial expressa a fé no único Deus verdadeiro, vivo e eterno, incriado e excelso, infinito e oniperfeito, absoluto e pessoal, Pai santo, cheio de bondade e fidelidade, criador providente, onipotente e onisciente, do universo espiritual e material: *Pater tantum Pater est*. Afirma-se a monarquia do Pai ingênito, *principium sine principio*, origem do Filho consubstancial e do Espírito, proclamado *principium toitus Deitatis* ou também *fons et origo totius divinitatis*.[215]

7.5. Segundo artigo de fé

A linguagem eclesial professa sua fé no Filho unigênito de Deus: *Filium tantum Filius est*. Engendrado da substância do Pai eterno e consubstancial (*coaeternus et consubstantialis*), o Filho unigênito não deve ser considerado *extensio* ou *collectio* do Pai, mas imagem do Deus invisível e imutável, *Logos* subsistente e sabedoria eterna, mediador absoluto da criação e da redenção, consubstancial a nós pela perfeita humanidade, primogênito da nova criação, encarnado para nossa divinização.[216]

---

[213] Cf. *DZ* 1-5, 6, 10ss., 36, 40ss., 55, 60ss., 71, 73, 75, 125, 14ss., 150, 188, 300, 325, 367, 421, 451, 470, 485, 490, 501, 525, 528ss., 542, 546, 568ss., 680, 790, 800, 851, 1330, 1880, 4520ss. Na promessa profética e no testemunho de Jesus, mestre e profeta definitivo, filho eterno e servo redentor, e no evento pascal vivido, pela comunidade dos discípulos, revela-se a Trindade salvífica.

[214] Cf. *DZ* 71,73, 75, 105, 112ss., 125ss., 144, 150ss., 154, 160, 172ss., 188, 192ss., 284, 367, 421, 441, 451ss., 485, 490, 525ss., 569, 804ss., 851, 1330ss., 1862, 4520ss. As pessoas divinas não se reduzem a meros modos de aparecer ou de ser denominadas; são realidades distintas e divinas eternamente subsistentes, ou modos reais e distintos de existir ou subsistir na única divindade. A oposição dialética da fé, em relação aos "modelos" heréticos rechaçados pela Igreja, implica a afirmação da Trindade consubstancial, adorando ao único Deus Pai criador onipotente, ao Filho eterno e unigênito e ao Espírito Santo, que participa da mesma adoração e glória.

[215] Cf. *DZ* 1ss., 10ss., 40ss., 71, 73, 75, 101, 125, 145, 150, 441, 470, 485, 490, 525ss., 569, 572, 681ss., 800, 1330ss., 1522, 1862, 3001, 3021, 3325ss., 3806ss., 4005, 4102ss., 4120, 4141, 4153, 4172, 4204, 4480, 4520ss., 4680ss., 4780ss. Como *rex eternus*, chegada à plenitude do tempo, o Pai envia o Filho divino, revelador e redentor, Senhor da história, e o Espírito de amor como dom incriado de santificação.

[216] Cf. *DZ* 2ss., 11, 25ss., 40ss., 55, 60, 71, 113, 125ss., 150ss., 178, 250ss., 272, 291, 300ss., 357ss., 441ss., 502ss., 526, 547, 554, 617ss., 681ss., 852, 1301, 1330, 1337, 1986, 2526, 2529, 3326, 3350ss., 3675, 4114, 4310, 4314, 4338, 4345. Estabelece-se nesses textos magisteriais a cristologia trinitária.

7.6. Terceiro artigo de fé

Na linguagem eclesial se confessa a fé no Espírito Santo: *Spiritus Sanctus tantum Spiritus Sanctus est*. Procedente eternamente do Pai divino, *tamquam ab uno principio*, como esplendor e amor do Pai e do Filho,[217] o Espírito Santo intervém na história *salutis*, participando na encarnação do *Logos* e guiando o caminho do Redentor. Dom e *paraclitus*, senhor e doador de vida. Por meio do Espírito, o pai eterno renova a criação e transforma o homem em nova criatura. Inspirador dos profetas e dos apóstolos, Doutor da comunidade dos discípulos de Jesus e acusador do mundo, é garantia da graça e glória do justo. Como *anima* do corpo eclesial, une a comunidade eucarística em uma mesma fé, em uma única caridade e em uma só esperança na promessa divina.[218]

7.7. Distinção das hipóstases por propriedades e missões

Na linguagem eclesial as hipóstases caracterizam-se por diversas noções ou propriedades pessoais imanentes: Inascibilidade e paternidade caracterizam o Pai ingênito; filiação e geração eterna caracterizam o Filho consubstancial; procedência divina e expiração do único *principium sin principio* caracterizam o Espírito Santo. As pessoas divinas se distinguem também no plano da história *salutis*: Do Pai eterno tudo procede, também missões divinas, pelas quais são enviados o Filho divino e imagem de sua substância e o Espírito de santidade; do Filho é própria a missão da encarnação reveladora e redentora e a função mediadora do *Logos*, na criação, na revelação e na deificação; ao Espírito é apropriada a missão vivificante e santificante, na criação e no dom da graça divina, de modo manifesto na comunidade eclesial e de modo escondido na alma do justo.[219]

7.8. Distinção intradivina pelas relações de origem

Na linguagem eclesial afirma-se a monarquia do Pai ingênito, com o início e vértice, fonte e origem da vida intradivina, princípio sem princípio (*Arche anarcos*) e causa incausada (*Aitia anaitios*), que de nada procede e de quem tudo procede. Do Pai eterno e ingênito, como origem, procede o Filho divino, por geração eterna e doação plena de sua substância. Como único princípio e em única expiração de doação de amor mútuo e santidade eterna, do Pai ingênito procede o Espírito Santo por expiração eterna e subsistente de amor infinito ao Filho divino. Fala-se também de uma distinção e oposição mutuamente relativa entre as três hipóstases, dadas as relações existentes de paternidade eterna e filiação divina, de expiração ativa e passiva.[220] Porém a distinção e a

---

[217] Cf. *Dz* 42, 44, 48, 51, 64, 71, 75, 150, 178, 441, 470, 485, 490, 527ss., 546, 568ss., 682ss., 800, 850ss., 1300ss., 1330, 1968, 3553, 3807, 4780. Não é possível dizer que o Espírito Santo é engendrado ou criado, mas procedente do Pai divino *principaliter*. Do Pai recebe a substância divina eterna e, segundo os Padres, de modo inefável também por meio do Filho, não como princípio último *arché*, ou concausa (*aitia*), que implique a *diarchia* ou Diteísmo ou Dualismo, mas como Dom e Amor pessoal e subsistente de ambos.

[218] *DZ* 1ss., 40ss., 60ss., 71, 73, 75, 125, 14ss., 150, 188, 300, 325, 367, 421, 441, 470, 485, 490, 501, 525ss., 542, 570, 680ss., 790, 851ss., 1330ss., 1529ss., 3326ss., 4113, 4132ss., 4145, 4148, 4158, 4311, 4326, 4337, 4340ss., 4522, 4780. O Pai eterno, por seu Espírito divino, conduz a Igreja à unidade com seu esposo Cristo, guia sua peregrinação ao reino, renovando, purificando, liberando e enriquecendo a alma do justo com carismas e dons. Pela presença do Espírito, a Igreja permanece como *opus Trinitatis*.

[219] Cf. *DZ* 60, 101, 145, 188, 284, 367. 470, 527, 532,538, 681, 800, 1522, 3806, 3325ss., 4005, 4103, 4112, 4116, 4120, 4141, 4148, 4153, 4204, 4227, 4268, 4480, 4522, tal distinção exclui um conceito unitário de Deus.

[220] Cf. *DZ* 71, 188, 284, 367, 470, 528, 532, 570, 573, 800, 4522, 4780. Por suas relações eternas e subsistentes, as pessoas

oposição mutuamente relativa entre as hipóstases divinas não implicam que constituam com a essência divina certa "quaternidade".[221]

7.9. Igualdade das hipóstases em comunhão inseparável

Segundo a linguagem eclesial, as três pessoas divinas, distintas nas propriedades pessoais e iguais na possessão dos atributos da essência divina, excluem entre si qualquer subordinação ontológica radical. Com relação ao Pai ingênito, o Filho unigênito é igual e semelhante em tudo, exceto na paternidade (*coaequalis*).[222] Também o Espírito Santo, com relação ao Pai ingênito e ao Filho unigênito, é proclamado da mesma natureza, substância e essência (*consubstantialis*), igualmente a eles em potência, virtude e eternidade (*cosempiternus*), recebendo a mesma honra, majestade, glória, adoração (*coadoratur et conglorificatur*), amor substancial e subsistente, comum a três pessoas divinas.[223] Entre as três hipóstases, existem comunhão e compenetração eterna e inseparável (*perikoresis*), na vida imanente (*circuminsessio*) e no plano da história *salutis (circumincessio)*.[224]

7.10. As três hipóstases são um só Deus

Dado que em Deus tudo é comum a não ser quando existe oposição de relação, às três hipóstases divinas se atribui unidade de operação: as obras da Trindade são comuns e conjuntas, indivisas e inseparáveis. As três pessoas divinas não podem ser consideradas três origens ou princípios, mas uma única origem e princípio. A criação do universo, a encarnação do *Logos* ou a deificação, dom justo, são sempre obra única da trindade indivisível e inseparável. A comunidade eclesial é o povo reunido na unidade do Pai, do Filho e do Espírito Santo e assim permanece. A unidade na verdade e no amor dos filhos de Deus dispersos se assemelha em certo modo à comunhão trinitária. Pela semelhança existente entre as propriedades pessoais e as obras realizadas na criação e na história da salvação, diz-se que o Pai ingênito o fez tudo mediante o Verbo mediador e no Espírito Santo.[225] Porém as três hipóstases são o único Deus e a única realidade divina, enquanto única divindade, substância, natureza e essência divina. Às três hipóstases divinas, correspondem uma única honra e glória, uma só adoração e majestade, uma única verdade e potência, uma só felicidade e reino: Deus é *trinus non triplex*.[226]

---

são mutuamente relativas e distintas entre si. Corresponde ao Pai ingênito, a eternidade sem nascimento, ao Filho divino, a eternidade com geração ao Espírito; ao Espírito, o proceder sem nascimento, porém com eternidade.

[221] Cf. *DZ* 534, 745, 800, 803, 1330. Dado que só virtualmente se distinguem da essência divina.

[222] Cf. *DZ* 40ss., 55, 74, 76, 125, 138, 144, 150, 164, 272, 290ss., 297, 301, 318, 357, 403, 441ss., 470, 485, 490ss., 504, 526, 536ss., 554, 572, 617ss., 681, 805, 852, 1301, 1337, 1986, 2526ss., 3350, 3675, 4522. O Filho é da mesma substância (*consubstantialis*), da mesma glória, honra, adoração e majestade (*conglorificatus*), da mesma perfeição e sabedoria, potência, eternidade (*coaeternus*), e assim é dito Deus de Deus e Luz de Luz *(lumen de lumine)*.

[223] Cf. *Dz* 3, 29, 42, 46, 55, 71, 145ss., 150ss., 155, 174, 325, 415, 421, 442, 501ss., 516, 527, 542, 546ss., 554, 569, 616ss., 680ss., 721ss., 734, 790, 800, 805, 851ss., 1331ss., 3326, 3331, 4522, 4780ss. Trindade na unidade e unidade na Trindade, as três Pessoas participam da mesma igualdade (*coaequalesi*), essência (*coessentiales*) e realidade ou substância divina (*consubstantiales*), por isso é erro manifesto a consideração do Filho ou do Espírito como meras criaturas.

[224] Cf. *DZ* 112ss., 125, 150, 367. 415, 441, 501, 542, 545ss., 571, 618, 800, 804, 1330ss., 3326, 3814, 4780. As pessoas divinas atuam como único princípio segundo a causalidade eficiente.

[225] Cf. *DZ* 145, 171, 325, 415, 441, 491, 501, 531, 535, 538, 542, 545ss., 571ss., 618, 680, 800ss., 804, 851, 1330ss., 3326ss., 3331, 3814, 4140, 4324. Também se fala do Pai eterno, de quem tudo procede, do Filho divino, mediante o qual tudo foi feito, e do Espírito Santo, em quem são e subsistem todas as criaturas. Ao Pai se atribuem especialmente a eternidade e a potência; ao Filho se associam a sabedoria e a verdade, assim como a mediação na criação e reconciliação; ao Espírito Santo se apropria quanto brilha por amor e graça.

[226] Cf. *DZ* 3, 71, 73, 75, 112, 144ss., 147, 153, 172, 177, 188, 284ss., 318, 325, 367, 415, 421, 441, 451, 470, 485, 490, 501, 505, 525, 527ss., 535, 538, 542, 545ss., 561, 569, 171ss., 616, 680, 683, 745, 800, 804ss., 853, 1330, 1880, 2527, 2696ss.,

8. Epílogo

Considerada a linguagem eclesial sobre o mistério de Deus, em seu desenvolvimento histórico e significado eclesial, em sua relevância ecumênica e coerência lógica, não inferir senão as notas de sua atualidade teológica.

8.1. Fundamento da linguagem eclesial

A linguagem eclesial expressa o Mistério insondável da realidade divina, tendo por fundamento *kerygma* bíblico, como revelação da salvação realizada no evento pascal, traduzindo em fórmulas teológicas a revelação do Mistério, manifestado como divino em sua origem, em sua realização e em seu conteúdo. Tal linguagem não pode ser reduzida a mero esforço de harmonização da divindade do Pai ingênito com a do Verbo divino e do dom incriado do Espírito. A linguagem eclesial é expressão das implicações teológicas da revelação, proclamada no *kerygma* salvífico: Deus Pai se autocomunica como fidelidade e verdade no Filho eterno, mediador da reconciliação definitiva e se dá como dom de graça incriada no Espírito Santo. Há identidade entre a Trindade do *kerygma* e a do dogma. Não existindo fundamento da linguagem eclesial, que difira do *kerygma* da salvação divina, a função da teologia se limita a constatar a legitimidade de tal linguagem.[227]

8.2. Trindade econômica e imanente

A Igreja tem afirmado a divina Trindade, sem preterir a *monarchia*. Na linguagem eclesial, a noção de *homoousia* explicita a experiência religiosa da salvação como divinização.[228] Se a *oikonomiae sacramentum* não fora o fundamento da linguagem eclesial, poder-se-ia pensar uma Trindade do *kerygma* diferente da Trindade do dogma e uma Trindade salvífica diversa da Trindade eterna. Deus, como absoluto, é incondicionado em seu ser e em seu atuar: criação e revelação, salvação e graça divinizante procedem do ato misterioso e gratuito da liberdade divina. Porém se Deus Pai decide em seu mistério criar a criatura humana para divinizá-la no Cristo e no Espírito, não poderia manifestar-se diversamente de como realmente é. A epifania da Trindade salvífica revela a Trindade eterna. Se Deus subsiste em três hipóstases divinas e inseparáveis, pode concluir-se que o *Mytserium salutis* deve manifestar o *Mysterium Trinitatis*.[229]

2830, 3325ss., 3350, 3815, 4781. A Trindade é indivisível, consubstancial, imultiplicável e inseparável. Exclui-se em Deus um triteísmo. Não se pode falar na Trindade de três fontes, três origens, três incriados, três onipotentes, três princípios, três vontades, tres operações, três deuses.

[227] Cf. *DZ* 4520ss. Enquanto fundamento, a objetivação literária do *kerygma* constitui a via para o conhecimento do Mistério divino, no qual é afirmado como transcendente não somente o Pai ingênito, mas também o *Logos* e o Espírito. Somente nesses três modos reais e distintos de existir, subsiste a realidade da única divindade.

[228] Cf. *DZ* 112ss., 125ss., 150. Criação e divinização procedem do Pai ingênito, são realizadas pela mediação do Filho unigênito, na força divina do Espírito Santo, em distinção e unidade, em transcendência e imanência, em exclusividade e definitividade.

[229] Cf. SCHUMANN, F. K. "Die Einheit der drei Artikel des christlichen Glaubens", in *Um Kirche und Lehre*, Stuttgart 1936, p. 225ss.; WELCH, C. *The Trinity in Contemporary Theology*, London 1953, 163ss. Negar a identidade entre o conteúdo da mensagem da revelação e a linguagem do dogma eclesial significa conceder o pressuposto do modalismo, ao considerar a epifania divina como mera ilusão ótica ou acústica, degradando a Trindade subsistente a três caricaturas ou nomes sem conexão ôntica com a realidade da única divindade. A exclusividade da revelação como via para alcançar o Mistério rebaixa a doutrina dos *vestigia Trinitatis* à modesta analogia por símbolo imperfeito do Mistério divino.

8.3. Risco de uma religião do Pai

O vigor da Tradição, ao defender o consenso linguístico da ortodoxia eclesial, deve alertar a Igreja de nosso tempo, diante do risco renovado de uma tentação de heterodoxia, não só pela formulação de uma linguagem divergente, mas também por uma vivência supersticiosa.[230] A heresia pode adotar a forma "unitária" de redução da experiência religiosa a uma *religião do Pai*. A isto concorrem diversos fatores, tais como o descobrimento do misticismo das grandes religiões do Extremo Oriente ou a fascinação do monoteísmo na versão religiosa da fé de Israel ou do Islã, desvalorizando a função mediadora do Filho unigênito, assim como a função divinizante do dom incriado do Espírito. Como reação a um criptotriteísmo latente na religiosidade popular, na corrente progressista da teologia erudita, faz-se notar uma tendência cristológica neonestoriana, separando a realidade divina da humana em Jesus Cristo, acentuando o histórico, suavizando o mistério e próximo às posições neoadocionistas. No plano trinitário, *Logos* e *Pneuma* são vistos como forças ou energias, não como hipóstases pessoais.[231]

8.4. Perigo de uma religião do Filho

A substituição da alta cristologia do *Logos* por uma baixa cristologia do *nudus homo* se une ao perigo de conceber a fé como *Religião do Filho*. Sob a influência das teologias da secularização ou da morte de Deus, não é difícil reduzir a experiência cristã à religião do Filho. Tal redução se acentua nas teologias da libertação, se a ortopráxis se associa ao inconformismo social e à utopia política; a reflexão teológica é precedida pela visão da sociedade sob lente neomarxista, e a opção socialista é vista como sinal escatológico da presença do reino de Deus na história. Facilmente então o Cristianismo é vivido como neomonismo de libertação política; Jesus assume a função de um Moisés redivivo, que guia o novo êxodo, como peregrinação do Vale de Lágrimas do Capitalismo à Terra prometida do Socialismo utópico. A legítima crítica profética, das contradições na sociedade temporal, pode levar à redução do Cristianismo a uma forma de ebionitismo, sacrificando a dimensão sacramental e a profundidade paradoxal da *metanoia* ao totem da eficácia política pela via utópica da palingênese revolucionária.[232]

8.5. Problema de uma religião do Espírito

A celebração do livre carisma ou o desejo de concretizar eficazmente na história os imperativos do reino de Deus podem levar a acentuar a dimensão pneumática da experiência cristã, olvidando o hiato existente entre incoação e consumação escatológica

---

[230] Uma tradição bimilenar defendeu como linguagem eclesial vinculante a profissão de fé em uma Trindade em unidade, salvífica e divina, eterna e inseparável, como *Regula fidei* do crente singular e da comunidade: somente procedendo *in Spiritu sancto* e caminhando *per Filium*, é possível chegar *ad Patrem*.

[231] Cf. HULSBOSCH, A. "Christus, de scheppende wijsheid van God", in *Tijdschrift voor Theologie* 1971, p. 66ss.; SCHOONENBERG, P. "Trinity, The consummated Covenant: Theses on the Doctrine of Trinitarian God", in *Stud on Religion* V 1975/76, p. 111ss.; REINHARDT, K. "Die menschliche Tranzendenz Jesu Christi. Zu Schoonenbergs Versuch einer nicht-chalkedonischen Christologie", in *Trie. Theol. Zeitschr.* LXXX (1971), p. 273ss.

[232] Cf. PASTOR, F. A. "Ortopraxis y Ortodoxia", in *Gregorianum* LXX (1989), p. 689ss., esp. p. 711ss.; IOANNESS PAULUS II. Alloc. Ad III Coetum Gen. Episcoporum Americae Latinae (28/01/1979) 1,4, in *AAS* LXXI (1979), 190: "En otros casos se pretende mostrar Jesús como comprometido políticamente, como um luchador contra la dominación romana y contra los poderes, y incluso implicado en la lucha de clases. Esta concepción de Cristo como político, revolucionario, no se compagina con la catequesis de la Iglesia".

da monarquia divina. Os valores incondicionados do Reino divino não podem coincidir com uma forma política condicionada de presença na história. O entusiasmo pentecostal não pode esquecer a vinculação entre pneumatologia e eclesiologia, para não aceitar facilmente a oposição entre instituição eclesial, vista como Igreja de funcionários ao serviço de uma gigantesca burocracia, e Comunidade do livre carisma, presente nas comunidades movidas somente pelo sopro do Espírito. O dom divino se oferece à Comunidade Eclesial também em sua realidade ministerial, para assumir o caminho do evangelho, na memória do evento salvífico.[233]

8.6. Ilusão do modelo societário

Em ambiente popular contagiado por fenômenos de sincretismo, como é o caso das religiões afro-americanas de candomblé e umbanda, pode afirmar-se uma religião de três seres superiores: Deus criador (*Olorum-Obatala*), Jesus Salvador *(Oxalá)*, visto como puro homem ao modo adocionista da cristologia do *nudus homo* e Espírito (*Ifã*), pensando como força de adivinhação, com acento pneumatômaco.[234] O uso do modelo societário, nas teologias da práxis, leva à ilusão de uma unidade coletiva. Encontrando na comunhão trinitária o fundamento de uma libertação integral, soteriológica e histórica, contempla-se o Pai eterno, origem e fim de toda libertação, anuncia-se o Filho divino, mediador da libertação integral e professa a fé no Espírito, motor da nova criação. O princípio pericorético, unido ao modelo societário, leva a conceber a dialética de unidade e trindade como mera unidade societária: comunhão de "três únicos" ou "três princípios".[235] A linguagem da *triarchia* propõe a mera unidade "similar ou coletiva", própria de um "triteísmo verbal" que, ao perder a *monarchiae praedicatio*, rompe a unidade da *oikonomiae sacramentum*.

8.7. Unidade ecumênica

O Mistério da *koinonia* divina é fundamento do *ut unum sint* ecumênico. O caminho da *unitatis redintegratio* encontra sua base teológica no dogma trinitário da Igreja antiga.

---

[233] Cf. PASTOR, F. A. "Comunidades de base y ministerios laicales", in *Gregorianum* LXVIII (1987), p. 267ss.; PAULUS VI, Adh. Apost. *Evangelii nuntiandi*, 58, in *AAS* LXVII (1976), p. 47: "In aliis regionibus contra, communitates hae primordiales conveniunt acerbo impulsae studio faciendi censuram ecclesiae, cui libenter notam *institutionalem* nurunt cuique sese opponunt, tamquam communitates charismaticas, a structuris solutas, tantummodo afflatas Evangelio".

[234] Cf. CARVALHO DA COSTA, V. *Os seres superiores e os Orixás na Umbanda carioca*, Roma 1981, 327ss. Se o descobrimento de uma Tríada de seres superiores na Umbanda brasileira propicia uma nova aproximação teológica, o claro motivo subordinaciano não deixa de levantar a questão dos limites doutrinais do sincretismo religioso.

[235] Em BOFF, L. *La Trinidad, la sociedad y la liberación*, Madrid 1987, encontra-se o modelo societário. De acordo com PASTOR, F. A. "La Iglesia en América Latina y la 'Tedología de la liberación': Un balance teológico", in *Studia Missionalia* XLV (1996), p. 283ss., esp. 297ss. Tal impressão se reforça pela linguagem de um Deus trinitário "por natureza", diferentemente da linguagem eclesial: *DZ* 367: "Unum est sancta Trinitas, non multiplicatur numero"; *DZ* 1330: "non três dii"; *DZ* 1331; "non tria principia creaturae"; *DZ* 2697: "perperam discedit a communi et probata in christianae doctrinae institutionibus formula, qua Deus unus quidem in tribus personis distinctis dicitur, non in tribus personis distinctus; cuius formulae commutatione hoc vi verborum subrepit erroris periculum, ut essentia divina distincta in personis putetur, quam fides catholica sic unam in personis distinctis confitetur, ut eam simul profitetur in se prorsus indistinctam".

Na doutrina dos três primeiros concílios se encontram princípios orientadores para uma leitura teológica dos sucessivos.[236] Existe consenso ecumênico sobre o fundamento do dogma na Escritura e na Tradição da Igreja indivisa. A doutrina conciliar oferece também base para a comunhão ecumênica na profissão de fé, que anuncia o mistério da *monarchia* do Pai, *principium totius Deitatis*, origem da geração eterna e encarnação temporal do *Logos* e da salvação e divinização da criatura.[237]

8.8. Linguagem pneumatológica

O acordo ecumênico sobre a doutrina pneumatológica requer um estudo sobre a controvérsia do passado e sobre a doutrina bíblica e patrística, litúrgica e canônica, para encontrar na fé da Igreja indivisa uma linguagem *secundum Scripturam*, para a pneumatologia econômica, e para a imanente uma linguagem *secundum Traditionem*.[238] A fórmula do símbolo de Constantinopla "que do Pai procede" indicava origem e natureza divina do Espírito, em paralelo com a fórmula "engendrado não criado, da mesma substância do Pai", referente ao Filho unigênito.[239] A doutrina dos capadócios, Basílio de Cesareia, Gregório Nazianzeno e Gregório de Nissa,[240] dos alexandrinos, Atanásio, Dídimo o Cego, Epifânio de Salamina e Cirilo,[241] de outros orientais, como Máximo o Confessor, João Damasceno, ou Gregório a Palamas,[242] assim como dos latinos, Hilário de Poitiers e Am-

---

[236] Cf. *EV* VII, 1171ss., a fórmula de fé comum é vista pela Tradição em concordância com a Igreja indivisa no símbolo niceno-constantinopolitano, "*declaratio unicae fidei communis*".

[237] Cf. IOANNES PAULUS II. Litt. Enc. *Ut unum sint* (25/05/1995), in *Civ.Catt.* CXLVI/II (1995), p. 577ss.; FERRARO, F. "Il cammino ecumenico nella preparazione e nella celebrazione del Giubileo del 2000", in *Civ. Catt.* (1995) CXLVII/II (1995), p. 3ss.; COMMISIO THEOLOGICA INTERNATIONALIS. Documentum *Quaestio de Iesu Christo. Quaestiones selectae de christologia* (20/10/1980), p. 5ss. (*EV* VII, 651ss.).

[238] Cf. Documento del Consejo Pontificio para la Unidad de los cristianos sobre el *Filioque*, in *OR* (13/09/1995), p. 5; FERRARO, G. "L'origine dello Spirito nella Trinità secondo le tradizioni greca e latina", in *Civ. Catt.* I (1996), p. 222ss.

[239] Cf. *EO* I, 406ss.; 422ss. O termo *ekporeuomenon*, na linguagem conciliar, de inspiração bíblica (Jo 15,26), indica que o Espírito vem do Pai por processão imanente e eterna, distinta da geração. A missão do Espírito na *oikonomia salutis* se expressa pelo verbo enviar (*pempein*), atribuído sim ao Pai e ao Filho (Jo 14,26; 15,26). Não se pode deixar de considerar a sensibilidade oriental referente ao *Filioque* e a sua introdução ao Credo litúrgico latino.

[240] Cf. BASILIUS MAGNUS. *De Spiritu Sancto* XVIII, 45, in *PG* XXXII, p. 149, reconhece-se que o Espírito Santo se une ao Pai através do Filho (*dia tou Hyiou*); GREGORIUS NAZIANZENUS. *Oratio* XXXI, 8, in *PG* XXXVI, p. 141. O Espírito é divino, enquanto é meio (*meson*) entre o ingênito e o engendrado; Idem. *Ibidem* XXXIX, 12, in *PG* XXXVI, p. 348. A linguagem oriental distingue a *ekporeusis* do Espírito Santo, como própria e aplicada somente à procedência do Pai; GREGORIUS NYSSENUS. *De oratione Dominica*, in *PG* XLVI, p. 1109. O Espírito é de Deus Pai e também de Cristo.

[241] Cf. ATHANASIU. *Epistulae ad Serapionem* III, 1,33, in *PG* XXVI, p. 625; DYDIMUS ALEXANDRINUS. *De Spiritu Sancto* CLIII, in *PG* XXXIV, p. 1064; EPIPHANIUS. *Ancoratus*, VIII, in *PG* XLIII, p. 29; CYRILLUS ALEXANDRINUS. in *Ioannem comentarius*, X, 2, in PG LXXIV, p. 910; *Epistulae* LV, in *PG* LXXVII, p. 316; *Thesaurus de sancta et consubstantiali Trinitate*, Assertio XXXIV, in *PG* LXXV, p. 577 e 585. A teologia alexandrina usa o termo *ekporeusis* para a processão do Espírito somente do Pai; porém usa como a teologia latina um termo comum a ambas processões (*proienai*) e diz que o Espírito recebe a comunicação da substância divina do Pai e do Filho (*kai ek Patros kai Hysiou*). O Espírito recebe do Pai tudo por meio do Filho. Coordena-se com a mesma preposição (*ek*) a doação do Espírito Santo da consubstancialidade divina da parte do Pai e do Filho. O Espírito descende "do Pai no Filho" (*em toi Hyioi*), é do Pai e do Filho (*kai Pneuma tou Patros kai Pneuma tou Hyion*) e vem do Pai e do Filho (*ek tou Patros kai tou Hyion*).

[242] A teologia oriental afirma em: MAXIMUS. *Quaestiones ad Thalassium* LXIII, in *PG* XC, p. 672: "por natureza o Espírito Santo, em seu ser, traz sua origem substancialmente do Pai através do Filho engendrado" (*di 'Hyiou gennethentos*) ou em IOANNES DAMASCENUS. *Dialogus contra Manicheos*, V, in *PG* XCIV, p. 1512: "através do Verbo" (*dia tou Logou*). Conforme MAXIMUS. *Quaestiones et dubia*, in *PG* XC, p. 813, existe uma ordem na Trindade: como o Pai é princípio do *Logos*, assim também o é do Espírito, através do *Logos* e como não pode dizer-se que a Palavra é a voz, tampouco se pode dizer que o *Logos* é do Pneuma; GREGORIUS PALAMAS. *Capita physica* XXXVI, in *PG* CL, p. 1144ss. O Espírito é o Amor substancial do Pai e do Filho.

brósio de Milão,[243] Agostinho de Hipona e Leão Magno,[244] oferecem variantes teológicas, aceitas pela Igreja indivisa, para expressar, com linguagem da fé, o Mistério inefável.[245]

---

[243] A teologia do *Filioque* tem suas raízes na Tradição latina: TERTULLIANUS. *Adversus Praxeam*, 25, in *ML* II, p. 188; *CV* XLVII, p. 276: *"De meo sumet*, inquit, sicut ipse de Patris. Ita conexus Patris in Filio et Filii in Paracleto tres efficit cohaerentes, alterum ex altero. Quia tres unum sunt, non unus, quomodo dictum est: *Ego et Pater unum sumus*, ad substantiae unitate, non ad numeri singularitatem"; *Idem. Ibidem*, 9, in *PL* II, p. 164; *CV* LXVII, p. 239: Hanc me regulam professum, qua inseparatos ab alterutro Patrem et Filium et Spiritum testor, tene ubique, et ita quid quomodo dicatur agnosce"; HILARIUS. *De Trinitate*, VIII, 19, in *PL* X, p. 250: "Neque in hoc nunc calumnior libertati intellegentiae, utrum ex Patre na ex Filio Spiritum paracletum putent esse. Non enim in incerto Dominus reliquit; nam sub iisdem dictis haec ita locutus est: *Adhuc multa habeo vobis dicere*. A Filio igitur accipit, qui et ab eo mittitur et a Patre procedit"; AMBROSIUS. *De Spiritu Sancto* I, 10, 120, in *PL* XVI, p. 733: o Espírito "procede" do Pai e do Filho, não se separa do Pai nem do Filho.

[244] Em AGUSTINUS. *De Trinitate* IV, 20,29; XV, 30, 47, in *PL* XLII, p. 908 e p. 1094ss., o Espírito procede do Pai *principaliter*. O Pai é *principium totius Deitatis*. Para THOMAE AQUIN. *Summa Theologiae* I, q. XXXVI, a.3, ad 1 e 2, o Espírito procede do Pai *immediate, principaliter vel proprie*. Não se pode dizer que a *Filio non procedat*; procede de ambos, como de um único *principium*. Veja também: AUGUSTINUS. *De Trinitate* XV, 14,15; 17, 29, in *PL* LII, p. 921; 1081; LEO I MAGNUS. Ep. *Quam laudabiliter*: "alius qui de utroque processit", in *DZ* 284; CONC. TOLETANUM III. *Symbolum reccaredi Regis*: "a Patre et a Filio procedere", in *Dz* 470. Assim, aparece em outros concílios ocidentais, conforme se verifica em *DZ* 485, 490, 525ss., 804ss. Afirma-se em *Dz* 850, 1300ss., 1331, 1986 que procede *tanquam ex uno Principio*.

[245] Cf. *EO* I, 489ss.; 538ss.; 2578; 2711ss.; *EO* III, 2001ss.; 2700ss. Sobre a processão do Espírito, Máximo, o Confessor, aceita o testemunho da Tradição latina e alexandrina. O Espírito procede do Pai como único princípio; de modo inefável, dá-se uma mediação do *Logos*, porém não a modo de segunda causa (*Aitia*). Relevante é a admissão oriental da legitimidade da doutrina agostiniana do *Filioque*, no sentido da antiga teologia latina. Máximo, o Confessor, e Anastásio, o Bibliotecário, distinguem o princípio ou causa da existência ou *ekporeusis* somente do Pai, da comunicação da essência ou *ekphansis*, em que o Espírito é esplendor do Pai e do Filho. O *Filioque* é aceito como *theologoumenon* patrístico latino, reservando a *principalitas* ao Pai, enquanto *fons totius deitatis*.

IV

"CREDO IN DEUM PATREM"
SOBRE O PRIMEIRO ARTIGO DA FÉ

Do advento do presente ano litúrgico até o início do Grande Jubileu, a Igreja orienta um itinerário espiritual que, partindo do mistério de Cristo e seguindo a via do Espírito, chega até a contemplação da misericórdia do Pai eterno, "fonte e origem de toda a divindade.[1] As considerações presentes sobre o primeiro artigo da fé, "*Credo in Deum Patrem omnipotentem*", afirmam-se, no contexto da revelação divina e da mensagem de Jesus sobre Deus como Pai de bondade, sobre o fundamento da linguagem de fé da Igreja antiga, para melhor superar as crises da modernidade e a tensão entre fé e razão e confrontar, à luz da doutrina do magistério da Igreja, os atuais desafios entre a busca da transcendência e o empenho na história.[2]

I

A religião bíblica, em sua dialética de revelação e fé, reconhece o Deus que se manifiesta a Abraão, Isaac e Jacó, "Deus dos Pais", que protege seus adoradores (Gn 30,43) e que se identifica com o Deus misterioso, universal e benévolo, Senhor do mundo (Gn 33,20).[3] A fé de Israel encontra-se na origem da experiência histórica da libertação da escravidão do Egito (Êx 3,7). A teologia da aliança não opõe religião cultual e religião ética (Êx 20,3ss.), pressupõe uma concepção pessoal do sagrado e uma teologia da esperança em relação ao futuro e sublinha também o momento pessoal do encontro com Deus e a dialética existencial de confiança e temor (Êx 20,18ss.). Deus revela-se como o Senhor transcendente e eterno, que se faz presente na imanência da história para liberar o futuro (Êx 3,6ss.13ss.; 6,7).[4]

---

[1] IOANNES PAULUS II, Ep. AP. *Tertio millenio adveniente* (10.XI.1994), 49ss.; *Cathecismus Ecclesiae Catholicae*, 198; CONC. TOLETANUM XI. *Symbolum*: "Fons ergo ipse et origo est totius divinitatis" (DZ 525); AUGUSTINUS. *De Trinitate* IV: xx,29; FA.PASTOR, "Principium totius Deitatis", in *Gregorianum* LXXIX 1998, 247ss.

[2] ALFARO, J. *De la cuestión del hombre a la cuestión de Dios*, Salamanca 1988; BOUILLARD, H. *Connaissance de Dieu*, Paris 1967; BOYER, L. *Le Père invisible. Approches du mystére de la divinité*, Paris 1976; CARMIGNAC, J. *Recherches sur Le "Notre Pére"*, Paris 1969; COPPES J. (ed.). *La notion biblique de Dieu*, Bembloux-Louvain 1975; DANIÉLOU, J.*Dieu et nous*, Paris 1956; DE LUBAC, H. *Sur les chemins de Dieu*, Paris 1956; DURWELL, F. X. *Le Père. Dieu em son mystére*, Paris 1987; GALOT, J. *Père, qui es-Tu?*, Versailles 1996; GUERRY, E. *Vers Le Père. Meditations*, Paris 1936; GUTIÉRREZ, G. *El Dios de la vida*, Lima 1989; JEREMIAS, J. *Abba*, Göttingen 1966; KASPER, W. *Der Gott Jesus Christi*, Mainz 1982; LE GUILLOU, M. J. *Le mystère Du Père. Foi des apôtres. Gnoses actuelles*, Paris 1973; MARCHELL, W. *Abba, Père! La priére du Christ et des chrétiens*, Roma 1963; PASTOR, F. A. *La Lógica de lo Inefable*, Roma 1986; SCHILLEBEECKX, E. *Dieu et l'homme*, Paris 1965; SILANES, N. (ed.). *Dios es Padres*, Salamanca 1991; TORRES QUEIRUGA, A. *Creo em Dios Padre,* Santander 1986.

[3] VAN IERSEL, B. M. F. "Der Gott der Väter im Zeugnis der Bibel", in *Im Zeugnis der Bibel* I 1965, 5ss.; GEMSER, B. "Questions Concerning the Religion of the Patriarchs", in *Adhucloquitur*, Leiden 1968, 30ss.; MAYER, F. K. "Patriarchalisches Gotterverständnis", in *Theologische Quartalschrift* CLII (1972), 224ss.; SULLION, J. J. "The God of the patriarchs", in *Pacifica* I (1988), 141-156; VAN DEN BRANDEN, A. "Les Dieux des Patriarches", in *Bibbia e oriente* XXXII (1990), 27-56.

[4] GOLLWITZER, H. "Der Sinn der biblischen Rede von Gott", in *communion Viatorum* XII (1969), 121ss.; DUBARLE, A. "La signification du nom de Yahvé", in *Recherches de Sciences Philosophiques et Theologiques* XXXV (1951), 3ss.; SCHMID, H. "Ich bin, der ich bin", in *Theologie und Glaube* LX (1970), 403ss.

A experiência religiosa é marcada pela tensão insuperável entre *revelação* e *mistério*. O Deus que se manifesta é um Deus escondido (Is 45,15). Com os profetas, a religião da aliança, a arcaica monolatria de Israel, afirma-se com teísmo transcendente e pessoal, isto é, como monoteísmo explícito exclusivo e universal (Is 43,10ss.). O profeta usa a arma da ironia contra toda tentação politeísta (Is 44,8ss.). Na religião da aliança, o Deus santo e justo de Israel, Senhor incomparável do futuro, identifica-se como Deus único e universal, criador transcendente do mundo e salvador de todas as nações (Is 45,12ss.).[5]

Na religião da aliança, a afirmação de Deus assume a forma de um *teísmo exclusivo* e *transcendente*, pessoal e salvífico (Is 45,14-24). Deus revela-se como uno e único (Êx 20,3: Dt 6,4), santo e eterno (Is 6,3; Jr 10,10). Deus é mistério de santidade inacessível (Êx 33,19; Ez 10,18ss.). Altíssimo em sua glória e majestade (Ez 11,22ss.; Is 59,19). Deus transcende o tempo e o espaço, o mundo e a história (Sl 90,2; 139,7ss.). A realidade divina é absolutamente singular e oniperfeita (Is 40,22; Jr 23,24). Como vivente eterno, Deus enche o céu e a terra com sua onipresença salvífica (Jó 11,7-10; Pr 15,3). O Deus verdadeiro revela-se sempre não como realidade incondicionada, mas também como realidade pessoal: Deus é o Senhor da aliança e o Santo de Israel (Êx 20,1ss.; 1Sm 6,20), libertador da escravidão (Êx 6,5ss.) e artífice do universo (Gn 1,1ss.; Sb 13,5). Na teofania da sarça ardente, o Deus dos pais manifesta-se a Moisés como Deus santo e Senhor da aliança (Êx 3,5ss.12ss.). A religião bíblica caracteriza-se por sua convicção de uma comunhão com o Deus único e santo, eterno e transcendente, realizada na imanência da história. O Deus dos pais, revelado como Senhor da aliança, estará com o povo eleito, em meio às vicissitudes da história (Êx 3,6.12). O paradigma da aliança (Êx 19,4ss.) domina a história da fé de Israel e condiciona suas tradições: criação e eleição (Gn 2,16ss.; 9,9; 17,4), libertação e redenção (Êx 3,12ss.), anúncio do reino e da graça (Is 52,7ss.; 54,7ss.).[6]

A religião da aliança tem como problema fundamental o mistério da *identidade de Deus* e de seu comportamento salvífico. Na piedade de Israel, o Deus da aliança é identificado com o rei eterno e criador do mundo (Sl 146,10). À diferença do politeísmo ambiental e da henolatria arcaica (Gn 15,1; 24,2), a fé de Israel foi vivida como monolatria exclusiva (Dt 12,2) e monoteísmo explícito (Is 46,9). O comportamento divino revela-se como fiel à aliança e pleno de compaixão (Êx 34,5-9). O monoteísmo salvífico de Israel é pessoal e comunitário, nacional e universal (Sl 121,1ss.). O horizonte da aliança nos permite compreender a originalidade da mensagem do cristianismo. Mediante a identidade entre o Senhor da aliança revelado na história da salvação e o Deus misterioso criador do mundo (Sl 95,3ss.), o crente torna consciente da realidade de Deus. A idolatria é julgada inescusável, porque o Senhor da história é criador do universo e pode ser contemplado através de sua criação (Sl 10,4; 14,1; 19,2; 33,6). A revelação da realidade divina como absoluta e pessoal pode ser vivida de diversas formas: como revelação de uma potência incondicionada, que redime e liberta (Êx 3,12), como realidade absoluta eterna e santa (Is 44,6; Sl 102,27); como afirmação da realidade última, fundamento da realidade criada (Sb 13,4;

---

[5] GILBERT, M. 'Le sacré dans l'Ancient Testament", in *L'expression du sacré dans les grandes religions* I, Louvain-la-Neuve 1978, 205ss.; GRAY, J. *The biblical Doctrine of the Reign of God*, Edinburgh 1979, 117ss.
[6] ALONSO-SHÖKEL, L. "Motivos sapienciales y de alianza en Gen 2-3", in *Biblica* XLIII (1962), 295ss.; ETTICH, E. E. "Die monotheistische Symbolik der Bundestafeln", in *Vetus Testamentum* XIV (1964), 211ss.

Rm 1,20); como imperativo ético incondicionado ou como experiência do sentimento de culpabilidade moral (Sl 51,4; Rm 2,14).[7]

O *conhecimento prático* da vontade de Deus coincide como temor de Deus e constitui para os sábios de Israel o princípio da verdadeira sabedoria (Pr 1,7). A meditação sapiencial não esquece a dimensão contemplativa da experiência religiosa. A glória de Deus revela-se nas obras da criação e na história da salvação (Eclo 42,15ss.; 44,1ss.). O sábio de Israel interroga-se também sobre a possibilidade de afirmar um artífice divino, inteligente e onipotente, como princípio criador do universo (Sb 13,1-9). Meditando sobre a questão do mal e sobre o sofrimento do justo, a teologia sapiencial se confronta com o silêncio de Deus (Jó 42,3.6). Por último, o profetismo apocalíptico proclama uma teologia da história, na qual Deus guia o curso dos eventos e julga escatologicamente nações de indivíduos (Dn 10,13). Um decreto divino imutável determina a história, que é una, como é único Deus (Dn 8,13ss.). A presença de Deus, como aliado e criador, constitui uma realidade eterna e santa, pessoal e salvífica, à qual se pode recorrer na oração de súplica (Sb 9,1ss.). À diferença dos ídolos cegos, surdos, impotentes, Deus permanece fiel e verdadeiro, firme em seu propósito, onipotente e onisciente em sua providência e em sua eleição de graça (Sl 136,5; 135,6). O Deus vivo e verdadeiro, santo e eterno, é também o Senhor fiel, justo, misericordioso, pleno de bondade.[8] Deus se revela como justo enquanto é fiel a sua aliança de salvação (Is 45,8; 51,7). Deus é justo porque salva, revelando sua verdade justa na defesa dos pobres e dos perseguidos (Sl 10,17ss.; 18,3ss.). Deus, Senhor da esperança, faz justiça ao humilhado (Is 33,5. 51,3ss.). Deus é ciumento em função do bem e sua ira contrasta com o mal (Êx 20,5; Dt 4,24). Na religião da aliança, o comportamento divino caracteriza-se pela fidelidade e verdade de seu amor e de sua benevolência junto aos eleitos (Êx 34,6; Dt 7,9). Deus é constante em sua compaixão (Sl 25,10ss.;89,3). A presença de Deus constitui uma realidade amorosa (Sl 138,2; 119,16). O amor de Deus, eterno e infrangível (Is 54,8ss.; Jr 31,3), é firme em suas promessas e gratuito em sua bondade (Dt 4,37; 7,8ss.).[9]

II

Na mensagem bíblica aparece o único Deus vivo e verdadeiro como princípio último de toda realidade e referência do sentimento religioso de todos os povos, enquanto *deus ignotus*, criador do universo e Pai providente do gênero humano, que se manifesta como Senhor das alianças, Deus de Abraão e Pai de Jesus, enquanto *deus revelatus* (At 17,23ss.; Rm 1,18ss.; Sb 13,9ss.). O encontro entre a mensagem religiosa dos primeiros cristãos e a cultura dos filósofos do império condicionou o nascimento da linguagem teológica, ao firmar Deus como Pai criador onipotente.[10] O Deus revelado na teologia do nome (Êx

---

[7] CAZELLES, H. "Le Dieu du Yahviste et de l'Élohiste ou Le Dieu Du Patriarche et Du Moïse et de David avant lês Prophètes"; COPPES J. (ed.). *La notion biblique de Dieu*, 77ss.; PASTOR, F. A. "Le lenguaje bíblico sobre Dios", in *Estudios Eclesiásticos* LX 1985, 273-303.
[8] GARCIA-LOPEZ, F. "Dios padre en el Antiguo Testamento", in *Dios es Padre*, 43ss.; STROTMANN, A. *"Mein Vater bis Du!" (Sir 51,10). Zur Bedeutung der Vaterschaft Gottes in kanoischen und nichtkanonischen frühjüdischen Schriften.* Frankfurt am Main 1991.
[9] KAHMANN, J. "Die Offenbarung der Liebe Gottes im Alten Testament", in *Cor Iesu* I, Roma 1959, 341ss.
[10] GÄRTNER, B. *The Areopagus Speech and Natural Revelation*, Uppsala 1955; GATTI, V. *Il discorso di Paolo ad Atene*, Brescia 1982, 169ss.

3,5ss.) ou no imperativo monolátrico (Dt 6,4), no monoteísmo profético (Is 6,3), ou na meditação sapiencial (Sb 13,5), manifesta-se através do mundo como Criador providente e através da história de Israel como salvador e onipotente (At 17,24.31).[11]

Jesus é revelador e mediador da nova aliança da salvação (At 1,2; 9,15). A comunidade escatológica da nova aliança vive uma experiência intensa e definitiva de comunhão: o Deus único se apresenta em Jesus (Cl 1,13ss.); a *glória do Pai* se revela no Filho (Jo 1,18); a graça nos vivifica na força do Espírito (Rm 8,26ss.). O Deus do reino próximo, anunciado por Jesus, é o mesmo Senhor da aliança e Deus dos pais (Mt 22,32.37). Jesus anuncia Deus como Senhor exclusivo e como Pai compassivo (Mt 6,6.24). O reino proclamado por Jesus nas parábolas é Deus mesmo em sua eterna santidade e potência, em sua compaixão e perdão do pecador arrependido (Mt 18,23ss.; Lc 15,11ss.). O Deus desconhecido (At 17,23) permanece inacessível e incompreensível (Rm 1,20; Jo 1,18; 1Tm 6,16). A experiência teofânica resolve-se em uma epifania velada do mistério (2Cor 5,7). A linguagem bíblica sobre Deus pressupõe sempre uma situação fundamentalmente inefável (Jz 13,18). A realidade de Deus revela-se de forma paradoxal na cruz (1Cor 1,23; Fl 2,8). Deus Pai permanece o fundamento último e a referência imutável do ato religioso (Gn 1,17). Com a revelação escatológica, desvela-se definitivamente o plano divino: Deus Pai criou o mundo para salvá-lo em Cristo (Ef 3,8ss.; Cl 1,26ss.). O Pai divino de Jesus nos adota e santifica no Espírito (Gl 4,4ss). Na comunidade da nova aliança, Jesus afirma o desígnio divino como pleno de fidelidade e amor, orientado rumo à vitória da graça (Mt 18,14.35).[12]

Na cruz de Jesus revela-se definitivamente *o amor do Pai* (Jo 3,16ss.). A religião bíblica afirma-se como relação singular com o Deus único, santo e eterno, e como ligação pessoal com o Pai, cuja monarquia é definitivamente confirmada (1Jo 4,9.19).[13] Na comunidade escatológica da nova aliança, Jesus atualiza o empenho monolátrico (Mc 12,29ss.), ensina a venerar o nome divino, expressão da santidade de Deus (Mt 6,9). O Pai é Senhor do céu e da terra (Lc 10,21). O Deus vivo e Pai de Jesus (Mt 16,16) identifica-se como criador onipotente e onisciente em sua providência (Mt 6,26). Jesus vive e ensina uma confiança total na providência paterna de Deus, que não abandona seus servos (Mt 10,29). O desígnio divino, livre e pleno de amor, é orientado rumo à vitória definitiva do perdão e da misericórdia (Mt 18,14.35). O evangelho é proclamação do amor eterno do Pai, revelado na cruz de Jesus, loucura e escândalo para a lógica dos sábios deste mundo (1Cor 1,23).[14]

Na cruz se manifesta igualmente a justiça divina, porque *Deus Pai* se revela como justo e como justificador de todos os que viveram na impiedade (Rm 3,25). O conhecimento do Pai se obtém pela ação reveladora de Jesus, palavra divina e eterna (Jo 10,14) e pela ação iluminadora do Espírito divino, acusador do mundo e guia da comunidade (Jo 14,16ss.; 16,7). No dom do Filho revela-se o amor infinito do Pai (Jo 3,16; 17,25ss.); o crente deve corresponder observando o mandamento do amor fraterno (1Jo 2,5; 4,16).

---

[11] STONEHOUSE, N. B. "The Areopagus Address", in *Paul before the Areopagus and Other New Testament Studies*, London 1957, 1ss.; OWEN, H. P. "The Scope of Natural Revelation in Rom I and Acts XVII", in *New Testament Studies* V(1958-59), 133ss.
[12] DIBELIUS, M. *Jesus*, Berlin 1960, 52ss.; BULTMANN, R. *Jesus*, Tübinge 1964, 114ss.; JEREMIAS, J. *Abba*, Göttingen 1966, 15ss.
[13] SINOIR, M. "Le mystère de l'amour divin dans la théologie johannique", in *Esprit et Vie* LXXXII (1972), 465ss.; SEGALLA, G. "Dio padre di Gesù nel quarto Vangelo", in *Scuola Cattolica* CXVII (1989), 196-224.
[14] RAHNER, K. "Theos im Neuen testament", in *Schriften zur Theologie* I, 1954, 115ss.; COPPES, J. "Dieu le Père dans le théologie paulinienne", in *La notion biblique de Dieu*, 331ss.

A práxis da caridade caracteriza a ética da comunidade da nova aliança. O Pai de Jesus e Deus da ressurreição e da vida é o fundamento da esperança da comunidade da nova aliança (At 2,22ss.), que vive a nova justiça da fé e atende à própria ressurreição (Rm 3,24ss.; 1Cor 15,20). Escatologicamente, todas as potências inimigas serão submetidas à soberania do Pai, mediante o domínio messiânico do Filho (1Cor 15,28). Também se os homens injustificadamente não reconhecem nem adoram seu Criador, este deverá ser reconhecido através da criação mesma e da consciência moral (Rm 1,19ss.; 2,14ss.).[15]

Jesus anuncia *Deus como Pai* (Mt 6,9). Na oração de Jesus, manifesta-se a consciência singular de sua relação filial, feita de confiança na bondade divina onipotente (Mc 14,36). O evangelho proclama o reino de Deus como do Senhor único e exclusivo (Mt 6,24). Obedecendo ao desígnio da providência, o discípulo de Jesus deve procurar exclusivamente o cumprimento da vontade do Pai eterno (Mt 6,10.32). O Deus do reino anunciado por Jesus é o mesmo Deus dos pais e Senhor da aliança (Mc 12,26.29). Jesus ensina os mistérios do desígnio divino e a perfeição da vigilância divina (Mt 11,7). A nova práxis do discípulo deverá imitar do discípulo a perfeição divina, especialmente a misericórdia, realizada na bondade fraterna (Mt 5,48; Lc 6,36). Jesus proclama a solicitude divina para o homem que se distanciou de sua bondade. Na palavra de Jesus, Deus se assemelha, em seu interesse pelo homem perdido, a um pastor que procura sua ovelha dispersa ou a uma mulher que tudo faz para encontrar a moeda perdida ou ainda a um pai de bondade inexaurível, que espera o retorno de seu filho aventureiro (Lc 15,4ss.8ss.11ss.). Jesus proclama o imperativo da conversão à misericórdia divina. Na predicação de Jesus morre a imagem do Deus do mérito ou da soberba. Todos necessitam encontrar o caminho rumo ao Pai, não somente o filho menor, mas também o maior. Tanto quem transgrediu os mandamentos, quanto quem os observou. Fariseus e publicanos, observadores e não, receberão igualmente, da parte do Pai divino, amor e bondade, acolhimento e atenção (Lc 7,79ss.; 18,9-13).[16]

Jesus procurou evidenciar com seu comportamento a relação de acolhimento com o sinal antecipador do Reino (Mt 9,12ss.). Fundamental pode ser considerado o fato que Jesus esteja próximo de Deus mediante a oração chamando-o de Pai (*Abbâ*). Este aramaísmo da linguagem coloquial usada no sentido absoluto representa uma originalidade da linguagem de Jesus e exprime disponibilidade radical diante de Deus, para obedecer a sua vontade e aceitar a majestade (Mt 18,3; Lc 18,17).[17]

Quando se considera a singular relação de Jesus com Deus, manifestada em sua oração realizada em sua solidão (Mc 14,36), ou quando se escuta a linguagem de Jesus em relação ao Pai, diferentemente dos discípulos (Mt 7,21; 10,32), pode-se aceitar que a palavra *Pai* constitua a expressão de sua consciência em relação a Deus. Esta mesma consciência filial está presente no hino de júbilo ou palavra de revelação (Mt 11,25ss.); Lc 10,21ss.). Como na apocalíptica do judaísmo tardio, a verdade se apresenta e convida ao

---

[15] SCHLIER, H. "Die Erkenntnis Gottes nach den Briefen des Apostels paulus", in *Besinnung auf das Neue Testament*, Freiburg 1964, 319ss.; PENNA, R. "La dunamis theou", in *Rivista biblica italiana* XV (1967), 281ss.
[16] SCHRUERS, P. "La paternité divine dans Mt 5,45 en 6,26-32", in *Ephemerides Theologicae Louvanienses* XXXVI (1960), 593ss.; BARBI, A. "Il Dio de Gesú nell'opera lucana", in *Scuola Cattolica* CXVII (1989), 167-195.
[17] McCASLAND, S. V. "Abba father", in *Journal of biblical Literature* LXXII 1953, 79ss.; GIBLET, J. "Jésus et le Père dans le 4º évangile", in *L'Évangile de Jean*, Bruges 1958, 111ss.

seguimento (Pr 8,12-36; Eclo 24,1-22). A revelação de Jesus é colocada no contexto de uma oração de louvor e bendição ao Pai, para o mistério da relação existente entre ambos e para manifestação do reino aos humildes. Utilizando a linguagem da entronização e do poder no Reino de Deus (Dn 7,13ss.), Jesus, como revelador messiânico, recebe a plena potestade para estabelecer o reino divino e manifestar o Pai aos humildes. O hino insinua a exclusividade do conhecimento, da parte do Filho, do plano salvífico, bem como do mistério mesmo do Pai (Mt 11,27; 28,18).[18]

O evangelho do Reino e a predicação da comunidade anunciam o mesmo Deus da aliança vivo e verdadeiro, único e eterno, como o Pai santo e fiel, justo e misericordioso. Jesus proclama a clausula da absoluta lealdade, atualizando o imperativo do serviço divino (Mc 12,29ss.; Dt 6,4). Na nova aliança, Jesus ensina a venerar o nome divino, expressão da inacessível santidade de Deus, evitando o falso juramento ou qualquer apelo que possa supor um atentado à majestade divina (Mt 5,33ss.; Êx 20,7). Jesus ensina a confiança na providência divina, que não abandona as criaturas (Mt 6,30ss.). Somente Deus merece absoluta dedicação, uma vez que só o Pai é absolutamente perfeito em sua bondade (Lc 18,19). O serviço inclui o acolhimento incondicionado de sua majestade e mistério, como Criador do céu e da terra (Lc 10,21), como Senhor da aliança e Deus vivo da fé (Mt 16,16), em sua potência salvífica e providência (Mt 6,26; 10,29) e em sua onisciência (Lc 16,15). O serviço de Deus se vive na confissão de louvor e gratidão (Mt 11,25; Lc 10,21).[19]

O verdadeiro serviço de Deus procura o cumprimento da santa vontade do pai eterno (Mt 6,10; 26,39.42). Jesus proclama as exigências do serviço de Deus no discurso da montanha e nas parábolas (Mt 5,1ss.; 13,1ss.). O verdadeiro serviço divino inclui a *imitação da misericórdia do Pai* (Mt 5,48; Lc 6,36). Com isso, o homem criado à imagem de Deus no ser viverá semelhantemente a Deus em seu agir, pleno de santidade e de bondade (Gn 1,26). O serviço divino inclui renúncia de quanto se opõe ao cumprimento da vontade divina no seguimento de Cristo (Mt 5,29ss.; 16,24; 19,23ss.). Deus deve ser imitado em sua generosidade e beneficência (Mt 6,12; 18,32ss.). O serviço divino exige amor e benevolência também nos confrontos dos mesmos inimigos (Lc 6,35ss.; 10,26ss.). Por isso, o juízo escatológico do Filho do Homem é incisivo sobre a práxis de fraternidade (Mt 25,31ss.). O bom samaritano torna-se um paradigma do novo modo de viver o serviço de Deus, por seu amor concreto em relação ao próximo em suas necessidades (Lc 10,30ss.).[20]

---

[18] LÉGASSE, S. "Le logion sur Le Fils révélateur", in COPPENS, J. (ed.). *La notion biblique de Dieu*, 245ss.; SCHNEIDER, G. "El Padre de Jesús. Visión bíblica", in SILANES, N. (ed.). *Dios es Padre*, 59ss.
[19] MONTEFIORE, H. W. "God as Father in the Synoptic Gospels", in *New Trestament Studies* III (1956-57), 31ss.
[20] JEREMIAS, J. "Die Botschaft Jesu vom Vater", in *Calwer Hefte* XCII 1968 (5ss.).

III

Nos apologetas, surge a tentativa de recepcionar o conceito filosófico de Deus: opondo-se ao panteísmo dos estoicos e ao deísmo indiferente dos epicuristas, os pensadores cristãos sublinharam os atributos determinantes da realidade divina, uma e última, espiritual e transcendente, eterna e providente; notaram também uma natureza espiritual e imortal da alma e o caráter contemplativo da experiência religiosa. O confronto do monoteísmo com o dualismo gnóstico levou à formulação da linguagem do primeiro artigo da fé, afirmando a absoluta singularidade da monarquia, identificando Deus salvador e Pai de Jesus, da nova aliança, com Deus criador, da antiga aliança. Desde os primeiros tempos aparece a convicção da necessidade da *lumen fidei* ao lado da *lumen rationis*: "*Impossibile erat sine Deus discere Deum*".[21] Deus Pai emerge como realidade absoluta e infinita, transcendente e superessencial, em seu caráter de *principium sine principio* da vida intradivina e da história da salvação ou então o "pio dogma da monarquia".[22]

De Deus Pai deriva a múltipla realidade criada. Através da ordem natural e da ordem salvífica, a luz divina do *Logos* ilumina tudo. A presença espiritual de Deus, em seu *Pneuma*, preenche o universo e a história. A criatura humana pode unir-se ao Criador na *via apophatica* da teologia negativa, na *via mystica* da união contemplativa e também na *via kataphatica* da afirmação dos nomes divinos, propriamente Senhor e Pai. No primeiro artigo da fé, a Igreja proclama a realidade de um Deus único, Pai onipotente e criador do universo. Nos símbolos de fé, a Igreja antiga afirmava Deus único e vivo não apenas como realidade absoluta, mas também como realidade pessoal, em sua identidade de criador do universo e Senhor da história, benfeitor onipotente e Pai santo (*Credo in unum Deum Patrem omnipotentem*).[23] A linguagem eclesial identifica o Criador da antiga aliança como Pai misericordioso da nova disposição salvífica. O Senhor onisciente da história e criador onipotente do mundo, Deus santo e eterno, infinito e incompreensível, é identificado com o *Pater ingenitus* de Filho eterno, inspirador do Espírito consolador.[24]

A regra de fé (*Salvatoris disciplinas*) de Dionísio de Roma exclui as doutrinas de Sabélio e de Marcião, unitarismo e triteísmo, como também a cristologia do *nudus homo* e propõe a cristologia do *Christus Verbum*, a trindade divina e o "sagrado anúncio da monarquia" do Pai.[25] O rei dos séculos invisível e imortal é *Deus Pater omnipotens*, princípio sem princípio e

---

[21] IRENAEUS. *Adversus Haereses* IV, v. 1; vi. 4; ORBE, A. "Visión del padre e incorruptela según san Ireneo", in *Gregorianum* LXIV (1983), 199ss.; MEIS, A. "La visión de Dios; la vida del hombre", in *Revista Católica* LXXXVI (1986), 202ss.

[22] IOANNES PAULUS II. Litt. ap. *Orientale Lumen* (2.V.1995), n. 6; BASILIUS MAGNUS. *De Spiritu Sancto*, XVIII, 47: Proinde via ad Dei cognitionem est ab uno Spiritu per unum Filium et unum Patrem. Ac rursus native bonitos et naturalis sanctimonia et regalis dignitas ex Patre per Unigenitum, ad Spiritum permanat. Ad hunc modum et hypostases profitemur, Nec *pium monarchie dogma labefactatur*" (PG XXXII,153); PETERSON, E. "Göttliche Monarchie", in *Theologische Quartalschrift* CXII 1931, 537ss.; URIBARRI-BILBAO, G. *Monarquía y Trinidad*, Madrid 1996, 481ss.

[23] DENZINGER, H. *Enchiridion symbolorum, definitionum et declarationum de rebus fidei et morum*. Edição bilíngue aos cuidados de HÜNERMANN, P. Bologna 1995. Isso já se encontra nas mais antigas fórmulas de fé (DZ 1ss.), no símbolo apostólico (DZ 14ss.; 40ss.) e nos símbolos dos Concílios de Niceia e Constantinopla (DZ 125; 150); RICKEN, F. "Nikaia als Krisis des Altchristlichen Platonismus", in *Philosophie und Theologie* XLIV (1969), 312ss.

[24] *Symbolum Sirmiense* I (DZ 139); PELAGIUS I, Ep. *Humani Generis* (3.II.557, in DZ 441); CONC. BRACARENSE I, *Anathematismi praesertim contra Priscillianistas* (DZ 451ss.); CONC. TOLETANUM VI (DZ 490); CONC. TOLETANUM XI (DZ 525); CONC. FOROIULIENSE: "Nam Pater verus Deus, vere et proprie Pater Est" (DZ 617).

[25] DIONYSIUS ROMANUS. Ep. Ad Dionysium episc. Alex (a. 262), in DZ 112ss.; PIETRAS, H. "La difesa della monarchia diivina da parte del papa Dionigi (268)", in *Archivum Historiae Pontificiae* XXVIII (1990), 335-342; LADARIA, L. F. *El Dios vivo y verdadero*, Salamanca 1998, 173ss.

origem sem origem da vida intradivina, da história da salvação e da criação do universo.[26] Uma declaração antiorigenista condena a abnegação da infinidade e da incompreensibilidade de Deus e afirma então o caráter apofático da linguagem cristã sobre Deus Pai. Negando um conceito de Deus compreensível e finito, a Igreja afirmava Deus Pai como misterioso e inefável, abismo e fundamento, princípio sem princípio de toda realidade incriada e criada, invisível e visível.[27]

A teologia acentua a incompreensibilidade da vontade de Deus em seu desígnio salvífico. Como amor absoluto, em sua vontade salvífica, Deus Pai se lança no universo, revelando sua graça e sua misericórdia infinita, predestinante e elevante, salvadora e deificante, no esplendor da criação e no mistério da eleição e da aliança, na história da salvação e na graça vitoriosa. Na religião, como dialética de revelação e fé, o homem religioso encontra a verdade infinita, não apenas contemplando os *vestigia Dei*, na realidade sensível, mas também na *via interior*, através daquele processo em que a verdade divina se revela de modo imediato, iluminador e incondicionado com verdade amada absoluta e certa, e Deus aparece como *sol secretus*, fundamento do ser, da verdade e da felicidade: "*principium nostrum, lumen nostrum, bonum nostrum*".[28] No discurso sobre Deus, cruzam-se as perguntas sobre o verdadeiro, sobre o sentido e sobre a realidade. Confrontando os paradigmas filosóficos do conhecimento, da linguagem e do ser, Agostinho observa: "*Verius enim cogitatur Deus quam dicitur et verius est quam cogitatur*".[29]

Em alternativa à via da descida do Infinito ao finito e ao método de integração entre razão e fé, típicos da via platônica de Agostinho e Boaventura, acolhendo o aristotelismo, Tomás elabora uma vida dedutiva da criatura ao Criador, do finito ao Infinito, e, distinguindo filosofia de teologia, prepara um método teológico no qual a fé é subordinante e a razão subordinada. Em uma antropologia da abertura humana à transcendência (*finitum capax infiniti*), no dinamismo da verdade e do bem, e uma ontologia da causalidade, torna possível a legitimação lógica da afirmação de Deus, como realidade absoluta e pessoal, nos atributos de seu ser subsistente e nas perfeições de seu viver espiritual e eterno: Deus é em seu ser atualíssimo e oniperfeito, em seu viver é eterno e onipresente, e em seu agir é onipotente e onisciente. Sua potência, sapiência e bondade agem no âmbito da natureza como criação e providência, e no âmbito da salvação como predestinação e graça. Na prospectiva escolástica, unem-se a concepção do platonismo cristão, de um Deus origem e fim do universo, enquanto sumo Bem, e a ontologia da causalidade do aristotelismo, afirmando Deus como primeira causa eficiente e necessária para a universalidade das criaturas, inteligência suprema e causa final última do dinamismo criado, que encontrará sua consumação na participação a uma beatitude deificante. Deus, como infinito e incompreensível, é conhecido somente no *excessus mentis*.[30]

---

[26] AUGUSTINUS. *Sermo CCXV*: "Credimus in Deum Patrem omnipotentem, uniersorum creatorem, regem saeculorum, immortalem et invisibilem" (DZ 21); LEO I MAGNUS, Ep. *Quam laudabiliter* (21.VII.447, in DZ 284); CONC. TOLETANUM III. *Symbolum Reccaredi Regis* (DZ 470); CONC. TOLETANUM IV, *Symbolum*, CAP. I: "Patrem a nullo factum vel genitum dicimus" (DZ 485); NEUNHEUSER, B. "Cum altari adsistitur semper ad Patrem dirigatur oratio", in *Augustianum* XXV (1985), 105-119.
[27] *Edictum Iustiniani* (DZ 410).
[28] PASTOR, F. A. "Deus e a felicidade: Filosofia e Religião em Agostinho de Hipona", in *Síntese* XX (1993), 617-637.
[29] *De Trinitate* VII, iv,7; STUDER, B. "credo in Deum Patrem omnipotentem. Zum Gottesbegriff des heiligen Augustinus", in *dominus Salvator*, Roma 1992, 401-430.
[30] L'aquinate afirma: "illud est ultimum cognitionis humanae de Deo quod sciat se Deum nescire, in quantum cognoscit, illud quod Deus est, omne ipsum quod de e o intelligimus, excedere" (*De Potentia*, q. VII, a. 5 ad 14).

O magistério eclesial propõe a doutrina do primeiro artigo da fé, defendendo-a da interpretação herética. Os concílios de Quiercy e de Valência refutaram diversos erros sobre a presciência e predestinação de Deus Pai, colocados em relação à necessidade teológica do mal. O sínodo de Sens refutou certos propósitos de Abelardo, sobre a necessidade do comportamento divino em relação ao bem, pelo qual o Criador não teria podido operar no mundo melhor de quanto o fez, e em relação ao mal, que Deus Pai não poderia impedir.[31]

A heresia dualista professada pelos gnósticos, priscilianistas, albigesi e cátaros opunha um Deus criador, princípio da realidade visível e material e também origem do mal, a Deus salvador, princípio da realidade invisível e espiritual e origem do bem, dividindo entre ambos as alianças, antiga e nova. Contra tais heresias e no horizonte do mistério, o Concílio Lateranense IV afirma a fé em "um só e único Deus verdadeiro, eterno, imenso, imutável, incompreensível, onipotente e inefável".[32] O Concílio contrasta a separação entre a antiga e a nova aliança, afirmando a *identidade* entre o Deus criador e o Pai misericordioso; ademais, opõe-se à confusão entre Deus e o mundo, postulada no panteísmo de Amalrico de Béne, e afirma a diferença entre Criador e criatura. Entre a realidade criada e Deus Pai, existe uma tensão de semelhança e dessemelhança, também se a dessemelhança é sempre maior, pela qual a linguagem teológica possui a coloração apofática de um discurso sobre *deus semper maior*.[33]

O Concílio de Lyon II reafirma contra todo dualismo a unidade e a unicidade de Deus.[34] Contra a heresia do triteísmo, o Concílio de Florença confirma a unidade divina, enquanto "único princípio".[35] Para o primeiro artigo da fé, o Concílio de Trento manifesta fidelidade à tradição servindo-se do símbolo constantinopolitano.[36]

---

[31] Conc. Carisiacum (853), Cap. III (DZ 623); Conc. Valentinum (855), Can. 2; 6 (DZ 626ss.; 633); Conc. Senonense (1140), 7: "Quod Deus Nec debeat Nec possit mala impedire" (DZ 727).

[32] Conc. Lateranense IV. Cap. 1: *De Fide catholica*: "pater a nullo" (DZ 800); Del Cura Elena, S. *La declaración del concilio IV de Tetrán (1215) en cuadro de las controversias del tiempo sobre todo com valdenses y cátaros*, Roma 1981.

[33] Conc. Lateranense IV. Cap. 2: *De errore abbatis Ioachim*: "quia inter creatorem et creaturam non potest similitudo notari quin inter eos maior sit dissimilitudo notanda" (DZ 806); contra a heresia de Amalrico (DZ 807).

[34] Conc. Lugduense II. Sessio IV: *Professio fidei Michaelis Paeologion imperatoris* (DZ 851).

[35] Conc. Florentinum. Bulla *Cantate Domino* (4.II.442): "sed Pater tantum Pater est" (DZ 1330).

[36] Conc. Tridentinum. Bulla *Iniunctum nobis* (13.IX.1564): *Professio fidei Tridentina* (DZ 1862).

IV

O método de integração e a via mística do platonismo agostiniano e o método de subordinação e a via dedutiva do aristotelismo tomista devem confrontar a prospectiva da razão autônoma, no método de justaposição entre razão e fé do nominalismo, que deriva facilmente rumo ao racionalismo procurando, na ciência nova do universo e na matemática, a possibilidade de uma nova teologia racional, fundada na *lumen rationis*. A religião racional polemiza com a intolerância, o fanatismo e a superstição, presentes nas religiões históricas. No racionalismo moderno, as afirmações teológicas são fundadas a partir da subjetividade humana como vontade ética, com inteligência lógica ou como sentimento crente. Mas para a razão autônoma resulta sempre problemático o antropomorfismo religioso e o personalismo bíblico. O *racionalismo* se opõe à fé revelada, como instância crítica na esfera teórica e como instância ética na esfera prática. Em alternativa às religiões históricas e à positividade da religião racional, afirma Deus como Artífice do universo, garantia das leis matemáticas que o regulam; defende também o primado da razão moral sobre a fé religiosa, que torna um puro corolário da eticidade: a teologia se dissolve em uma filosofia panteísta da natureza oniperfeita ou em uma religião entre os limites da simples razão como procura popular da honestidade moral.[37]

Em alternativa ao racionalismo, o fideísmo toma em consideração a dificuldade de afirmar com certeza o Infinito a partir da opacidade da finitude. O Deus da fé é conhecido somente na *lumen fidei*. A história da salvação é teofania do Deus vivo de Abraão e não do Deus racional dos filósofos libertinos. Ademais, somente a revelação conhece o mistério do homem, como finitude nostálgica do Infinito e como alienação que necessita da correção e da graça. O racionalismo era consciente da impossibilidade de afirmar o Deus da fé na sublimidade de sua essência seguindo a via de uma fé racional pura. O *fideísmo* é consciente da originalidade da fé em Deus, em sua transcendência e imanência, em sua absoluticidade e personalidade.[38]

No idealismo filosófico, a dificuldade é ainda mais aguda em pensar o Absoluto como infinito e como pessoal. Procurando superar o hiato entre subjetividade e objetividade, entre ideia e realidade, entre eu e o mundo, o *idealismo* afirma a orientação do sujeito rumo ao Objeto infinito e o reconhece em seguida como Sujeito absoluto. Como alternativa ao idealismo romântico, surge um pensamento que valoriza o homem em sua concretude de corpo e espírito, sentimento e razão, instintividade e normatividade, sociabilidade e alienação, historicidade e angústia. Tal movimento, quando entra em competição com a religião e a fé, pode desembocar em uma forma de naturalismo e pessimismo existencial ou ainda em um tipo de niilismo e ateísmo postulatório. Na questão da relação entre finito e Infinito, o idealismo não resiste à sedução do princípio da identidade. Dada sua convicção da ausência de objetividade do Infinito e da ausência de conceituação do Absoluto, o idealismo teológico parece condenado a um total apofatismo. A única via de

---

[37] KANT, I. *Die Religion innerhalb der Grenzen der blossen Vernunft* (1793), Berlin 1968, 39ss.; 60ss. 100ss. 167ss.; SALA, G. B. *Kant und die Frage nach Gott*, Berlin-New York 1990.
[38] PASCAL, B. *Pensées*, nn. 194; 229ss.; 434ss.; 545ss.; TODISCO, O. "Dal Dio dei filosofi al Dio di Abramo nell'apologetica di B. Pascal", in *Sapienza* XLII 1989, 3-20; CARRAUD, V. "Le refus pascalien des preuves métaphysiques de l'existence de Dieu", in *Revue des Sciences Philosophiques et Théologiques* LXXV 1991, 19-45.

mediação consiste na elaboração do sentimento de dependência radical em relação à realidade divina, reconhecendo Deus como fundamento absoluto do qual tal dependência deriva. A teologia idealista, fascinada pelo princípio da *identidade*, perde a noção de *diferença* entre realidade e fundamento, entre condicionado e incondicionado, enveredando-se a uma forma de monismo panteísta. A prospectiva existencial ajuda a aprofundar o universo da fé, ao elaborar a consciência da diferença qualitativamente infinita entre o homem concreto, em sua finitude e alienação, na angústia e no desespero do pecado, e o Absoluto enquanto Deus pessoal de santidade.[39]

A doutrina sobre a afirmação de Deus é ilustrada de modo solene no Concílio Vaticano I, ao definir sua realidade única, sua identidade singular, sua diferença substancial do mundo.[40] Na crise da modernidade, para superar o racionalismo e o fideísmo, o panteísmo e o ateísmo, a Igreja deverá propor um novo método para compor a dialética da razão, contemplativa e crítica, e a fé no Deus escondido da religião e Pai revelado pela fé. No Concílio Vaticano I, confronta-se tal problema. Diante do desafio da incredulidade, excluem-se os erros que se opõem à verdadeira fé: niilismo, ateísmo, indiferentismo, agnosticismo, deísmo e panteísmo.[41] Integrando a dupla instância da *lumen rationis* e da *lumen fidei*, o magistério afirma certo teísmo cristão, defronte à dúvida do ceticismo e do agnosticismo do pensamento débil ou defronte à negação de Deus como realidade absoluta ou como realidade pessoal, nas diversas formas de ateísmo e de panteísmo.[42]

Refutando como erros metodológicos as vias opostas do racionalismo e do fideísmo, o Concílio Vaticano I ensina a possibilidade da afirmação de Deus, seja partindo da realidade criatural e utilizando a "luz natural da razão humana", seja partindo da revelação divina e utilizando a "luz da fé".[43] Há uma *diferença* infinita entre Deus e o mundo, como entre Criador e criatura; mas há uma identidade profunda entre o Deus desconhecido da criação e o Senhor revelado na história da salvação como Pai de Jesus e nosso. Um teísmo legitimável pela razão não equivale à aceitação do racionalismo teológico.[44] A afirmação de um conhecimento natural de Deus com condição do ato de fé supera a tese do fideísmo, mas não significa negar a influência positiva da comunidade crente, com sua cultura religiosa e sua tradição de fé ou *sensus fidei*. Menos ainda significa negar a relevância do fato religioso ou a utilidade da revelação cristã, e também sua necessidade moral, para que as verdades relativas à atitude religiosa e ao comportamento moral do homem sejam conhecidas e aceitas "universalmente, com certeza e sem erros".[45]

Durante o primeiro milênio, o perigo para a fé deriva de uma perda da consciência da *identidade* de Deus, enquanto escondido e revelado, Cristo e Pai. O dualismo nega a

---

[39] WEISCHEDEDL, W. *Der Gott der Philosophen* I, München 1979, 213ss.; 245ss.; 283ss.; PASTOR, F. A. "La cuestión de lo Incondicionado", in *Gregorianum* LXXVIII 197, 267-308.

[40] CONC. VATICANUM I. Const. Dogm. *Dei Filius* (DZ 3001ss).

[41] DZ 3021ss.

[42] POTTMEYER, H. G. "La Costituzione 'Dei Filius'", in *Teologia Fondamentale. Convergenze per il terzo millennio*. Aos cuidados de FISICHELLA, R. Casale Monferrato, 1997, 19-40.

[43] Const. Dogm. *Dei Filius*, Cap. II. "De revelatione" (DZ 3004ss); AUBERT, R. "Le concile Du Vatican et la connaissance naturelle de Dieu", in *Lumière et Vie* XIV (1954), 21ss.

[44] O magistério supõe sempre uma noção de Deus como mistério absolutamente santo, transcendente, pessoal, único e exclusivo, incompreensível e inefável (DZ 800).

[45] DZ 3005; 3032; 3041.

monarquia do Pai, afirmando uma diarquia suprema, isto é, um duplo princípio último, do mal e do bem, da criação da matéria e da salvação da alma, das trevas e da luz, da antiga e da nova aliança. Durante o segundo milênio, o risco de negar o primeiro artigo da fé provém também de uma perda da consciência da *diferença* entre criatura e Criador, entre finito e Infinito, entre mundo e Deus, como sucede no panteísmo e no ateísmo. No século XIX, o magistério eclesial contrasta a tendência rumo ao panteísmo absoluto, essencial ou evolutivo, defendendo a liberdade e a providência de Deus na criação, bem como a infinita diferença entre Deus e o mundo.[46]

A modernidade suspendeu o modelo de integração profunda entre razão e fé, típico do platonismo cristão, bem como o modelo de moderada subordinação da razão à fé, típico do aristotelismo escolástico, e desemboca em modelos de exagerada subordinação da religiosidade e da fé ao controle da razão crítica, com o risco de racionalismo; ou também o oposto, isto é, o perigo de exagerada subordinação da razão crítica a um modo supersticioso de viver a fé tradicional, como no fideísmo. Ambos os erros são refutados pelo magistério, que afirma a unidade da integração da fé e o método racional.[47]

Por ocasião da crise modernista, Pio X indicou na via da causalidade o itinerário de uma demonstração da realidade de Deus, superando uma religiosidade reduzida ao imanentismo da subjetividade e ao individualismo da consciência interior.[48] Também Pio XII, tomando posição no debate eclesial sobre a *"nouvelle théologie"*, propõe a tese tradicional da possibilidade real da afirmação de Deus, mediante a luz da razão, alcançando a uma aceitação de sua existência como realidade única, absoluta e pessoal.[49] A afirmação da culpabilidade do ateísmo não implica a exclusão da providência salvífica divina daqueles que, ainda que ignorando Deus sem culpa, a modo próprio o procuram.[50]

V

Dentre os desafios atuais, no debate sobre a questão de Deus, continuam a confrontar-se apofatismo e catafatismo, racionalismo e fideísmo. Devendo responder a oposto desafio, o discurso teológico toma orientações diversas: as teologias do mistério, nas teologias da Palavra e do *kerygma*, no método de correlação ou no método transcendental, colocam o acento sobre a transcendência do Deus único e santo, Deus vivo da tradição bíblica ou *mysterium sanctum* da tradição litúrgica e mística do primeiro milênio; as teologias da imanência, nas teologias da secularização e da "morte de Deus" ou nas teologias da história e da práxis de libertação, sublinhando o momento ético da experiência religiosa no cristianismo, diante dos desafios da injustiça e do mal social.[51]

---

[46] DZ 2841ss.; 2901ss.
[47] Gregório XVI e Pio IV refutam o fideísmo de L. E. Bautain (DZ 2751ss.; 2765ss) e A. Bonnety (DZ 2811ss) e o racionalismo de A. Günther (DZ 2828ss) e I. Froschammer (DZ 2853ss); IOANNES PAULUS II, Litt. enc. *Fides et Ratio* (14.IX.1998), 52ss.
[48] Decr. *Lamentabili* (3.VII.1907, in DZ 3420); PIUS X. Ep. Enc. *Pascendi dominici gregis* (8.IX1907, in DZ 3475ss); Lit. motu próprio *Sacrorum antistitum* (1.IX.1910, in DZ 3538); MARLÉ, R. *Au coeur de la crise moderniste*, Paris 1961.
[49] PIUS XII, Lit. enc. *Humani Generis* (12.VIII.1950, in DZ 3875; 3892).
[50] Ep. S. Oficii ad archiep. Bostoniensem (8.VIII.1949, in DZ 3869).
[51] PASTOR, F. A. "El discurso del método en teología", in *Gregorianum* LXXVI 1995, 69-94.

Para o Concílio Vaticano II é determinante a questão teórica e prática da afirmação de Deus. Na constituição pastoral sobre a presença da Igreja no mundo atual, sobre o problema do ateísmo, aparece uma reclamação significativa, ao constatar a gravidade do fenômeno enquanto negação explícita da possibilidade real da afirmação de Deus. A perda da parte do homem de sua consciência da transcendência o condena a permanecer como um problema não resolvido, também se frequentemente, mais do que negar o "Deus do evangelho", aquilo que se deseja é negar uma caricatura falsa e perversa do divino. Mais dramática é a situação daqueles que parecem ter perdido a mesma inquietude religiosa ou aquela daqueles que atribuem um valor absoluto aos bens terrenos. Novamente a intenção não tanto aquela de negar Deus, quanto aquela de afirmar o homem em sua autonomia responsável, defendendo uma legítima emancipação de toda forma de opressão, como também de um modo de viver a religião como heteronomia. Não raramente, a procura de uma libertação histórica se circunscreve no horizonte terreno, limitando-se simplesmente a um agir na esfera social, econômica e política. Entretanto, a religião não deve constituir um pretexto para alienar-se dos problemas da justiça inter-humana. A luta na imanência histórica não deve, porém, esquecer a dimensão profunda da inquietude religiosa e muito menos a abertura existencial à transcendência e ao Deus da fé.[52]

Os documentos conciliares manifestam continuidade doutrina com o magistério precedente, reafirmando a fé no Deus único, revelado e misterioso, salvando a unidade e a singularidade da monarquia do Pai eterno e santo, criador do universo e ápice da trindade divina, enquanto *Principium sine principio*.[53] O Pai aparece como origem sem origem da vida intradivina e da história da salvação, absolutamente distinto e diferente do mundo criado, que restaura o universo das criaturas mediante a ação redentora em seu Filho Jesus Cristo e o santifica definitivamente com o dom escatológico do Espírito divino.[54] A doutrina conciliar afirma também que Deus, dada sua vontade salvífica universal, pode trazer à fé, de modo misterioso, quantos sem a respectiva culpa ignoram o evangelho.[55] Não pode considerar excluído do reino de Deus quem vive uma vida reta, mesmo sem efetivar uma afirmação explícita do ato religioso, porque sua honestidade moral não existe sem a graça divina e os elementos de verdade e de justiça em tal vida constituem uma "preparação ao evangelho".[56]

Mérito da doutrina conciliar foi também constatar a realidade e a positividade da experiência do sagrado como procura constante do divino, que encontrará nas grandes religiões históricas suas formas de expressão mais significativa, seja no momento místico da adoração do mistério divino, seja na vivência do momento profético da fé abraâmica. Reconhece-se assim o valor teológico da experiência religiosa de Deus, como criador e Pai, providente e misericordioso: "*Summi Numinis vel etiam Patris*". Na experiência religiosa os crentes procuram resposta aos problemas existenciais, do ser e

---

[52] Conc. Ecum. Vaticanum II. Const. Past. *Gaudium et Spes*, nn.19-21; Pastor, F. A. "L'uomo e la ricerca di Dio", in r. latourelle (ED.), *Vaticano II: Bilancio e Prospettive* II, Assisi 1987, 923-938.
[53] Conc. Ecum. Vaticanum II. Decr. *Ad Gentes*, n.2.
[54] Conc. Ecum. Vaticanum II. Const. Dogm. *Lumen Gentium*, nn. 2-4.
[55] Conc. Ecum. Vaticanum II. Decr. *Ad Gentes*, n. 7; Maliekal, F. F. "Viis sibi notis". An Analysis of "Ad Gentes" 7, in *Salesianum* LIV 1992, 705-741.
[56] Conc. Ecum. Vaticanum II. Const. dogm. *Lumen Gentium*, n. 16.

do viver, do bem e do mal, da felicidade e da dor, do temor religioso e do desejo de Deus. Nas grandes religiões monoteístas, como o islamismo ou o judaísmo, adora-se o único Deus vivo e verdadeiro, criador providente do universo, protetor dos crentes, Senhor onipotente e misericordioso de uma aliança de salvação, que culminará no evento cristão.[57]

A doutrina sobre a *revelação de Deus Pai* é particularmente significativa. O concílio propõe o mistério de Deus, que colocado por sua sapiência e bondade quis revelar a si mesmo e manifestar seu desígnio universal de salvação, afirmando um Deus misterioso e invisível, que convida todos a uma misteriosa participação em sua vida e infinita felicidade. O Deus da criação oferece um perene testemunho de si através das coisas criadas. O Deus da salvação oferece a vida eterna a todos que perseveram na prática do bem. O Deus da revelação, através da história da eleição e da aliança com o povo da promessa, manifesta-se à humanidade inteira como o Deus único, vivo e verdadeiro, criador benévolo e justo juiz da história universal.[58] A revelação de Deus Pai teve seu cume na epifania de seu Filho eterno, palavra divina encarnada na história, para nossa iluminação e salvação, bem como no envio do Espírito divino, testemunho da presença da graça, que nos dá a vida eterna na perfeita comunhão com o amor infinito. Ao Pai eterno e santo, que se revela em seu Filho Jesus Cristo, o crente movido pela graça do Espírito Santo, presta a obediência à fé, com firme consenso, total, livre. O desígnio misterioso de Deus revela-se na comunicação de si mesmo e de sua vontade de salvação universal. Assim sendo, a revelação oferece ao crente um conhecimento religioso universal e infalível sobre o único e verdadeiro Deus, Pai de Jesus e nosso, princípio e fim do universo criado, fundamento do ser e do sentido de toda a realidade.[59]

Na encíclica *Dives in misericórdia*, João Paulo II sublinha a bondade do *deus revelatus* como Pai do perdão e da graça. Missão da Igreja é realizar sempre o *testimonium misericordiae Dei*, para a grandeza da bondade divina, revelada na redenção do Cristo e no dom do Espírito.[60] Nas *Catechesi sobre o Credo*, a doutrina sobre o primeiro artigo da fé sublinha a tensão entre *deus absconditus* do mistério e o *deus revelatus*, afirmado como Pai de bondade e santidade, criador e providente, predestinante e salvador, mistério de amor que vence o "mistério do mal".[61]

---

[57] Conc. Ecum. Vaticanum II. Decl. *Nostra Aetate;* Goetz, J. "Summi Numinis vel etiam Patris", in *L'Église et les missions*, Roma 1966, 51-63.
[58] Conc. Ecum. Vaticanum II, Const. Dogm. *Dei Verbum*, 1-3; Gonzalez-Montes, A. "Dei verbum sullo sfondo di *Dei Filius*", in Fisichella, R. (ed.). *Teologia fondamentale*, 83-104.
[59] Conc. Ecum. Vaticanum II. Const. Dogm *Dei Verbum*, 4-6.
[60] Ioannes Paulus II. Litt. Enc. *Dives in misericordia* (30.XI.1980), in *AAS* LXXII (1980), 1177ss.; Rovira Belloso, J. M. "La Teología del Padre", in *Scripta Theologica* XX 1988, 491-522.
[61] *Insegnamenti* VIII/2 (1985), 158ss.; 531ss.; 688ss.; 832ss.; IX/1 (1986), 111ss.; 211ss.; 1176ss.; 1758ss.; 1800ss.

V

"QUAERENTES SUMMUM DEUM" BUSCA DE DEUS E LINGUAGEM DE FÉ EM AGOSTINHO DE HIPONA

1. "Ut tu mihi Pater esses"

O presente capítulo investiga o itinerário de Agostinho de Hipona, em sua incansável indagação filosófica e em sua constante busca do encontro com a realidade numinosa, bem como sua linguagem de fé ao contemplar o mistério de Deus, em sua eterna presença, potência e bondade.[1] Primeiro, aborda sua odisseia *ad quaerendem Deum*, a partir das *Confessiones*,[2] em seu peregrinar[3] do Maniqueísmo à Academia e a Plotino; a seguir, acompanha seu *otium philosoficum*, no intento de um *reditus in coelum*, através do *De beata vita* e de outros escritos de Cassicíaco; depois constata, mediante o batismo em 387, no *De vera religione* e em outros escritos elaborados entre Roma e Tagaste,[4] o itinerário do *ascensus ad Deum*;[5] finalmente considera, por meio da ordenação presbiteral em 391 e o discurso *Dei fide et symbolo* em 393, e por meio da consagração episcopal em 395/96 e seu serviço de

---

[1] BONNER, G. "Augustinus (vita)", in MAYER, C. (org.). *Augustinus-Lexikon (=AL)*, Basel I, 519-550; Elenco de obras, opúsculos, sermões e epistolário de Agostinhos e edições, in CHELIUSI, K. H.: AL I, XXXVI-XLIX; II, XI-XXIX; MADEC, G. *Introduction aux "Revision" et à la lecture dês ovres de Saint Augustin*, Paris 1996; MAYER, C. – CHELIUS, K. H. *Internationales Symposion über dent Stand der Augustinus-Forschung*. Würzburg 1989; "Augustinus Aurelius": *Biograp´hisch-Bibliographisches Krichenlexikon*, XII 1997, 91-123 (Bibl.); MORIONES, F. "Index chronologicus Sti. Augustini operum", in *Enchridion Theologicum Sancti Augustini*. Madrid 1961, 706-721.

[2] FELDMANN, E. "Confessiones", in *AL* I, p. 1134-1193; *Les Confessions* I-II (Bibliothèque Augustinienne, p. 13-14); VON HARNACK, A. "Die Höhepunke in Augustinus Konfessionen", in *Reden und Aufsätze* III. Giesen 1916, p. 67-99; KIENZLER, K. *Gott in der Zeit berüren*. Würzburg 1998.

[3] ALFARIC, P. *L'évolution intellectuelle de Saint Augustin. I. Du manichéisme au néoplatonisme*. Paris 1918; JOLIVET, R. *Saint Augustin et le néoplatonisme chrétien*. Paris 1932; BOYER, C. *Christianisme et néoplatonisme dans la formation de Saint Augustin*. Roma 1953; ARMSTRONG, A. H. *Augustin and Christian Platonism*. Villanova 1967; TRAPÉ, A. S. *Agostino. L'uomo, il pastore, il mistico*. Fossano 1979; BEIERWALTES, W. *Agostino e Il neoplatonismo Cristiano*. Milano 1995.

[4] GRABMANN, M. *Die Grundgedanken dês hl. Augustinus über Seele und Gott*. Köln 1929; HESEN, J. *Augustinus Metaphysik der Erkenntnis*. Berlin und Bonn 1931; GRABOWSKI, St. J. *The All-Present Dog in St. Augustine*, Saint-Louis 1954; HOLTE, R. *Béatitude et sagesse. Saint Augustinin et la fin de l'homme dans la philosophie ancienne*. Paris 1962; KÖNIG, E. *Augustinus philosophus*. München 1970; O'DALY, G. J. P. *La filosofia della mente in Agostino*. Palermo 1988.

[5] BIDEZ, J. *Vie de Porphyre*. Gand 1913; CAYRÉ, F. *La contemplation augustinienne*. Paris 1927; KROLL, J. *Die Himmelfahrt der Seele in der Antike*. Köln 1931; THEILER, W. *Porphyrios und Augustin*. Halle 1933; O'MEARA, J. J. *Porphyry's philosophy from Oracles in Augustine*. Paris 1959; GRILL, A. M. *Tulli Ciceronis Hortensius*. Milano 1962; MORAN, J. *El hombre frente a Dios. El proceso humano de la Ascensión a Dios según San Agustín*, Vallodolid, 1963; P. Courtcelle, "Les vaines tentatives d'extases plotiniennes", in *Recherches sur lês Confessions de Saint Saugustin*. Paris 1968, p. 157-167; WITTMANN, L. *Ascensus. Der Autstieg zur Transzendenz in der Metaphysik Augustins*. München 1980; POQUE, S. *Le langage symbolique dans la predication d'Augustin d'Hipone* I-II. Paris 1984.

apologeta, exegeta e predicador, junto ao discurso dos *veneranda mysteria*,[6] a linguagem de confissão de fé no *Pater omnipotens*, criador do céu e da terra.[7]

1.1. "Phantasma splendida"

Agostinho nasce em Tagaste, aos 13 de novembro de 354, em um bairro e em uma cidade onde convivem cristianismo e paganismo; o segundo declina e o primeiro se afirma como *vera religio*. Sua mãe Mônica era católica, seu pai Patrício era pagão.[8] Agostinho recebe uma educação católica e o nome de Cristo "o havia bebido piamente com o leite materno".[9] Tratava-se de uma formação elementar e de uma iniciação adaptada a seus poucos anos, aprendendo a súplica a Deus.[10] Traço de sua piedade, inculcada por Mônica, é a relação filial ao Pai eterno.[11] Era uma educação verdadeira, porém de teor quase supersticioso, que suspendia o uso da razão interrogante.[12] Em um dado momento, Agostinho vive uma crise existencial, desgastado com uma religião pueril e uma cultura decadente e lasciva, em sua poesia e espetáculos.[13] Em torno de 373 a leitura do *Hortensius* desperta em Agostinho um interesse filosófico,[14] com va-

---

[6] SCIACCA, M. F. *S. Agostino. La vita e l'opera. L'itinerario della mente*. Brescia 1949; CAYRÉ, F. *Dieu présent dans la vie de l'esprit*. Paris, 1951; EICHENSEER, C. *Das Symbolum Apostolicum beim heiligen Augustinus*. St. Ottilien 1960; DU ROI, O. *L'intelligence de la foi en la Trinite selon Saint Augustin*. Paris 1966; O'MEARA, J. J. *The Young Augustine*. London, 1980; HADOT, P. *Exercises Spirituelles et philosophie antique*. Paris 1981; BOCHET, I. *Saint Augustin et le désir de Dieu*. Paris 1982; PEGUEROLES, J. *San Agustín. Un platonismo cristiano*. Barcelona 1985; LA BONNARDIERE, A. M. (org.). *Saint Augustin et la Bible*. Paris 1986; ALAVAREZ TURIENZO, S. *Regio media salutis*. Salamanca 1988; OROZ RETA, J. *San Agustín. Cultura clásica y cristianismo*. Salamanca 1988; SMALBRUGGE, M. *La natura trinitaire de l'intelligence augustienne de la foi*. Amsterdam 1988; GRASSI, O. *Aurelio Agostinho: Il filosofo e la fede*. Milano 1989; STIRNIMANN, H. *Grund und Gründer dês Alls. Augustins Gebet in den Selbstgesprächen*. Fribourg 1992; HOMBERT, P. M. *Gloria Gratiae*. Paris 1996; VANNIER, M. A. *"Creatio", "conversion", "formation" chez S. Agustín*, Fribourg 1997; MADEC, G. *Le Dieu d'Augustin*. Paris 1998; STUDIER, B. *Mysterium caritatis*. Roma 1999.

[7] GRABOWSKI, S. J. "St. Augustine and the presence of God", in *Theological Studies* XIII 1952, p. 336-358; CONNOLY, S. "The Platonism of Augustine's 'Ascent' to God", in *Irish Ecclesiast. Record ser*. V: LXXVIII 1952, p. 44-53; LXXX 1953, p. 28-36; LXXXI 1954, p. 120-136; p. 260-269; DE MENDONÇA, A. "To God through Self or St. Augustine's Proof for the Existence to God", in *Philosoph. Quart. (Almaner, India)* XXVI 1953, p. 1-17; BOYER, Ch. "L'esistenza dio Dio second sant'Agostino", in *Rivista di Filosofia Neoescolastica* XLVI 1954, p. 321-331; TURRADO, A. "La inabitación de la Sma. Trinidad en los justos", in *Augustinus Magister*, I. Paris 1954, p. 583-593; HAUSLEITER, J. "Deus internus", in *RAC* III 1957, p. 794-842; BAILLEUX, É. "Dieu notre Père selon le 'De Trinitate' de Saint Augustin", in *Revue Thomiste* LXXII 1972, p. 181-197; O'CONELL, R. J. "The God of Saint Augustine's Imagination", in *Thought* LVII 1982, p. 30-40; BERROUARD, M. F. "La Trinité qui est Dieu", in *Augustin. Le message de la foi*. Paris 1987, p. 99-117; DE NORONHA GALVAO, H. "Beatitudo", in *ALI* I, p. 624-638; STUDER, B. "Credo in Deum Patrem omnipotentem. Zum Gottesbegriff dês heiligen Augustinus", in *Dominusi Salvator*. Roma 1992; p. 40-1-430; VAN BAVEL, T. J. "God in between Affirmation and Negation According to Augustine", in *Collectanea Augustiana*, New York 1993, p. 73-97; CIPRIANI, N. "Le fonti cristiane della dottrina trinitaria nei primi dialoghi dki S. Agostino", in *Augustinianum* XXXIV 1994, p. 253-312.

[8] *Conf.* I, 1,17: "nisi pater solus". O ambiente familiar era católico, exceto do pai (TRAPÉ, A. *S. Agostino. L'uomo, Il pastores, Il místico*, p. 25ss.).

[9] *De duab, animab*, 1,1: "Religionis verissimae semina mihi a pueritia salubriter ínsita"; *Conf.* III, 4,8: "hoc nomen saluatoris mei, filii tui, in ipso adhuc lacte matris tenerum cor meum pie biberat et alte retinebat".

[10] *Conf.* I, 9,14: "Nam puer coepi rogare te, auxilium et refugium meum, et in tuam invocatinem rumpebam nodos linguae meae et rogavam te paruus non paruo affectu"; *De Acad.* II, 2,5: "illam religionem quae pueris nobis ínsita est, et medullitus implicata".

[11] *Conf.* I, 11,17: "nam illa satagebat, ut tu mihi pater esses, potius quam ille" (disse Agostinho sobre Mônica, referindo-se a Deus Pai e aludindo a Patrício).

[12] *De b. vita* 1,4: "Nam et supestitio quaedam puerilis me ab ipsa inquisitione terrebat".

[13] Cf. *Conf.* I, 16,25-26; *De útil. Cred.* 1,2: "Spreta religione quae mihi puerulo a parentibus ínsita erat".

[14] *Conf.* III, 4,7: "Ille vero liber mutavit affectum meum, et ad te ipsum, /domine, mutavit preces meas, et vota ac desideria mea fecit alia. Viluit mihi repente omnis van aspes et immortalitatem sapientiae concupiscebam aestu cordis incredibili et surgere coeperam, ut ad te redirem"; *Conf.* III, 4,8: "Quomo ardebam, Deus meus, quomodo ardebam revolare a terrenis ad te". Eco do tema ciceroniano, no *Hortensius (fragm.* 97): "si... aeternos animos ac divinos habemus, sic existimandum est, quo magis hi.

lor de conversão a Deus, ainda sem conhecer a espiritualidade sua essência,[15] iniciando uma leitura dos livros sagrados.[16] Então encontra os maniqueus, que propõem a doutrina da Trindade e o seduzem com sua exaltação de uma razão, em busca somente da verdade.[17]

Em um primeiro momento, o jovem Agostinho adere à seita com certo entusiasmo.[18] Na *Epistula Fundamenti*, eram propostos *splendissima regna* e, no Livro VII de seu *Thesaurus*, eram prometidas *lúcidas naues* do Pai da luz, cheias de "virtudes", que se metamorfoseavam em jogos de jovens mulheres e adolescentes. Com o tempo, a consciência crítica possibilitará perceber a Agostinho o discurso religioso da seita como *figmenta inania* e *phantasma splendida*.[19] A desilusão foi crescendo até 382, ao encontrar Fausto, o Maniqueu.[20] Em Roma, em 383, confirma suas reservas sobre a seita[21] e seu descrédito pelo comportamento dos maniqueus.[22] No religioso, Agostinho abandona sua imagem corporal de Deus, realidade incorruptível;[23] porém não pode conceber a realidade espiritual.[24] Não deixou de impressionar a Agostinho a objeção de Nebrídio sobre o argumento dos maniqueus como contraditório: Se Deus era incorruptível, nada lhe podiam as trevas contra as que lutava; se corruptível, não se vê como possa dizer-se divino,[25] *ni summum et optimum bonum*.[26] Abandonando o dualismo e o materialismo dos maniqueus, Agostinho se refugia no relativismo cético da Nova Academia.[27]

1.2. "Ego sum quis um"

Em sua busca de uma ideia ou de uma imagem de Deus, concebe a representação de um ser ilimitado, que *per infinita spatia* tudo o penetra, até que percebe seu caráter de ídolo

---

[15] Cf. *Conf.* III, 5,9-6,10-12; *De B. Vita* 1,4: "Ego ab usque undevigesimo anno aetatis meae, postaquam in chola rhetoris librum illum Ciceronis, qui *Hortensius* vocatur, accepi, tanto amore philosophiae succensus sum, ut statim ad eam me transferre meditarer".

[16] Cf. *De útil. Cred.* 1,2, leitura seguida de desilusão; *Conf.* III, 5,9: "spernentem quase aniles fabulas".

[17] Cf. SOLIGNAC, A. "La trinité manichéenne", in *Les Confessions*, I, p. 668; *De útil. Cred* 1,2; *Conf.* III, 7,12: "Quis non his pollicitationibus illiceretur, praesertim adolescentis animus cupidus veri, etiam nonnullorum in schola doctorum hominum disputationibus superbus et garrulus: qualem me tunc illi invenerunt"; *Conf.* III, 6,10: "et dicebant: 'veritas et veritas' et multum eam dicebant mihi, et nusquam erat in eis, sed falsa loquebantur non de te tantum, qui vere veritas es, sed etiam de istis elementis mundi, creatura tua, de quibus etiam vera dicentes philosophos transgredi debui prae amore tuo, mi pater summe bone".

[18] *De duab. Animab.* 9,11: "Quaedam noxia Victoria pene mihi semper in disputationibus proveniebat disserenti cum christianis imperitis"; *C.ep. Man*, 3,3: "Credidi(...) persuasi (...) defendi"; *Conf.* IV 1,1: "seducebamus".

[19] Cf. *Conf.* III, 6, 10-11; *De Nat. Boni* 42 & 46.

[20] Falando de Fausto, cf. *Conf.* V, 3, 6-7; *De útil. Cred.* 8, 20: "Cunctatio in dies major oboriebatur, ex quo illum hominem cujus nobis adventus, ut nosti, ad explicanda omnia quae nos movebant, quase de coelo promittebatur, audiui, eumque, excepta quadam eloquentia, talem quales caeteros esse cognovi".

[21] Cf. *Conf.* V, 5, 8-9; Vi, 12, 21; VIII, 7, 17; *De B. Vita* 1,4: "Non assentiebar".

[22] Confirma-se em Roma as suspeitas de Agostinho sobre os maniqueus, cf. *Conf.* V, 10,19; *De mor.* II, 20.74: "Romae cum essem, omnia vera me audisse firmavi".

[23] *Conf.* VII, 1,1: "Non te cogitabam, deus, in figura corporis humani, ex quo audire aliquid de sapientia coepi".

[24] *Conf.* VI, 3,4: "Quamquam quomodo se haberet spiritatis substantia, ne quidem tenuiter atque in aenigmate suspicabar, tamen gaudens erubui non me tot annos adversus catholicam fidem sed contra carnalium cogitationum figmenta latrasse".

[25] *Conf.* VII, 2,3: "Itaque si te, quidquid es, id est substantiam tuam, qua es, incorruptibilem dicerent, falsa esse illa omnia et execrabilia; si autem corruptibilem, id ipsum iam falsum et prima voce abominandum".

[26] *Conf.* VII, 4,6: "neque enim ulla anima umquam potuit poteritue cogitare aliquid quod sit te melius, qui summum et optimum bonum es".

[27] Cf. *De B. Vita* 1,4; *De Acad.* II, 9,23; *Conf.* V, 10,19; 14,25; VI, 4,6; *De útil. Cred.* 8,20: "(...) in Italia constitutus (...) masgnique fluctus cogitationum mearum in Academicorum suffragium ferebantur".

e supera o perigo com uma ideia positiva da infinitude divina.[28] Agostinho é surpreendido gratamente pelo comportamento e pela predicação de Ambrósio, bispo de Milão, em sua leitura espiritual do Antigo Testamento.[29] Adquire também Agostinho uma ideia favorável sobre o valor do catolicismo como *via salutis*, pois não só afirma o mistério divino, como realidade absoluta e pessoal, criadora e providente, mas também a mediação do Cristo e a utilidade das Escrituras,[30] recomendadas pela autoridade eclesial.[31]

Orienta-se o ânimo de Agostinho a permanecer no grau de catecúmeno.[32] Superada a soberbia,[33] a leitura de uns *platonicorium libri* leva Agostinho a descobrir o mistério divino transcendente, a realidade do *logos* e da alma espiritual,[34] marcando um giro em seu caminho até a *vera religio*,[35] que adora ao único Deus, em quem *vivimus et movemur et sumus* (At 17,28).[36] Deus brilha no íntimo como *incommutabilis lux*,[37] o amor o conhece, *caritas novit*, por ele anela "*tu es Deus meus, tibi suspiro die ac nocte*", enquanto sua proximidade estremece a alma.[38] Agostinho, mais do que propor uma prova da existência de Deus, está interessado por descrever o caminho de sua busca através da *via interior*.[39] Se a criatura deseja somente bens materiais, permanece insatisfeita: a concupiscência é insaciável.[40] Os bens temporais perecem: honra, glória, felicidade, prestígio, passam como sombra.[41]

---

[28] Cf. GILSON, E. "L'infinité divine chez Saint Augustin", in *augustinus Magister.I.* Paris 1954, p. 569-574; HADOT, P. "La notion d'infini chez S. Augustin", in *Philosophie* XXVI 1990, p. 59072; *Conf.* VII, 14,20: "et consopita est inasania mea; et evigilaui in te et vidi te infinitum aliter".

[29] Cf. *De B., Vita* 1,4; *Conf.* V, 13,23-14,24; *De útil. Cred.* 8,20: "Jam fere me commoverant nonnullae disputationes Mediolanensis episcopi, ut non sine spe aliqua de ipso vetere Testamento multa quaererecuperem, quae, ut scis, male nobis commendata exsecrabamur".

[30] *Conf.* VII, 7,11: "sed me non sinebas ullis fluctibus dognitationis aufferre ab ea fide, qua credebam et esse te et esse incommutabilem substantiam tuam et esse de hominibus curam et iudicium tuum et in Christo, filio tuo, domino nostro, atque scripturis sanctis, quas ecclesiae tuae commendaret auctoritas, viam te possuisse salutis humanae ad eam vitam, quae post hanc mortem futura est".

[31] Cf. *Conf.* Vi, 5,7-8; Agostinho decide em *De útil. Cred.* 1,4: "sequere viam catholicae disciplinae, quae ab ipso Christo per apostolos ad nos usque manauit".

[32] *De útil. Cred.* 8,20: "Decreueramque tamdiu esse cathecumenus in ecclesia cui traditus a parentibus eram, donec aut invenirem quod vellem, aut mihi persuaderem non esse quarendum"; *Conf.* V, 14,25: "Statuit ergo tamdi esse cathecumenus in Catholica ecclesia mihi a parentibus commendata, donec aliquid certi eluceret quo cursum dirigerem".

[33] *Conf.* VII, 8,12: Et residebat tumor meus ex oculta manu medicinae tuae aciesque conturbata et contenebrata mentis meae acri collyrio salubrium dolorum de die in diem sanabatur"; *Conf.* VII, 7,11: "et tumore meo separabar abs te nimis inflata facies cluadebat occulos meos".

[34] *Conf.* VII, 9,13: "Et primo volens ostendere mihi, quam resistas superbis, humijlibus autem des gratiam et quanta misericordia tua demonstrata sit hominibus via humilitatis, quod verbum tuum caro factum est et habitavit inter homines, procurasti mihi per quendam hominem immanissimo tyfo turgidum quosdam Platonicorum libros graeca lingua in latinum versos, et ibi legi non quidem his verbis, sed hoc idem omnino multis et multiplicibus suaderi rationibus, quod in principio erat verbum et verbum erat apud deum".

[35] Cf. *Conf.* VII, 1,1-2; 2,3; 5,7. As leituras ajudam Agostinho a pensar a realidade divina espiritual, o problema do mal, a bondade de Deus, a liberdade do homem.

[36] *Conf.* VII, 9,15: "sicut et quidam secundum eos dixerunt, et utique inde erant illi libri".

[37] *Conf.* VII, 10,16: "Et inde admonitus redire ad memet ipsum, intraui in intima mea duce te, et potui, quoniam 'factus es auditor meus'. Intraui et vidi qualicumque oculo animae meae supra eundem oculum animae meae, supra mentem meam, lucem incommutabilem".

[38] *Conf.* VII, 10,16: "et contremui amore et horrore: et inveni longe me esse a te in regione dissimilitudinis".

[39] Cf. W.M. NEUMANN, *Die Stellung des Gottesbeweises in Augustins De libero arbítrio*. Hildesheim – Zürich – New York 1986, p. 114ss.

[40] *Conf.* VI, 12,22: "consuetudo satiandae insatibilis concupiscentiae"; *En. in. Os.* 102,10: "Non satiabor mortalibus, non satiador de temporalibus".

[41] Cf. *Em. in Os.* 106,4 uma *seductoria securitate* aprisiona a criatura; *Em. in Os* 74,1: "Exultent superbi de praesenti felicitate; tumeant honoribus, fulgeant auro, redundent familiis, obsequiis clientium constipentur; praeterunt ista; transeunt tamquam umbra".

Porém, as criaturas também têm validade probatória da realidade do fundamento, ao ressoar no ânimo da palavra da teofania: *Immo vero ego sum quis um* (Êx 3,14),[42] e a verdade do argumento cosmológico em sua formulação paulina (Rm 1,20-21).[43] Agostinho descobre Deus, como realidade imutável,[44] descobre também temas da *imago Dei* e do serviço divino;[45] põe-se o problema de seu estado de vida, entre continência e matrimônio, em ordem ao serviço divino: *alius sic ibat, alius autem sic*.[46] Sua dificuldade existencial encontra saída na cena do jardim, ao obedecer ao oráculo, *tolle lege*, abrindo o livro das cartas paulinas em uma página de vigorosa exortação à conversão e continência (Rm 13,13ss.).[47]

A conversão de Agostinho vem precedida de uma crise de grande intensidade.[48] Segundo o sentir ciceroniano,[49] limita Agostinho o *modus cupidatis*, na busca da felicidade, ante o dilema de sua relação ao prazer ou à virtude.[50] No entanto, somente a imortalidade garante a felicidade; do contrário, permanece sempre um *terror amissionis*, que impede uma vida feliz.[51] As leituras e a crise religiosa, superando ceticismo, materialismo, dualismo e um conceito eudemológico próximo à visão de Epicuro, conduzem Agostinho ao porto de uma filosofia, que vê a felicidade na participação da plenitude do *Logos*.[52] Tais premissas levam Agostinho a um novo estilo de vida, abandona a retórica e a abraça a filosofia.[53]

2. "Reditus in coelum"

Na filosofia de Agostinho, a preocupação ética e mística é central, oculta sob o problema da sabedoria, em relação à felicidade, à verdade e à religião, no debate da *verissima filosofia*.[54] A reflexão de Agostinho se concentra sobre o tema da felicidade.[55] A coincidir

---

[42] ZUM BRUNN, E. "L'exégese augustinienne de Ego sum quis um et la métaphysique de l'Éxode", in *Dieu et l'Être*. Paris 1978, p. 141-164.

[43] *Conf*. VII, 10,16: "Et clamasti de longiquo: immo vero ego sum quis um. (...) et audivi, sicut auditur in corde, et non erat prorsus, unde dubitarem faciliusque dubitarem vivere me quam non esse veritatem, quae per ea, quae facta sunt, intellecta conspiciuntur".

[44] Cf. TRAPÉ, A. "S. Agostino. Dal mutabile all'imutabile ou la filosofia dell'Ipsum esse", in *Studi tomistici* XXVI (1985), p. 46-58; R. TESKE, "Divine Immutability in Saint Augustine", in *The Modern Schoolmann* LXIII (1986), p. 233-249; *Conf*. VII, 11,17: "Id enim vere est, quod incommutabiliter Manet".

[45] *Conf*. VII, 7,11: "Et hoc erat rectum temperamentum et media region salutis meae, ut manerem ad imaginem tuam et tibi serviens dominarer corpora".

[46] *Conf*. VIII, 1,2: "sed adhuc tenaciter conligabar ex femina, nec me prohibebat apostolus coniugari".

[47] *Conf*. VIII, 12,29; "ibi enim puseram codicem apostolic, cum inde surrexeram, arripui, aperui et legi in silentio capitulum, quo primum coniecti sunt oculi mei. (...) induite dominum Iesum Christum et carnis providentiam ne feceritis in concupiscentiis (Rm 13,13ss.)".

[48] *Conf*. VI, 11,19: "Quid cunctamur igitur relicta spe saeculi conferre nos totos ad quaerendum deum et vitam beatam?" Em novembro de 385, encontrando um viajante feliz, Agostinho comenta com Alípio e Nebrídio a questão da felicidade e assume o propósito de buscá-la no sentido religioso da vida.

[49] *De finibus* II, 19,60.

[50] *Conf*. VI, 16,26: "Et disputabam cum amicis meis alypio et Nebridio de finibus bonorum et malorum".

[51] *Conf*. VI, 16,26: "Et quaerebam si essemus immortals et in perpetua corporis voluptate sine ullo amissionis terrore viveremus, cur non essemus beati aut quid aliud quereremus".

[52] *Conf*. VII, 9,14: "Et quia de plenitudine eius accipiunt animae ut beatae sint".

[53] Cf. *Conf*. VIII, 7,17, o temor da continência, percebida como esterilidade, foi superado pelo *oraculum* do jardim em Milão. Agostinho aceita o caminho do *Verbum incarnatum*. Afirma em *Conf*. VIII, 11,27: "ipsa continentia nequaquam sterillis, sed fecunda mater filiorum gaudiorum de marito te, domine".

[54] COURCELLE, P. "Verissima philosophia", in *Épektasis*. Paris 1972, p. 653-659.

[55] *De Acad*. I, 9,25: "Nam cum beati esse cupiamus, sive id fieri non potest nisi inuenta, sive non nisi diligenter quaesita veritate; postpositis caeteris omnibus rebus nobis, si beati esse volumus, perquirenda est". De acordo com MOLINA, M.

sua crise existencial e religiosa com um sério problema de saúde.[56] Agostinho abandona a retórica para dedicar-se ao estudo da *filosofia*,[57] porém pensando em seguir em tudo os ensinamentos de Cristo, verdade subsistente e caminho para a verdadeira religião, para a autêntica sabedoria e para a genuína felicidade. Nascem, a partir de novembro de 386, em debates sobre sabedoria e verdade, felicidade e religião, a providência e Deus, suas obras *De beata vita, De Academicis, De ordine, Soliloquia*.[58]

2.1. "Verissimus et secretissimus Deus"

O novo paradigma espiritualista está presente nos escritos de Agostinho, do período de outono de Cassicíaco, quando busca refúgio no *sapientiae Portus*.[59] Para superar a dúvida e resolver a questão da felicidade, fecundo se revelou o período vivido com parentes e amigos na vila do gramático Verecundus em outono de 386: Agostinho, em consequência de suas leituras, a raiz do encontro com o círculo neoplatônico milanês[60] em seu *otium philosophicum*,[61] abandona o ceticismo e um naturalismo vitalista, centrado na busca do prazer, da riqueza e da glória.[62] Os desejos sensuais e mundanos são vencidos no projeto de *servitium Dei*.[63]

Agostinho tem necessidade de refletir sobre a capacidade para a verdade e o fundamento da certeza, em *Academicis*.[64] A leitura do *Hortensius* entusiasma a seus jovens interlocutores, incitando-os ao *studium sapientiae*,[65] quando com o favor da fortuna se poderá encontrar a boca do porto e evitar as tempestades do mar e as misérias do tempo.[66] Agostinho elogia a *ver philosophia*, refúgio feliz das preocupações da *ventosa professio* do

---

A. "Felicidad y sabiduría: Agustín em noviembre del 386", in *Augustinus* XVIII (1973), p. 355-377; LEJARD, F. "El tema de la felicidad en los Diálogos de San Agustín", in *Augustinus* XX (1975), p. 29-82, felicidade e sabedoria são aspectos de um único problema.

[56] *De ord.* I, 2,5: "Nam cum stomachi dolor scholam me deserere coegisset, qui iam, ut scis, etiam sine ulla tale necessitate in philosophiam confugere moliebar, statim me contuli ad villam familiarissimi nostri Verecundi".

[57] *Conf.* VII 9,14: "Qui autem cothurno tamquam doctrinae sublimioris elati non audierunt docentem: Discite a me, quoniam mitis sum et humilis corde, et inuenietis requeim animabus vestris (Mt 11,25)". O convívio com Ambrósio, Simpliciano, Theodoro e as leituras cristãs facilitam o acesso de Agostinho à fé.

[58] Cf. *Conf.* VII, 11,17-17,23; TRAPÉ, A. *S. Agostino*, p. 145ss.; PIZZOLATO, L. F. (org.). *L'opera letteraria di Agostino tra Cassiciacum e Milano*. Palermo 1987; O'DALY, G. J. P. "Cassiciacum", in *AL* I, p. 771-781. Em Cassicíaco Verecundus possuía uma casa de campo, onde Agostinho encontrou refúgio, seguido de seus íntimos, para praticar o *otium philosophicum* e atender à formação de alguns jovens; *De Acad.* III, 20,43: "Mihi autem certum est nusquam prorsus a Christi autoritctate discedere; non enim reperio valentiorem".

[59] Cf. ORZO RETA, J. "En torno a una metáfora agustiniana: El puerto de la filosofia", in *La ciudad de Dios* CLXXXI 1968, p. 407-426.

[60] Cf. SOLIGNAC, A. "Il circolo neoplatonico milanese al tempo della conversione di Agostino", in PIZZOLATO, L. F. (org.). *Agostino a Milano: Il Battesino*. Palermo 1988, p. 43-56.

[61] Cf. *Conf.* VI 14,24: *De Acad.* II, 2,4: "saepius assererem nullam mihi viderem prosperam fortunam nisi quae otium philosophandi daret"; Retr. 1,1: "Cum (...) me ad christianae vitae otium contulissem".

[62] *Conf.* VI, 6,9: "Inhiabam honoribus, lucris, coniugio".

[63] *Conf.* IX 1,1: "Iam liber erat animus meus a curis mordacibusambiendi et adquirendi e volutandi atque scalpendi scabiem libidinum et garriebam tibi, claritati meae et divitiis meis et saluti meae, domino deo meo". Trata-se de alusão ao serviço divino, conforme *Ps 11: ego seruus tuus et filius ancillae tuae*".

[64] No *De Academicis*, o debate do primeiro livro acontece de 10 a 12 de novembro de 386. Agostinho se confronta com os argumentos de Arcesilao, Carnéades, Clitômaco e Fílon de Larissa sobre sabedoria e felicidade, verdade e erro, percepção e acesso, probabilidade e verossimilhança, dúvida e convicção. Trata-se da primeira obra, cuja redação inicia Agostinho, se esquecemos o ensaio perdido, *De pulchro et apto* (*Conf.* IV, 13,20). Igualmente a *De vera religione*, a obra é dedicada a Romanianus. Na *disputatio* estão, com Agostinho, Alípio, Navigius, Trygetius, Licentius (Retr. I, 1,1).

[65] Cf. *De Acad.* I, 1,4, o amor à filosofia propicia o interesse de Trygetius pela arte miliar e o de Licentius pela poesia.

[66] Cf. *De Acad.* I, 1,1-2, alcançando a vida, *quae sola beata est*.

Retórico, libertação da *superstitio* da astrolatria, porta da sabedoria com o conhecimento do *Deus secretissimus*.[67]

A questão da relação entre verdade e felicidade entrelaça dois axiomas: O imperativo da verdade, *verum nos scire oportere*, e o desejo da felicidade, *beati certe esse volumus*.[68] Será possível ser feliz com a mera *inquisitio veritatis* ou se requer para a felicidade uma real *inuentio veritatis*? Há aqui a questão preliminar, que exige a definição do que seja *beate vivere*. Para Agostinho a resposta não oferece dúvida: Ser feliz será viver *secundum id quod in homine optimum est*, quer dizer, a parte espiritual, *mens* ou *ratio*, potência inteligente ou luz da alma, intuitiva e discursiva.[69] A seguir se enfrenta a questão do erro: Se o errar é um *semper quaerere numquam inuenire* ou se trata de uma *falsi pro vero approbatio*.[70] Passando já à questão da sabedoria, são propostas diversas definições: Assim vem considerada *recta via vitae*; sábio e feliz é considerado não só o que chega a descobrir a verdade, mas também o que a busca incansavelmente.[71] Finalmente, propõe-se a definição clássica de sabedoria, ou seja, a ciência das coisas divinas e humanas, e inclui as virtudes: prudência, temperança, fortaleza e justiça.[72] Não pertencem à ciência da sabedoria as artes mágicas, nem a astrologia e a astrolatria, mas o conhecimento do Deus verdadeiro e misterioso.[73] A não ser que se pense que a ciência da verdade é felicidade reservada a Deus, sendo ao homem destinada a mais modesta felicidade da *inquisitivo*.[74]

Sob a alegoria de uma odisseia espiritual, o diálogo *De beata vita* se abre com um prólogo sobre a condição humana,[75] posta na existência pela vontade ou destino, pela natureza ou divindade, *in quoddam procellosum salum*, enquanto busca a *philosophia portus*, para alcançar a *regio beata vitae*.[76] Um obstáculo dificulta a entrada no porto, a modo de gigantesca e sedutora montanha: a intenção de motivar a dedicação à filosofia pela vaidade

---

[67] Cf. Rettr. I, 1,2; *De Acad.* I, 1,3: "Ipsa verissimum et secretissimum Deum perspicue se demonstrarum promittit, et Jam jamque quase per lucidas nubes ostentare dignatur".

[68] Cf. *De B. Vita* 2,10; *De Trint.* XIII, 4,7.

[69] *De Acad.* I, 3,9: "hominis autem finis est perfecte quaerere veritatem". Em *De Acad.* I, 2,5-6, é levantada a objeção, referente a M.T. Cícero, quem julgava feliz o buscador da verdade, ainda que jamais chegasse a possuí-la: "nam si beatus est, sicuti est, qui secundum eam partem animi vivit, quam regnare caeteris convenit, et haec pars ratio dicitur, quaero utrum non secundum rationem vivat, qui quaerit perfecte veritatem". Licentius diz: "veritatem autem illam solum deum nosse arbitror, aut forte hominis animam, cum hoc corpus, hoc est tenebrosum carcerem, dereliquerit". Alude-se à *fuga corporis*.

[70] *De Acad.* I, 4, 10-11, quem busca a verdade será feliz ainda não a encontrando, por viver segundo a razão. Em *De Acad.* I, 4,12 afirma: "non errat ille qui perfecte quaerit, quamis non inueniat veritatem, beatusque est ob eam rem, quod secundum rationem vivit".

[71] Cf. *De Acad.* I, 5,13-14.

[72] *De Acad.* I, 6,16; "non enim nunc primum auditis, sapientiam esse rerum humanarum divinarumque scientiam"; *De Acad.* I, 7,20: "Illa est humanarum rerum scientia, quae novit lumen prudentiae, temprantiae decus, fortidinis robur, justitiae sanctitatem".

[73] *De Acad.* I, 8, 22: "nisi forte existimas sidera, quae quotidie contemplatur, magnum quiddam esse in comparatione verissimi et secretissimi Dei, quem raro fortasse intellectus, sensu autem nullus attingit".

[74] *De Acad.* I, 8.23: Prima pars, quae scientia tenet, dei est; haec autem quae inquisitione contenta est, hominis. (...)Illa igitur deus, hac autem homo beatus est".

[75] Cf. DOIGNON, J. "Beata vita(De)", in *AL* I, p. 618-624.

[76] *De B. Vita* 1, 1-2: "Quos item saepe nonnulla in fluxis fortunis calamitas, quase conatibus eorum adversa tempestas, in optatissimam vitam quietamque compellit". De acordo com BEIERWLATES, W. *Regio Beatitudinis. Zu Augustins Begriff swa glücklichen Lebens*. Heidelberg 1981. Os humanos, *nescientes errantesque*, são prisioneiros do erro, se uma tempestade providencial não os liberta. Os que prontamente se refugiam no porto da filosofia; os que se deixam seduzir pelas honras e pelos prazeres; os que depois de errar buscam a paz.

da vida, ou seja, o orgulho intelectual.[77] Não faltaram a Agostinho confusões e ilusões, durante a navegação, ao ser envolvido pela seita maniqueia, cujos eleitos prometiam ciência, porém viviam perdidos na superstição e na astrolatria. Evita o materialismo e o dualismo, refugiando-se no ceticismo dos acadêmicos.[78] Do rápido ingresso no *philosophiae gremium*, um jovem e perplexo Agostinho era impedido pela sedução da vida mundana, *uxoris homorisque illecebris*, até que suas leituras plotinianas o convencem da superioridade do caminho da filosofia.[79]

2.2. *"Deus aeternus et semper manens"*

O tema do *convivium* é a relação entre a *beata vita* e o *studium sapientiae*. O ponto de partida da *disputatio* oferece a questão preliminar dos elementos constitutivos do homem, corpo e alma, e a necessidade de um alimento relativo a ambos, que não seja de inferior qualidade ou insalubre.[80] No debate emerge a ambivalência da vontade humana de felicidade. Condições para a vida feliz são a possessão do bem anelado e que o objeto do desejo coincida com o bem. Nem basta qualquer bem, tem de tratar de algo permanente e independente da dialética da sorte e do azar, da caducidade e da destruição. Garantia da vida feliz, só pode ser Deus, *aeternus et semper manens*.[81]

Os acadêmicos, enquanto renunciam a esperança de encontrar a verdade definitivamente, não podem ser nem felizes nem sábios.[82] Reduzindo a unidade as *sententiae*, sobre o significado de "possuir a Deus", Agostinho conclui que viver bem e feliz é realizar a vontade divina, viver castamente e buscar a Deus com exclusividade, evitando a alienação do vício, identificado com a miséria, a privação e a infelicidade.[83] Porém a pretensão de definir a felicidade como aquilo que se opõe à miséria se revela falacioso.[84] Turba a felicidade, a fugacidade dos bens; miséria máxima é a falta de

---

[77] *De B. Vita* 1,3: "superbum stadium inanissimae gloriae". Agostinho introduz uma *recordatio* de sua odisseia, desde o momento da leitura do *Hortensius*. Assim afirma em *De B. Vita* 1,4: tanto amore philosophia succensus sum, ut statim ad eam me transferre meditarer". Confirma-se esta afirmação em *Conf.* III, 4,7.

[78] *De Acad.* I, 1,4: "At ubi discussos eos evasit, maxime traiecto isto mari, diu gubernacula mea repugnantia omnibus ventis in mediis fluctibus Academici tenuerunt". Agostinho descobre nas homilias de Ambrósio e no discurso de Theodoro o paradigma do espiritualismo. Desse modo, afirma em *De B, Vita* 1,4: "cum de deo cogitaretur, nihil omnino corporis esse cogitandum, neque cum de anima,: nam id est unum in rebus proximum deo".

[79] Cf. *De Acad.* III, 18,41; *De B. Vita* 1,4: "lectis autem Plotini paucissimis libris". De acordo com *De B. Vita* 1,5 e *De Acad.* II, 1,1 o confronto da sabedoria grega com a tradição cristã convence Agostinho no plano da fé, porém permanece sua dura moral, até que a crise de saúde, interpretada como aviso providencial, força-o a romper com a Retórica e a fugir das Sirenes da *superbiloquentia*, como Odiseo, para buscar uma *vita* apreciada como *Dei donum*.

[80] Cf. *De B. Vita* 2,7-8. Aperitivo do Banquete de aniversário, é o axioma do *Hortensius*: "Beatos esse nos volumus" (*De B. Vita* 2,10; 1,6), que aparece em *De vita beata* de Sêneca e no *Enthydemos* de Platão (*De Trinit.* XIII, 4,7; *De Acad.* I, 2,5).

[81] *De B. Vita* 2,11: "Deum igitur, inquam, qui habet, beatus es". O problema passa à questão de saber o que significa possuir a Deus: "Deus habet qui bene vivit", sustenta Licentius; (....) Deum, habet, qui facit quae Deus uult fieri", alude Trygetius; (...) Is habet Deum, qui spiritum immundum non habet", disse Adeodatus.

[82] Cf. *De B. Vita* 2, 12-16, a questão da possessão de Deus enlaça com o problema da verdade e da dúvida. O auditório concorda com a crítica aos acadêmicos, ainda que algum parece definir os argumentos de Agostinho, "contorta et aculeata quaedam sophismata". O segundo dia de *disputatio*, o Diálogo não avança: parte-se do contraste entre Deus, que não cessa de preparar um banquete para os seus, e o homem, que cessa de alimentar-se. Assim consta em *De B. Vita* 3,17: "sed nos ab edendo, vel imbecillitate, vel saturitate, vel negotio plerumque cessamus".

[83] Cf. *De B. Vita* 3, 18-22, no terceiro dia, Agostinho desenvolve o tema da vida feliz, em contraste com a infelicidade, sentida como carência, indigência e miséria. Afirma em *De B. Vita* 4,23: "Omnis enim non miser beatur est. (...) Beatus est qui egestate caret".

[84] *De B. Vita* 4,24: "quamuis inter miserum et beatum et inter vivum et mortuum medium nihil inueniri quaeat". Em *De B. Vita* 4,25, Agostinho sublinha a perfeição do sábio por renunciar aos bens a sua disposição, sem se abater quando deles

sabedoria ou ignorância.[85] Oposto à indigência é a plenitude ou sabedoria, como o ser se opõe ao nada. Agostinho pode concluir que a felicidade coincide com a sabedoria e a sabedoria com a plenitude. Não com a plenitude do excesso, mas com a da moderação do *ne quid nimis* ou do *modus animi*, próprio do sábio, que se mantém na medida frugal.[86]

No argumento de Agostinho, mesclam-se recordações de suas experiências buscando a verdade e a felicidade, ao passar da superstição da seita maniqueia ao ceticismo da Nova Academia,[87] do panteísmo estoico ao *ascensus in deum*, até chegar ao teísmo trinitário.[88] A vida feliz consiste na busca sincera de Deus, encontrando na Trindade divina a medida suprema. Cristo, sabedoria (1Cor 1,24) e verdade eterna (Jo 14,6), constitui o *verus modus* para chegar a *qui non habet patrem*, ao Pai Ingênito, *modus summus*.[89] Na comunhão divina se encontra a felicidade: Deus é *fons veritatis* e a modo de *sol secretus* ilumina o espírito *interioribus luminibus*. Deus é oniperfeito, onipresente, onipotente.[90] A vida feliz coincide com a *plena satietas* da comunhão divina, pela qual é induzida à verdade, nela se goza e por ela vive *summo modo*.[91] Mônica confirma o sentido trinitário da *conclusio* de Agostinho, citando do hino ambrosiano *Deus amor omnium*, o verso *fove precantes, Trinitas*. Só resta agradecer, em nome de todos, a Deus, verdadeiro Pai e libertador da alma.[92] Ao mesmo tempo se deseja, pela ética da moderação e a mística do amor, o *regressus animae* ou *reditus ad deum*, o retorno a Deus.[93]

Na sedução que no ânimo de Agostinho haviam exercido os maniqueus, o motivo dominante foi a ilusão de encontrar na seita resposta às grandes questões: Origem e leis do universo, natureza do homem, problema de Deus.[94] Porém tais expectativas não foram satisfeitas e grande foi a desilusão de Agostinho, diante das superstições da seita.[95] Descobre Agostinho a necessidade de afirmar uma *vita salutis* para a libertação da alma, de erro e ignorância, malícia e mal. *A vera religio* não é encontrada por Agostinho nem

---

carece. De acordo com *Retr.* I, 24, posteriormente lamenta seu idealismo, ao não valorar para a felicidade plena bens como saúde e imortalidade.

[85] Cf. *De B. Vita* 4,26ss.

[86] Cf. *De B. Vita* 4,30ss., pela temperança, o sábio não se desliza "in luxuriis, dominationes, superbias", nem se encolhe "sordibus, timoribus, moeroe, cupiditate".

[87] Cf. *De B. Vita* 1,4; 2, 13-16

[88] Cf. *De B. Vita* 3, 18ss.; 4, 24ss.

[89] *De B. Vita* 4,34: "Quisquis igitur ad summum modum per veritatem venerit, beatus est"; cf. *De B. Vita* 3,17 a felicidade consiste em chegar ao Pai, pelo Filho, verdade eterna.

[90] *De B. Vita* 4,35: "Nam ibi totum atque omne perfectum est simulque est omnipotentissimus Deus".

[91] *De B. Vita* 4,35: "Ia est igitur plena satietas animorum, hoc esta beata vita, pie perfecteque cognoscere, a quo inducaris in veritatem, qua veritate perfruaris, per quid connectaris summo modo. Quae tria unum Deus intelligentibus unamque substantiam exclusis vanitatibus variae superstitionis ostendunt".

[92] *De B. Vita* 4,36: "gratias ago summo et Deo vero patri, domino liberatori animarum". Em *Ps.* 68,7 Agostinho alude à função libertadora da divindade na oração, ao afirmar: "Deus liberator meus".

[93] A presença do esquema porfiriano é sugerida em alguns momentos: o tema da felicidade como possessão de Deus (*De B. Vita* 3, 17-22; o tema do oráculo e da *ntentio in deum*: "mentes vestras (...) cum intenti estis in deum, velut quaedam oracula non contemnere statui" (*De B. Vita* 4,31); o tema da *contemplatio*: "cum vero sapientiam contemplatur inuentam cumque (...) ad ipsam se tenet Nec se ad simulacrorum fallaciam, quorum pondus amplexus a deo suo cadere atque demergi solet" (*De B. Vita* 4,33); o tema do *reditus ad deum*: modus, inquam, Ille ubique servandus est, ubique amandus, si vobis cordi est ad Deum reditus noster" (*De B. Vita* 4,36).

[94] De acordo com *De B. Vita* 1,4, a seita prometia usar método racional: "mihique persuasi docentibus potius quam iubentibus esse cedendum". Excluindo o que não está documentado, afirma-se em *De Util. Cred.* 1,2: "se dicebant terribili auctoritate separata, mera et simpliuci ratione eos qui se audire vellent, introductos ad Deusm, et errore omni liberaturos".

[95] Cf. *Conf.* V, 5,7-7,13; *De Ver. Rel.* 9,16, no ânimo do Retórico produz-se o desencanto com a seita, por seu método, doutrinal e moral, e por seu dualismo teológico e antropológico.

nas filosofias do Ocidente, nem nas religiões do Oriente. Ele encontra somente no cristianismo a *vera religio* e a *via salutis* universal, para a verdade e para a felicidade.[96] Por isso, somente o cristianismo pode aspirar a chamar-se *verissima filosofia*.[97] Para vencer ignorância e erro, em ordem a conquistar certeza na verdade, é fundamental resolver a questão da dúvida ou suspensão do ascenso. Por isso, Agostinho deve retomar uma e outra vez aos argumentos da sentença ascética para criticá-los. Caso contrário, o sábio teria que se contentar com a mera *conquisitio veri*, permanecendo em dúvida e sem conceder seu assentimento a nenhuma opinião, *omnia incerta esse*.[98] O sábio não pode aceitar uma *opinionis naufrágio*; não lhe resta senão a dúvida, dado que a verdade permanece sempre escondida, *vel obruta vel confusa*.[99] O interesse de Agostinho por refutar a doutrina dos acadêmicos manifesta sua antiga simpatia, superada ao aderir ao espiritualismo cristão.[100]

3. "Ascensus ad Deum"

As ideias de Agostinho, amadurecemos anos sucessivos. Depois do batismo em 387 em Milão, ocupa-se entre Roma e Tagaste da redação de *De quantitate animae*, *De libero arbítrio*, *De vera religione*, *De utilitate credendi*, entre outros escritos. Neles, Agostinho integra filosofia, *sutdium sapientiae* e religião ou culto do *solus verus Deus*. Tal integração, ardentemente procurada, caminho para a verdade e a felicidade, regida pela autoridade de Cristo e pela *subutilissima ratio*, tem como meta a comunhão com o único Deus verdadeiro e constitui a *verissima philosophia*. Apesar de suas simpatias pela filosofia de Platão,[101] existe em Agostinho a convicção de uma unidade filosófica entre platônicos e peripatéticos, em virtude do secular confronto entre escolas. Tal unidade fundamentaria a visão teônoma da realidade e é considerada *uma verissimae philosophiae disciplina*.[102]

---

[96] *De Civ. Dei* X, 22,1: Haec est religio, quae universalem continet viam animae liberande". Em *De Civ. Dei* XIX, 1,1 evidencia-se que só é verdadeiro aquele caminho, que leva à verdade, felicidade e sabedoria: "De finibus enim bonorum et malorum multa e multiliciter inter se philosophi disputarunt; quam quaestionem maxima intentione versantes, inuenire conati sunt quid efficiat hominem beatum".

[97] Cf. STUDER, B. "La cognitio historialis di Porfirio nel *De civitate Dei* de Agostino", in *Mysterium Caritatis*, p. 67ss.; *Dei Civ. Dei* X, 32,3: "Quod autem porphyrius universalem viam animae liberandae nondum in suam notitiam historla cognitione esse perlatam".

[98] *De Acad.* II, 5,11; "Inde assensus suspendendus est". Se a verdade é uma mera representação, que produz o sentimento do verdadeiro: "his signis verum posse comprtehendi, quae signa non potest habere quod falsum est", a certeza será impossível; isto explica dissensos, falácias, ilusões, sorites e sofismas das diversas escolas que, de acordo com *De Acad.* II, 5,12, obrigam o sábio a "tantum probabiliter agendum" e a permanecer na dúvida, "nihil unquam sapiens approbat".

[99] Cf. *De Acad.* II, 6, 14-15; 5,12. Agostinho polemiza com as simpatias acadêmicas de um interlocutor. Assim sendo, afirma em *De Acad.* II, 7, 19: "Ipsa res clamat similiter ridendos esse Academicos tuos, qui se in vita veri similitudinem sequi dicunt, cum ipsum verum quid sit ignorent". A sentença que se afirma como verdadeira e se contradiz; ou se afirma como *veri símile* e então se deve conhecer o *verum* a qual é *símile*. E como afirmar que um filho é semelhante a um pai desconhecido (*De Acad.* II, 7,16ss). De acordo com *De Acad.* II, 12,27, a refutação de Agostinho convence a Licentius: "nihil mihi videtur esse absurdius, quam dicere, se versimile sequi, eum qui verum quid sit ignoret".

[100] Cf. *Conf.* V, 10,19.25, VI 1,1. Sobre a possibilidade de encontrar a verdade, Agostinho se distingue dos acadêmicos, afirmando em *De Acad.* II, 9,23: "illis probabile visum est, non posse inueniri veritatem; nihi autem inueriri posso probabile est"; espera demonstrar *probabilius* que a verdade pode ser encontrada e que o acesso não sempre deve ser suspendido (cf. *De Acad.* III, 20,43).

[101] *De Acad.* III, 20,43: "Quod autem subtilissima ratione persequendum est (...) apud Platonicos me interim quod sacris nostris non repugnet reperturum esse confido".

[102] Cf. *De Acad.* III, 19,42. Porém, de acordo com *De Acad.* III, 17,38, tal sabedoria permaneceria misteriosa e elitária, minoritária e distante da multidão, senão fora pela autoridade divina, que convoca a salvação universal.

3.1. "Principium sine principio"

A tarefa de tal disciplina é encontrar o *Principium sine principio* de todas as coisas, o *Intellectus*, que nele permanece, e a *Salus*, que dele se deriva, como a verdadeira religião anuncia a Trindade divina.[103] Para Agostinho, a *vera religio* é o caminho, que reconcilia o homem com Deus, livrando a alma de todo mal e *superstitio*.[104] Até o ano 391, intenta novamente convencer Romaniano a empreender o caminho da autêntica filosofia, que coincide com a verdadeira religião, meio de restauração da humanidade, com a qual se dá o culto, *unus Deus colitur*, ao único Deus verdadeiro.[105]

O ponto de partida para *vera philosophia* é a questão da *sapientia*, em relação à verdade e à felicidade. Agostinho pensou encontrar a solução definitiva na *Christiana religio*.[106] Somente na veneração do verdadeiro Deus,[107] encontra-se a libertação de superstições, paixões e ambições.[108] A respeito de Deus é maior nossa ignorância que nossa ciência;[109] em sua afirmação surgem filosofia e religião verdadeira,[110] que consiste em sentir retamente de Deus Pai, de sua sabedoria e de seu dom.[111] O tema da verdadeira religião é associado por Agostinho também ao da espiritualidade e imortalidade da alma.[112] Evidente é para Agostinho a identidade da verdadeira religião com a *via Catholicae disciplinae*,[113] obediente a uma autoridade infalível, isto é, a de Cristo.[114] A *vera religio* vence a superstição, libera a alma e é fundamento da cidade celeste, enquanto culto verdadeiro do verdadeiro Deus, que consiste no amor de Deus e no amor de si e do próximo, em Deus.[115]

---

[103] *De ord.* II, 5,16: "Nullumque aliud habet negotium, quae vera, et, ut ita idcam, germana philosophia est"; "Duplex enim est via quam seguimur, cum rerum nos obscuritas movet, aut rationem, aut certe autoctoritatem, Philosophia rationem promittit et vix paucissimos liberat".

[104] *De quant. Anim.* 36,80: "Est enim religio vera, qua se uni Deo anima, unde se peccato velut abruperat, reconciliatione religat"; *De quant. Anim.* 34,78: "Haec est vera, haec perfecta, haec sola religio, per quam Deo reconciliari pertinet ad animae, de qua quaerimus magnitudinem, qua se libertate dignam facit".

[105] *De ver. Rel.* 7,13: Huius religionis sectandae caput est historia et prophetia dispensationis temporalis divinae providentiae pro salute generis humani in aeternam vitam reformandi atque reparandi"; *De ver. Rel.* 1,1: "qua unus Deus colitur"; *De ver. Rel.* 3,3: "christianis temproibus quaenam religio tenenda sit, et que ad veritatem et beatitudinem via est, non esse dubitandum".

[106] *C. Iul.* Iv, 14,72: "Obsecro te, non sit honestior philosophia gentilium, quam nostra Christiana, quae ipsa est vera philosophia".

[107] *De ver. Rel.* 55,112: "Ecce unum Deum colo, unum omnium principium, et Sapientiam qua sapiens est quaecumque anima quae sapiens est, et ipsum Munus quo beata sunt quaecumque beata sunt".

[108] Em *De ver. Rel.* 38,69, Agostinho afirma ser necessário vencer a tríplice concupiscência: "Serviunt enim cupiditati triplici, vel voluptatis, vel excellentiae, vel spectaculi".

[109] De Deus, afirma em *De Ord.* II, 16,44: "scitur melius nesciendo".

[110] *De ver. Rel.* 5,8: "Sic enim creditur et docetur, quod est humanae salutis caput, non aliam esse philosophiam, id est sapientiae sutdium, et aliam religionem".

[111] A heresia demonstra com sua exclusão da *communicatio in sacris*, que o núcleo da fé é a afirmação da Trindade. Nesta perspectiva, segue *De Ver. Rel.* 5,8: "Haereses namque TAM innumerabiles aregula Christianitatis aversae, testes sunt non admitti ad comunicanda Sacramenta eos qui de Patre Deo, et Sapientia eiius, et Munere divino, aliter sentiunt et hominibus persuadere comnantur, quam veritas postulat".

[112] *De Util. Cred.* 7,14: "Nemo dubitat eum qui veram religionem requirit, aut iam credere immortalem esse animam cui prosit illa religio, aut etiam idipsum in eadem religione velle inuenire".

[113] *De Ver. Rel.* 10,19: "Ea est nostris temporibus /christiana religio, quam cognoscere ac sequi, securissima et certíssima salus est"; *De Util Cred.* 9,21: "Nam vera religio, nisi credatur ea quae quisque postea si se bene gesserit dignusque fuerit, sequatur atque percipiat, et omninoo sine quodam gravi auctoritatis império iniri recte nullo pacto potest".

[114] *De Acad.* III, 20,43: "Mihi autem certum est nusquam prorsus a Christi auctoritate discedere". A encarnação da Verdade move à conversão: "nisi summus Deus populari quadam clementia divini intellectus auctoritatem usque ad ipsum corpus humanum declinaret, atque submitteret, cuius non solum praeceptis sed etiam factis excitatae animae redire in semetipsas et respicere patriam, etiam sine disputationum concertatione potuissent" (*De Acad.* III, 19,42).

[115] *De Civ. Dei* X, 3,2: "Hic est Dei cultus, haec vera religio, haec recta pietas, haec tantum Deo devita servitus"; *De Civ. Dei* VI, 4,1: "Vera autem religio non a terrena aliqua civitate instituta est; sed plane caelestem ipsa instituit civitatem: eam

A especulação teleológica das antigas escolas se interrogava sobre o problema da *via beata* e sobre o modo de realizá-la, porém tal questão supunha a solução prévia da questão da verdade e da dúvida, bem como as questões sobre a natureza da alma e de Deus.[116] Agostinho pensa encontrar a felicidade e a verdade no encontro consigo mesmo, pelo princípio da interioridade e da autoconsciência, e no encontro com Deus, pelo princípio da espiritualidade e da transcendência – daí resulta sua súplica à Divindade[117] –, pela consciência da necessidade da graça.[118] O jovem Agostinho centra seu interesse no aspecto prático da sabedoria como *ars vivendi* e como modo de alcançar a *beata vita*, confirmando sua opção com a tradição filosófica.[119]

Nas recordações de sua própria odisseia, Agostinho reconhece o quanto influiu em seu ânimo a promessa dos maniqueus de levá-lo à verdade *meras et simplici ratione*.[120] Igualmente pensava no ânimo de Agostinho a ilusão materialista, dado que era incapaz de pensar a realidade da alma e de Deus, ao identificar corporeidade e realidade.[121] Porém Agostinho coloca em crise o paradigma dos maniqueus, sob o peso da dúvida acadêmica;[122] ainda que fora incapaz de convencer da impossibilidade de encontrar a verdade, pensando que a solução viria ao escolher o método adequado ou de suplicar a ajuda divina.[123]

O paradigma espiritualista do platonismo cristão significa para Agostinho a possibilidade de conceber a realidade espiritual como inteligível e imutável, abrindo o caminho para a interioridade.[124] Agostinho descobre a verdade sobre o espírito humano como *capax Dei* e sobre o mesmo Deus, princípio universal, verdade eterna e felicidade suma, descobrindo a dimensão da transcendência.[125] Agostinho pode já afirmar a realidade divina como fundamento infinito e imutável da realidade espiritual humana, orientada para Deus,[126] ainda quando possa ignorar o caminho concreto para chegar até a pátria.[127]

---

vero inspirat et docet verus Deus, dator vitae aeternae, veris cultoribus suis"; *De Civ. Dei* X, 32,2: "Haec est igitur animae liberandae universalis via, id est universis gentibus divina miseratione concessa".

[116] *Sol* I, 2,7: "Deum et animam scire cupio. Nihile plus? Nihil omnino"; *De Ord.* II, 18,47: duplex quaestio est: uma de anima, altera de Deo".

[117] Cf. PACIONI, V. "La struttura logica del principio di autocoscienza in S. Agostino", in L. ALICI (org.), *Interiorità e intenzionalità in S. Agostino*. Roma 1990, p. 59-69; *Sol.* II, 1,1: "brevissime et perfectissime: Deus semper idem: noverim me, noverim te".

[118] Cf. *Conf.* X, 29-40; 31,45; 35,56; 37,60; HOMBERT, P. M. *Gloria* gratiae, p. 593; Sol. I, 1,5: "iube, quaeso, quidquid vis, sed sana et aperi aures meas quibus voces tuas audiam".

[119] *De Civ. Dei* XIX, 1,3: "Quandoquidem nulla est homini causa philosophandi, nisi ut beatus sit: quod autem beatum facit, ipse est finis boni; nulla est igitur causa philosophandi, nisi finis boni: quamobrem quae nullum boni finem sectatur, nulla philosophiae secta dicenda est".

[120] *De Util cred.* 1,2: "Quid enim me aliud cogebat, annos fere novem, spreta religione quae mihi puerulo a parentibus insita erat, homines illos sequi ac diligenter audire, nisi quod nos superstitione terreri, et fidem nobis ante rationem imperari dicerent, se autem nullum premere ad fidem. nisi prius discussa et enodata veritate".

[121] *Conf.* V, 10,19: "neque enim videbatur mihi esse quicquam quod corpus non esset"; *Conf.* IV, 6,3: "quod tu, domine Deus veritas, corpus esses lucidum et immensum". A mesma realidade divina era pensada por Agostinho como corpo imenso e luminoso.

[122] *Conf.* V, 10,19: "Soborta est enim mihi cogitatio prudentiores illos ceteris fuisse philosophos, quos Academicos appellant, quod de omnibus dubitandum esse censuerant Nec aliquid veri ab hominibus comprehendi posse decreverant".

[123] *De Util. Cred.* 8,20: "Saepe rursus intuens quantum poteram, mentem humanam tam vivacem, tam sagacem, tam perspicacem, non putabam latere veritatem, nisi quod in eam quaerendi modus ateret, eundemque ipsum modum ad aliqua divina auctoritate esse sumendum".

[124] *Conf.* VII, 10,16: "Et inde admonitus redire ad memtipsum, intravi in intima mea, duce te".

[125] *De Civ. Dei* VIII, 6:"Viderunt ergo isti philosophia, quos caeteris non immerito fama atque gloria praelatos videmus, nullum corpus esse Deum: et ideo cuncta corpora transcenderunt quaerentes Deum. Viderunt quidquid mutabile est, non esse summum Deum: et ideo omnem animam mutabilesque omnes spiritus transcenderunt, quaerentes summum Deum".

[126] *Conf.* VII, 20,26: "Sed tunc lectis Platonicorum illis libris posteaquam inde admonitus quaerere incorpoream veritatem invisibilia tua per ea quae facta sunt intellecta conspexi et repulsus sensi, quid per tenebras animae mea contemplari non sinerer, certus esse te et infinitum esse Nec tamen per locos finitos infinitosue diffundi et vere te esse, qui semper idem ipse esses, ex nulla parte nulloque motu altera aut aliter, Cetera vero ex te esse omnia, hoc solo firmissimo documento, quia sunt certus quidem in istis eram, nimis tamen infirmus ad fruendum te".

[127] *Conf.* VII, 20,26: "inter videntes, quo eundum sit, Nec videntes, qua, et viam ducentem ad beatificam patriam non tantum cernendam sed et habitandam".

3.2. *"Illum intelligimus Patrem"*

As leituras e reflexões ajudam Agostinho a resolver a questão teórica essencial, constatando a realidade espiritual, porém não lhe resolvem o problema prático existencial nem o ajudam a vencer a alienação e o mal, notando quão longe está de Deus, *inregione dissimilitudinis*.[128] No caminho de Agostinho até Deus, notam-se alguns momentos fundamentais: A reconstrução da certeza da verdade, a integração da razão e da fé e a elaboração do itinerário do *ascensus ad Deum*.[129]

Agostinho atribui uma enorme importância à reconstrução da certeza,[130] para superar a dúvida cética.[131] Trata-se da tarefa de descobrir a verdade lógica de algumas proposições disjuntivas,[132] ou de teor matemático, e a verdade da experiência imediata dos sentidos.[133] Em sua dialética entre a *vera philosophia* e a *vera religio*, atribui Agostinho grande interesse à melhor integração da *ratio* e da *fides*. Agostinho não busca uma verdade qualquer, mas a eterna e suprema verdade, subsistente e imutável, beatífica e certa; para alcançá-la, só a razão é insuficiente, sendo útil crer[134] antes de compreender; bem pouco ficaria do convívio humano, se somente aceitasse, quanto pode ser percebido ou verificado imediatamente por cada mortal.[135] Somente depois de uma conversão religiosa, ao passar da *superbia* a *humilitas* e do *amor sui* ao *amor Dei*, podemos receber a iluminação daquele, que é *fons veritatis* e *sol secretus*.[136]

Havendo o homem caído na região do temporal, do sensível, da aparência e da opinião, a Providência lhe oferece uma *temporalis medicina*.[137] O auxílio da fé na mensagem de Cristo e *predicatio apostolica*. A criatura pode ir do temporal ao eterno, do sensível ao espiritual, da opinião à verdade, da aparência à realidade. Perdido como está na região do vício e do erro, o homem não encontrará o caminho sem a ajuda de uma autoridade competente.[138] Existe uma exigência de integração entre a *ratio* filosófica e a *auctoritas* do crente, dando inclusive

---

[128] *Conf.* VII, 10,16: "Tu es deus meus, tibi suspiro die ac nocte"; "et cum te primum cognovi, tu assumpsisti me, ut viderem esse, quo viderem esse, quod viderem, et nondum me esse, qui viderem"; "et reverberasti infirmitatem aspectus mei radians in me vehementer, et contremui amore et horrore: et inueni longe me esse a te in regione dissimilitudinis".

[129] Cf. MADEC, G. "Ascensio, ascensus", in *AL* I, p. 465-475; J.J. O'MEARA, *Porphyry's Philosophy*, p. 175ss.

[130] *Conf.* VI, 1,1: "Et diffidebam et desperabam de inventione veri". Segundo *Retr.* I, 1,1, sem a religião Agostinho teria seguido em uma "veri inueniendi desperatio". Conforme *De Acad.* III, 17,37 a dialética platônica ajuda Agostinho a elaborar a oposição entre verdade e opinião, identidade e diferença.

[131] A dialética impede de negar o princípio de contradição ou afirmar proposições contraditórias. Assim afirma-se em *De Acad.* III, 13,29: "Non potest uma anima et mori et esse immortalis. Non potest homo simul et beatus et miser esse. Non hic et sol lucet et nox est. Aut vigilamus nunca ut dormimus. Aut corpus est, quod mihi videri videor, aut non est corpus. Haec et alia multa, quae commemorare longissimum est, per istam (dialeticam) didici vera esse, quoquo modo esse habeant sensus nostri, in se ipsa vera".

[132] Cf. *De Acad.* III, 10,22-23 devem ser rechaçadas as assertivas do tipo "nulli rei deberi assentirri" ou "nihil posse percipi"; certas disjunções não podem deixar de ser verdadeiras: "Certum enim habeo, aut unum esse mundum, aut non unum; et si non unum, aut finiti numeri, au infiniti".

[133] *De Acad.* III 10,25-26: "Non enim video quomodo refellat Academicus eum qui dicit: Hoc mihi candidum videri scio" ou "ter terna novem esse".

[134] *De Util cred.* 14,31: "Nam ego crederem ante rationem, cum percipiendae rationi non sis idoneus, et ipsa fide animum excolere excipiendis seminibus veritatis, non solum saluberrimum iudico, sed tale omnino, sino quo aegris animis salus redire non possit".

[135] *De Util. Cred.* 12,26; "multa possunt afferri, quibus ostendatur nihil omnino humanae societatis incolume remanere: si nihil credere statuerimus, quod non possumus tenere perceptum".

[136] *De B. Vita* 4,35 somente é possível conhecer a Deus, quem está disposto a reconhecê-lo, adorá-lo, servi-lo. É necessário purificar o ânimo do erro e do mal, para poder encontrar a verdade. Assim sendo, afirma Agostinho em *De Util cred.* 16,34: "Verum udire velle, ut animum pruges, cum ideo purgetur ut videas, perversum certe atque praeposterum est".

[137] *De Ver. Rel.* 24,45: "Quia in temporalia devenimus et eorum amore ab aeternis impedimur, quaedam temporalis medicina, quae non scientes, sed credentes ad salutem vocat, non naturae et excellentiae, sed ipsius temporis ordine prius est".

[138] *De mor.* I, 23: "Sed quia caligantes hominum mentes consuetudine tenebrarum quibus in nocte peccatorum vitiorumque velantur, perspicuitati sinceritatique rationis adspectum idoneum intendere nequeunt; saluberrime comparatum est, ut in lucem veritatis aciem titubantem veluti ramis humanitatis opacata inducat auctoritas".

uma prioridade no ato de crer sobre o ato de entender, pois a fé oferece ajuda para aceitar a verdade e assim melhor entendê-la.[139] Com a *lumen fidei*, podemos chegar ao *intellectus fidei*. Crer ajuda a conhecer, e a vida eterna consiste em conhecer o Deus verdadeiro e seu enviado Jesus Cristo.[140] Agostinho insiste em seus argumentos sobre o fundamento da fé e na necessidade de ser constante na investigação da verdade até consegui-la.[141]

Plato ille philosophus nobilis e outros grandes sábios da antiguidade venceram o erro e conheceram a verdade, porém filosofaram *sine mediatore*, ignoraram o caminho *ad patriam*, quer dizer, não conheceram Cristo mediador, que faz passar do *amor sui* ao *amor dei* e da soberbia à *vera sapientia*.[142] Com o auxílio divino, quantos desejarem conhecer Deus plenamente, não por orgulho ou egoísmo, chegarão à verdade plena e única felicidade.[143] A preocupação pelo *ascensus in Deum* permanece viva no ânimo de Agostinho, durante a estada em Roma, depois do batismo em 387. Continua Agostinho sua reflexão com Evódio, expressando sua convicção de chegar a Deus, *per virtutem Dei atque sapientiam*, pela mediação de Cristo, segundo a alusão paulina (1Cor 1,24); adorando somente ao Criador do universo, "ex quo omnia, per quem omnia, in quo omnia" (Rm 11,36).[144]

Agostinho medita sobre a responsabilidade do homem no mal, sobre a bondade do criador e sobre o louvor a Deus, em suas obras e juízos.[145] Em sua meditação, é capital a reflexão sobre seu itinerário pessoal para sair do maniqueísmo e aderir ao espiritualismo, ao aprender o caminho até a interioridade, em suas leituras plotinianas.[146] A novidade do catolicismo, como *vera religio* superior ao paganismo, à heresia, ao cisma e ao judaísmo, é capaz de conduzir à salvação, ilumina o problema do mal e ensina o *ascensus*,[147] por fé e razão, vencendo o erro e o vício;[148] em particular, superando a tripla concupiscência da

---

[139] *De lib. Arb.* II, 2,6: "Ipse quoque Dominus noster et dictis et factis ad credendum primo hortatus est, quos ad salutem vocavit (...)Nisi enim aliud esset credere, et aliud intelligere, et primo credendum esset, quod magnum et divinum intelligere cuperemus, frustra propheta dixisset: nisi credideritis, non intelligetis (Is 7,9)".

[140] *De Lib. Arb.* II, 2,6: "Sed postea cum d eipso dono loqueretur, quod erat daturus credentibus, nona it: haec est autem vita aeterna; sed: haec est, inquit, vita aeterna, ut cognoscant te solum Deum verum, et quem misisti Iesum Christum (Jo 17,3).

[141] *De Lib. Arb.* II, 2,6: "Deinde iam credentibus dicit: Quaerite et inuenietis: nam neque inuentum dici potest, quod incognitum creditur; neque quisquam inueniendo Deum fit idoneus, nisi antea crediderit quo est postea cogniturus (Mt 7,7); *De Trin.* XV, 2,2: "fides quaerit, intellectus inuenti".

[142] Cf. *De Trin.* XII, 15,24; XIII, 19,24. O cristão conhece Deus e os outros e se conhece em Deus, ainda sem entender os mistérios da fé, por não cultivar o *sutdium sapientiae*. Um dia verá o verdadeiro Deus e será feliz, conforme se afirma em *Retr.* I, 1,1: "tamen ex fide Christi vivunt, ad illa certius atque felicius conspicienda post hanc vitam veniunt".

[143] *De Util cred.* 10,24: "Cuiusmodi enim libet excellant ingenio, nisi Deus adsit, humi repunt. Tunc autem adest, si societatis humanae in Deum tendentibus cura si".

[144] *De quant. Anim.* 34,77: "Id est, incommutabile Principium, incommutabilem Sapientiam, incommutabilem Caritatem". Agostinho medita as Escrituras, por sua utilidade para a fé e por seu ensinamento sobre a unidade do Deus da dupla aliança (cf. *De Mor.* I, 7,11-12; 17-30).

[145] Cf. *Retr.* I, 11,1, este é um tema do *De libero arbitrio*, que o ocupou desde o período romano posterior ao batismo, até sua consagração episcopal de 388 a 395.

[146] Cf. CAYRÉ, F. *La contemplation augustinienne*, p. 200ss.; *De Lib. Arb.* II, 2,4, o *ascensus* de Agostinho supõe a fé, a pureza de coração e a caridade, para chegar à plenitude do *intellectus fidei* na afirmação racional e mística do Criador.

[147] J. Bitez documentou uma influência do *De regressu animae* porfiriano no livro X do *De Civitate Dei* (*Vie de porphyre*, p. 158ss); segundo J. J. O'Meara, Agostinho alude ao *De regressu animae* ou à Filosofia dos Oráculos, em numerosas passagens de seus escritos (cf. *Porphyry's Philosophy from Oracles in Augustine*, p. 49ss.; p. 151ss.

[148] Cf. *Ver. Rel.* 1,1- 6,11. O problema do mal é visto sob a dialética do ser e não ser, por seu voluntarismo e desordem (cf. *Ver. Rel.* 11,21 – 28,44). O *ascensus* da alma a Deus, parte da fé ou *auctoritas* (*Ver. Rel.* 24,45 – 28,51) e a *ratio*, que vence o erro (*Ver. Rel.* 29, 52- 36,67).

voluptas, da *superbia* e da *curiositas*, até chegar à comunhão com Deus onipotente, reconhecido intimamente como Pai, *nulla interposita criatura*.[149]

4. "Credo in Deum Patrem omnipotentem"

Entre a ordenação presbiteral e a consagração episcopal (391-396), Agostinho não descansa em sua tarefa de exegeta, apologeta, predicador e mistagogo. Aos 8 de outubro de 393, no Concílio de Hipona,[150] pronuncia seu discurso *De fide et symbolo*, comentando o Símbolo de Niceia.[151]

4.1. "Deo debita servitus"

Como apologeta, prossegue Agostinho seu discurso polêmico contra a seita dos maniqueus,[152] no comentário ao livro do Gênesis, meditação sobre o mistério do Criador e da criatura. Entre os primeiros escritos, ao retorno às terras africanas de Tagaste e Madaura, está o *De genesi contra Manichaeos* (388-389), em que Agostinho começa sua tarefa de intérprete da Escritura. Retirado ao *servitium Dei*, "segundo a norma e a regra em vigor ao tempo dos santos apóstolos", como anota Posídio, acompanhado de Evódio, Alípio e Adeodato, Agostinho comenta *secundum allegoricam significationem* a criação do mundo e do homem, em polêmica com o dualismo e materialismo maniqueu. Já presbítero, intenta um novo comentário literal, que não consegue concluir: O *De Genesi ad litteram liber imperfectus* (393-394). Importante considerar a teoria agostiniana sobre os *quattuor modi legis exponendae*. Comentário aos feitos (*secundum historiam*); seu sentido figurado (*secundum allegoriam*); a ambos testamentos (*secundum analogiam*); às causas de feitos e ditos (*secundum aetiologiam*).[153] A metodologia de Agostinho permite valorizar esta obra, *index non inutilis rudimentorum meorum in enucleandis atque scrutandis divinis eloquiis*.[154] O tema deve ser abordado a partir da Odisseia de Agostinho, em sua passagem pela experiência maniqueia e neoplatônica, até encontrar-se com a diferença ontológica Criador-criatura no Cristianismo.[155]

---

[149] Cf. *De Ver. Rel.* 37, 68-54,106, o mais árduo é a vitória sobre a tríplice concupiscência, que abre caminho à comunhão com Deus. Isso se confirma em *Ver. Rel.* 55,113: "Religet ergo nos religio uni omnipotenti Deo; quia inter mentem nostram qua illum intelligimus Patrem, et veritatem, id est lucem interiorem per quam illum intelligimus, nulla interposita creatura est".

[150] Cf. MADEC, G. *Introduction aux "Révisions"*, p. 40ss. Especificamente na p. 150 afirma: "Gloriosissimo imperatore Theodosio simper Augusto III et Abundantio viro clarissimo consulibus, octavo Idus octobris, in secretario basilicae Pacis".

[151] *De fid. Et symb.* 10,25: haec est fides quae paucis verbis teneda in Symbolo novellis christianis datur. Quae pauca verba fidelibus nota sunt, ut credendo subiugentur Deo, subiugati recte vibant, recte vivendo cor mundent, corde mundato quod credunt intelligent"; *Retr.* I,17: "Per idem tempus coram episcopis hoc mihi iubentibus, qui plenarium totius Africae concilium Hippone Regio habebant, de fide et symbolo presbyter disputavi".

[152] Cf. MADEC, G. *Introduction aux "Révisions"*, p. 85ss. Agostinho escreve *De moribus Manichaeorum* (390), *De duabus animabus* e *Contra Fortunatum* (392), *Contra Adimantum* (394). Já na condição de Bispo escreve *Contra Epistolam Manichaei* (396), *Contra Faustum* (400), *Contra Felicem* (404), *Contra Secundinum* e *De natura boni* (405).

[153] *De Util cred.* 3,5-6: "Omnis igitur Scriptura, quae Testamentum vetus vocatur, diligenter eam nosse cupientibus quadrifaria traditur: secundum historiam, secundum aetiologiam, secundum analogiam, secundum allegoriam".

[154] Depois, Agostinho elabora os capítulos I. XI-XIII das *Confessiones* (397-401) e do comentário de *Genesi ad litteram libri duodecim* (401-415). O primeiro livro antimaniqueo de Agostinho contrapõe cosmogonia e antropologia maniqueia e católica. A visão católica do Deus criador e do homem *imago Dei* adquire nova relevância em contraste com a compreensão maniqueia do dualismo *Lux-tenebrae*. A visão das sete idades do mundo se perfila em contraste com as três etapas do tempo maniqueo (*intimum, medium, finis*) no conflito dos dois reinos, de luz e trevas.

[155] *Serm.* 125 (416-417): "Ergo reformemur ad imaginem Dei quia sexto die factus est homo ad imaginem Dei (Gn 1,27). Quod ibi fecit formatio, hoc in nobis reformatio: et quod ibi fecit creatio, hoc in nobis recreatio". De acordo com M.A.

Aparecem também estudos de Agostinho sobre a Nova Aliança,[156] a perfeição evangélica *De sermone Domini in monte*, as epístolas *Ad Romanos* e *Ad Galatas*, a teologia paulina da graça em *Ad Simplicianum* (395). Encontra Agostinho as cartas paulinas já no período maniqueu (373-383), a seguir no tempo de suas leituras, antes (384-386) e depois do batismo (387), até chegar à *Expositio quarundam propositionum ex Epistula ad Romanos*, a *Expositio Epistulae ad Galatas* e a *Espitulae ad Romanos inchoata Expositio* (394-396).[157]

As questões da vida cristã fascinam ao Bispo de Hipona, em particular quando a leitura do *De natura* de Pelágio o faz perceber seu contraste com a doutrina do Novo Testamento.[158] Agostinho encontra em Cipriano de Cartago a chave de sua teologia da graça até o ano de 396,[159] formulada no paradoxo "dar glória a Deus, princípio de nossa própria glorificação", que tem seu fundamento cristológico na *Incarnationis humilitas*, na humildade do Cristo, *mendicamentum, sacramentum, exemplum, via*. A intenção de Agostinho se revela ao tratar do tema da adoção: "secundum propositum voluntatis suae, in laudem gloriae gratiae suae, in qua gratificavit nos in dilecto filio suo" (Eph 1,5), ou ao comentar o texto: "et vidimus gloriam eius, gloriam quase unigeniti a patre plenum gratiae et veritatis" (Io 1,14).[160]

Na experiência de Agostinho, como *servus Dei*, presbítero e bispo, a dimensão eclesial é fundamental, como se detecta em seus tratados e sermões, durante o debate antidonatista. A controvérsia com os donatistas obriga o Bispo de Hipona a elaborar a questão da *vera ecclesia*, na qual se entrelaçam pneumatologia, eclesiologia, liturgia e ética.[161] Aparece

---

VANIER, *"Creatio", "conversio", "formatio" dez S. Augustin*. Fribourg 1997, a filosofia de Agostinho sobre a criação, em seu enlace com a conversão e a nova criação, em *De Ordine* (386) e *Sermo Denis* II (399), I. XI-XIII das *Confessiones* (397-401), I. XI da *De Civitate Dei* (416), *De Genesi contra Manicheos* (388-389), *De Genesi liber imperfectus* (393/ 395-426), *De Genesi ad litteram livri XII* (399/404/411-416). Os comentários ao Hexaémeron examinam pontos qualificantes: Trindade e criação, motivo da criação ("Quia voluit – Quia bônus), beleza da criação ("mensura, numerus, pondus"), dialética ("aversio – conversio), relação "formatio" – "iluminatio", abrindo a "deificatio", no eterno repouso ("Intus est, in corde est sabbatum nostrum"), cumprimento da criação divina.

[156] Cf. MARAFIOTI, D.*Sant'Agostino e la nuova alleanza*, Roma 1995, a nova aliança (Jr 31,31-34) é tratada por Agostinho em *Contra Faustum, De peccatorum meritis et remissione, Tractatus aversus Iudeos, De Spiritu et Littera, Enarrationes in Psalmones*. A *Novitas testamenti* aparece na exegese agostiniana, com "mutatio sacramentorum", "gratia" ou "vita aeterna". A polissemia do texto em Agostinho ressalta a unidade dos testamentos e o sentido cristológico da Escritura.

[157] Cf. DELAROCHE, B. *Saint Augustin lecteuer et interprète de Saint Paul dans le "De peccatorum meritis et remissione" (hiver 411-412)*. Paris 1996. A infuência da teologia paulina é visível em: *De diversis quaestionibus LXX-XIII, Ad Simplicianum, Confessiones, De doctrina christiana* e *De peccatorum meritis et remissione*, obra esta escrita em 441/412 por solicitação de Flávio Marcelino, delegado de Honório para a solução do cisma donatista. A obra entrelaça questões referentes ao pelagianismo emergente de Celeste, visto com suspeita por Agostinho. A doutrina agostiniana recebe a perspectiva paulina na teologia do batismo como salvação e perdão em Cristo e a vida cristã como confissão de Cristo, justo e justificador, caminho pessoal de santidade até a ressurreição.

[158] Cf. St. AUGUSTINE. *Four anti-Pelagians Writings*, Washington 1992; MADEC, G. *Introduction aux "Révisions"*, p. 105-114, a temática do pecado e da justificação, natureza e graça, pecado original e batismo, em oposição à tese pelagiana, é abordada por Agostinho em *De natura et gratia* (413-415). Em *De gestis Pelagii* (417), depois do Sínodo de Dióspolis (415), em que Pelágio tinha sido absolvido, Agostinho discute diversas objeções suscitadas por sentenças pelagianas; mais tarde, por ocasião das cartas de Próspero e Hilário, sobre doutrinas de Cassiano e dos monges de Provenza (429), escreve *De predestinatione sanctorum* e *De dono perseverantiae*. Agostinho contrasta as teses de Pelágio com a teologia paulina e com a teologia joanina.

[159] Cf. HOMBERT, P. M. *Gloria gratiae*, p. 14ss. e 271, segundo *De predestinatione sanctorum*: "In nullo gloriandum, quando nostrum nihil sit", baseado no texto paulino: "quid autem habes quod non accepisti? Si autem et accepisti, quid gloriaris quase non acceperis? (1Cor 4,7). As *Retractationes* sobre *Ad Simplicianum* – a graça vitoriosa ("sed vicit Dei gratia") – e o *Enchiridion*, tratando do verso paulino: "ut qui gloriatur in domino glorietur" (1Cor 1,31), confirmam este testemunho.

[160] *De Civi. Dei* XXII, 30,4: "in gloriam gratiae Christi"; *Em. in Os.* 89,4: "Hoc a te peto, quod ipse iussisti: dans eius gratiae gloriam, ut quid gloriatur in domino glorietur". De acordo com HOMBERT, P. M. *Gloria gratiae*, p. 329 e p. 442ss. a glória enlaça-se com a graça.

[161] Cf. MADEC, G. *Introduction aux "Révisions"*, p. 89-97. Os primeiros testemunhos da controvérsia são: *Psalmus contram partem Donati* (394), *Contra epistulam Donati haeretici* (394), *De baptismo libri septem* (401). Seguidos por: *Epistula ad*

a Igreja em sua realidade misteriosa, corpo e esposa de Cristo, *vinha eleita*, templo do Espírito em sua visibilidade e autoridade pastoral, em sua catolicidade, unidade, apostolicidade e santidade, *sanctorum communio*, Jerusalém celeste, mãe virginal dos crentes.[162] O anúncio da maternidade eclesial se desenvolve desde a experiência do convertido até quando, sob o peso da *sarcina episcopalis*, exerce a dupla tarefa de predicador da palavra divina e de polêmico contra o erro donatista, sempre pronto a defender a *mater verissima christianorum*, exaltando a fecundidade virginal da Jerusalém celeste: a *sponsa Christi*, mãe dos crentes.[163]

Agostinho assume com intensidade sua função de *dispensor verbi*. A incansável atividade do serviço pastoral do Bispo de Hipona, parte da consciência da *Deo debita servitus*, como ministro da palavra e do sacramento.[164] Do meio militar de *sermones* que se conservam, numerosos cobrem os tempos do ano litúrgico: das festividades de Natividade e Epifania do Senhor aos sermões quaresmais, destinados a estimular a observância penitencial – jejum, esmola e oração – em um auditório de catecúmenos, em seus estágios de *audientes* e *competentes*, com particular atenção à *traditio symboli* e ao ensinamento da *oratio dominica*;[165] dos sermões na vigília pascal e na Páscoa do Senhor, e as homilias aos neófitos, aos sermões para as festividades da Ascensão do Senhor e do Pentecostes.[166]

A ética agostiniana do amor irradia particular fascinação, perfilando um Agostinho, *Doctor Caritatis*. A questão do *diligere Deum* e do *diligere proximum* deve ser vista segundo a motivação agostiniana: *deum tamquam deum, proximum tamquam te*. Descobre-se a motivação do amor de Deus *propter seipsum* e do amor do próximo *propter deum*, e outras fórmulas relacionadas com o duplo mandamento e sua observância (*una caritas et duo praecepta*).[167] A identidade do próximo e sua identificação com Cristo é debatida no tema, *diligamus, ergo, uut praeceptum est, etiam inimicos nostros*. Agostinho debate a questão de *uma caritas* ou unidade entre amor de Deus e do próximo, pois os dois preceitos se fundem em um; *ecce, quae duo erant, unum factrum est*. Aspectos da ética do amor, tratados por Agostinho, são a gradualidade entre o amor ao próximo e o amor a Deus, de modo que tudo conflua na *dilectio Dei* e a dimensão escatológica da caridade. O imperativo do amor ao próximo *tamquam te ipsum* sublinha a perspectiva agostiniana, no problema do amor próprio. Relevante é também a perspectiva do amor a Deus como *servitium Dei*.[168]

Catholicos de secta Donastitarum (405), *Contra Cesconium grammaticum et donatistam* (406), *Gesta cum Emerito Donatistarum epíscopo* (418), *Contra Gaudentium Donatistarum episcopo* (422).

[162] Cf. MADRID, T. C. *La Iglesia Católica según San Agustín*, Madrid 1994.

[163] *C. Litt. Pet. a.* 401-405: "Amemus dominum Deus nostrum, amemus ecclesiam eius: illum sicut patrem, istam sicut matrem; *Serm.* 124: Sanctam quoque ecclesiam, matrem uestram, tanquam supernam Ierusalem, sanctam civitatem Dei, honorate, diligite, praedicate". Conform N. LANZI, *La Chiesa Madre in Sant'Agostino*. Pisa 1994.

[164] Cf. *Ep.* 228.

[165] Cf. HARMLESS, W. *Agustine and the Catechumenate*. Minnesota 1995. Agostinho oferece não poucas notícias sobre o catecumenato, nas *Confessiones, De catechizandis rudibus, De baptismo contra Donatistas, De fide et symbolo, Enchiridion ad Laurentium, De symbolo ad Catechumenos, Enarrationes in Psalmos, In Evangelium et epistolam Ioannis, De Doctrina /christiana, Epistolae* e *Sermones*. A reconstrução do processo na Igreja antiga requer seguir as fases do catecúmeno: encontro com a palavra, conversão (*conversi ad dominum*), iluminação e anúncio de Cristo.

[166] Cf. AGOSTINO D'IPPONA, *Sermoni per i tempi liturgici*, Milano 1994. Também de sua exegese popular emerge a figura episcopal de Agostinho em seu perfil mistagógico e aparece *qualis quantusque in ecclesia fuerit* (Posídio).

[167] Para tal fim, deve ser estudada a distinção, em relação a *caritas geminar*, de um amor *in deum et in proximum*, recorrendo a obra agostiniana: primeiros escritos (386-395), primeiros anos de seu episcopado (396-411), período antipelagiano (412-430).

[168] Cf. CANNING, R. *The Unity of Love for God and Neighbour in St. Augustine*, Heverlee-Leuven 1993. Merecem interesse a

A experiência de Agostinho foi marcada pela morte de três pessoas caras: Mônica, Adeodato e Nebrídio. Em seu ofício episcopal não podia faltar a caridade pastoral, por ocasião da morte do cristão, como mostra seu *De cura pro mortuis gerenda* (421), em que Agostinho aborda o tema, *non secundum opinionem vulgatam,* mas *secundum religionis nostrae sacras litteras,* descobrindo como se entrelaçam, na vida do crente e em relação à piedade pelos mortos, o *humanitatis officium* e o *praesidium salutis*.[169] O Bispo de Hipona trata o tema, em seu epistolário, em seus tratados, nas *enarrationes in psalmos* e nos comentários *In Iohannis evangelium,* no *Enchiridion ad Laurentium* e em *De doctrina christiana,* sem esquecer o *De civitate Dei.* No contexto do mundo antigo, considerando sua experiência pastoral e reflexão doutrinal, iluminado por sua esperança escatológica por sua fé cristã e pela vivência da *grati Christi* na *communio sanctorum,* Agostinho ilustra, na *pompa funeris,* a *pietas pro mortuis.*[170]

A pedido de Laurentius, funcionário imperial, *primarius notariorum Urbis,* Agostinho redige entre 423 e 424, época em que conclui *De Trinitate* e elabora a segunda parte de *De civitate Dei,* um manual, *enchiridion,* ou também, *De fide, spe et caritate,* como preferia intitular sua obra, que oferece os elementos essenciais da vida do cristão, individuados através do *Symbolum* e da *oratio Dominica,* na tríade paulina (1Cor 13,11-13), e expressa bem o sentido da ação pastoral do Bispo de Hipona.[171]

4.2. "Deus est et Pater est"

Os livros das *Confessiones* (397-401) suscitam sempre admiração. A parábola de Agostinho comove quem contempla no *speculum* da memória sua *peregrinatio* isolada, refletida em um texto, no qual se entrelaçam *narratio* histórica e *confessio* religiosa, *quaestio* filosófica e *sacrificium laudis*. O diálogo de passado e presente – *tunc* e *nunc* – envolve ao leitor, fascinado por Agostinho, em sua busca de Deus, da *regio egestatis* e a *regio beatae vitae.*[172] Um dos aspectos mais sugestivos, na *Confessiones,* é o uso agostiniano da Escritura para ler sua parábola existencial,[173] e assim fala de si mesmo, *de me,* e da palavra divina, *de scripturis sanctis.* O eu agostiniano se deixa ver, entender, interpretar e julgar, pela Escritura divina.[174]

Agostinho se reconhece como a criatura que retorna ao Criador, como um homem que se deixa iluminar pela cruz do Verbo (Jo 1,9), como o servo que escuta a palavra de

---

fórmula joanina *Quia Deus dilectio est* (1Jo 4,8) e a visão do juízo final (Mt 25,31-46), com o tema do *minimi mei,* o amor compassivo e misericordioso do pobre.

[169] Cf. *em. in Os* 38,19, a experiência humana está marcada pela insegurança da vida e a universalidade da morte, *incerta omnia, sola mors certa.*

[170] *Serm.* 241: "Propria fides est Christianorumi, ressurrectio mortuorum". Conforme KOTILA, H. *Memoria Mortuorum,* Roma 1992, a fé cristã mitiga o pessimismo com a esperança da ressurreição.

[171] Cf. MADEC, G. *Introduction aux "Révisions",* p. 73; *De fid. Et symb.* 1,1. A via *ad Deum* passa através do *Symbolum* e da *oratio Dominica; Ench.* 2,7: "Nam ecce tibi est Symbolum et dominica oratio: quid brevius auditor aut legitur?"; "(...) In his duobus tria illa intuere: fides credit, spes et charitas orant"; *Retr.* II, 63; "Ibi satis diligenter mihi videor esse complexus quomodo sit colendus Deus".

[172] Cf. ZUM BRUNN, E. *Le dilemme de l'être et Du néant chez S. Augustin. De premiers Dialogues aux Confessions,* Paris 1969; POQUE, S. "L'invocation de Dieu dans les Confessions", in *Mélanges T.J. Van Bavel,* Leuven 1990, p. 927-935.

[173] Cf. FELDMANN, E. "Et inde rediens fecerat sibi Deum" (*Conf.* 7,20). Beobachtungen zur Genese des augustinischen Gottesbegriffe und zu dessen Funktion in den Confessiones, in *Mélanges T.J. Van Bavel,* Leuven 1990, p. 881-904.

[174] Cf. BOCHET, I. "Interprétation scripturaire et comprehension de soi. Du *De doctrina Christiana* aux *Confessions* de Saint Augustin", in *Comprendre et interpreter. Le paradigm herméneutique de la raison.* Paris 1993, p. 21-50. Agostinho aprecia já favoravelmente a Escritura; *Conf.* V, 6,10: "Iam ego abs te didiceram nec debere videri aliquid verum dici, quia eloquenter dicitur, nec eo falsum, quia inconposita sonant signa labiorum"; *Conf.* III, 5,9: "incesu humilem, successu excelsam et velatam mysteriis".

seu Senhor[175], como um filho pródigo retorna ao Pai providente e cheio de bondade, que não se esquece de cuidá-lo.[176] Agostinho faz sua a linguagem bíblica, retomando o tema da *imago Dei* ou a súplica dos Salmos, a mudança de vida de Paulo ou a conversão do filho pródigo.[177] Agostinho medita e incita a meditar sobre a presença e ação de Deus em nossa existência, como Pai criador providente, redentor e salvador, sobre nossas vidas imanente e transcendente.[178] O *ascensus ad Deum* vem codificado na própria experiência de Agostinho, em sua busca do *Deus cordis mei*;[179] não o pode encontrar nas criaturas nem na própria realidade interior, meramente humana, mas somente na ascensão a Deus mesmo, *in Te surpa me*,[180] realizando na força da graça divina o desejo que Mônica o havia inculcado quando ainda era uma criança, *ut tu mihi Pater esses*.[181]

Agostinho contempla a *pulchritudo* da criação divina. O itinerário agostiniano acompanha o caminho da criatura, da *regio dissimilitudinis* à *regio beatae vitae*, do macrocosmo ao microcosmo, da beleza sensível à beleza interior, da formosura da criatura a do Criador, da imagem divina na alma e do esplendor da virtude – justiça, verdade, amor, sabedoria – à realidade misteriosa da Trindade.[182] No tema do mistério inefável, para Agostinho é clara distância entre a realidade divina misteriosa e quando dela se pensa a experiência interior e expressa no discurso de fé,[183] dada a incompreensibilidade[184] e inefabilidade divina.[185] A realidade divina brilha na teofania do *ipsum esse*,[186] esplendor de perfeições,[187] realidade imutável e onisciente,[188] eterna e subsistente,[189] onipotente e providente.[190]

A questão de Deus não se refere a sua realidade, da que somente um *insipiens* poderia duvidar, mas sua natureza e o modo de veneração. Na linguagem bíblica aparece

---

[175] *Conf.* X, 26,37: "optimus minister tuus est, qui non magis intuetur hoc a te audire quod ipse volverit, sed potius hoc velle quod a te audieret".

[176] *Conf.* V, 7,13: "manus enim tuae, dues meus, in abdito providentiae tuae non deserebant animam meam (...) et egisti mecum miris modis"; *Conf.* VII, 8,12; "et residebat tumor meus ex occulta manu medicinae tuae".

[177] Cf. KNAUER, G. N. *Psalmenzitate in Augustin Konfessionen*, Göttingen 1995; LA BONNARDIERE, A. M. "L'initiation biblique d'Augustin", in *Saint Augustin et la Bible*, Paris 1986, p. p.31; *Conf.* III, 6,11: et longe peregrinabar abs te exclusus et a siliquis procorum, quos de siliquis pascebam".

[178] Cf. BOCHET, I. *Saint Augustin et le désir de Dieu*, p. 175-191; SOLIGNAC, A. *Les Confessions* I, 383, n. 2; *Conf.* I, 1,1: "tu excitas, ut laudare ted elect, quia fcisti nos ad te et inquietum est cor nostrum, donec requiescat in te"; *Conf.* III, 6,11: "tu autem era interior intimo meo et superior summo meo".

[179] Cf. *Ps* 72/73,26; *Conf.* IV, 2,3; VI, 1,1; MADEC, G. *Le Dieu d'Augustin*, p. 90-91.

[180] Cf. *Conf.* VII, 11,17-17,23; X, 6,9; CYARÉ, F. *La contemplation augustinienne*, Paris 1927, p. 195-209, tem-se o itinerário agostiniano infrassupra, extraintra, foris-intus; *Conf.* X, 26,37: "Ubi ergo te inueni, ut discerem te, nisi in te supra me?".

[181] Cf. *Conf.* I, 11,17.

[182] Cf. TSCHOLL, J. *Dio & bello in Sant'Agostino*, Milano 1996.

[183] *De Trin.* VII, 4,7: "verius enim cogitator Deus quam dicitur et verius est quam cogitator".

[184] *In. Io. Eu. Tr.* 23,9: "Si non potestis, comprehendere quid sit Deus, vel hoc comprehendite quid non sit Deus: multum profeceritis, si non aliud quam est, de Deo senseritis. Nondum potes peruenire ad quid sit, perueni ad quid non sit".

[185] *Ep.* 120, 3,13: "Non parua est inchoatio cognitionis Dei, si anteuqam possimus nosse quid sit, incipiamus isam nosse quid non sit"; *Em. in Os.* 85,12: "Intendant caritas vestra: Deus ineffabilis est; facilius dicimus quid non sit, quam quid".

[186] *En. in Ps.* 101: Et ille indicans se creaturae Creatorem, Deus homini, immortalem mortali, aeternum temporali: Ego inquit, sum qui sum"; *In. Io ev. Tra.* 38,10; "non enim est ibi verum esse ubi est et non esse".

[187] *Conf.* I, 4,4: "Aut quis Deus praeter Deum nostrum? Summe, optime, potentissime, omnipotentissime, misericordissime et iustissime, secretissime et praesentissime, pulcherrime et fortissime, stabilis et incomprehensibilis; immutabilis mutans omnia, nunquam nouus, numquam vetus, innovans omnia et in vetustatem perducens sueprbos et nesciunt".

[188] *Conf.* XIII, 16,19: "Nam sicut omnino tu es, tu scis solus, qui es incommtabiliter, et scis incommutabiliter et vis incommutabiliter".

[189] *In. Io ev. Tra.* 38,10: "Discute rerum mutatione, inuenies fuit et erit: cogita Deum, inuenies est, ubi fuit et erit esse non posse"; *De div. qu. LXXXIII*, qu. 19: "Quod incommutabile est, aeternum est, simper enim eius modi est".

[190] *De Civ. Dei.* XXI, 7,1: "placuit quippe divinae providentiae praeparare in posterum bona iustis, quibus non fruentur iniusti"; *De Civ. Dei.* XXXI, 7,1: "Qui non ob aliud vocatur omnipotens, nisi quoniam quidqui uult potest".

a oposição entre negação e afirmação de Deus, mas não em modo significativo.[191] Porém, se a questão do ateísmo teórico não joga grande papel, aparece em Agostinho o problema da culpa de quantos não conhecem ou não reconhecem, nem glorificam o Criador.[192] Com efeito, no paganismo muitos se tornam néscios pela idolatria, não sabendo decifrar o que contemplar: *inuisibilia Dei*,[193] passando do mutável ao imutável e da criação ao Criador.[194]

Aparece também a oposição entre os deuses das nações pagãs ou *daemonia*[195] e o *solus verus Deus*.[196] O único Deus verdadeiro, adorado pelos cristãos, aparece como suma realidade, imortal, oniperfeita e transcendente, imutável, imaterial e incorpórea, onipotente, onipresente, infinita e imensa.[197] Agostinho privilegia a linguagem bíblica sobre Deus, seja do Antigo, seja do Novo Testamento.[198] Deus criador é afirmado como realidade absoluta, pessoal e exclusiva. Entre cristãos, judeus e pagãos, existe não uma distância inalcançável, mas sim uma dialética de continuidade e descontinuidade: Deus é conhecido por todas as gentes como Criador do universo; para os judeus é o Deus que proíbe a idolatria; para os cristãos é o Pai eterno e santo de Jesus.[199] Para todos é o *summum Numen*, a realidade *numinosa* suprema.[200] Porém para a revelação bíblica da antiga e nova aliança está vigente a perspectiva monolátrica e o exclusivismo cultual, opondo-se ao politeísmo; portanto o culto ao Deus *Christianorum* entra em contraste com a política religiosa do Império, por reservar a adoração ao único e verdadeiro Deus.[201]

Agostinho recebe o batismo na noite do 24 para o 25 de abril de 387, durante a solene liturgia da *sanctissima nox*.[202] Então professa a fé,[203] com o *symbolum apostolicum*: "Credo in

---

[191] Somente o ignorante nega Deus: *Serm.* 69,3: "insania ista paucorum est"; A espécie dos ímpios é rara: *Serm.* 23,10: "Es ergo Deus, magisque fit quaestio quomodo colendus sit quam utrum sit".

[192] *Conf.* VIII, 1,2: "vani sunt certe omnes homines, quibus non inest dei scientia, Nec de his, quae videntur bona, potuerunt, inuenire eum, qui est" (sb 13,1);"at ego iam non eram in illa vanitate; transcenderam eam et contestante universa creatura inueneram te creatorem nostrum et verbum tuum apud te deum tecumque unum deum, per quod creasti omnia"; "et est aliud genus impiorum, qui cognoscentes deum non sicut deum glorificaverunt aut gratias egerunt" (Rm 1,21).

[193] *In. Io ev. Tr.* 106,4: "Exceptis enim paucis in quibus natura nimium depravata est, universum genus humanum Deum mundi huius fatetur auctorem"; *Serm.* 3,3: "Inuenisti Deum, et colis idolum. Inuenisti veritatem et ipsam veritatem in iniustitia detines".

[194] *Conf.* XI, 4,6: "Ecce sunt caelum et terra, clamant, quod facta sint; mutantur enim atque variantur"; "quidquid autem factum non est, et tamen est, non est in eo quicquam quod ante non erat".

[195] *Ps* 95, 4-5: "Quoniam Magnus Dominus, et laudabilis nimis; terribilis est super omnes deos; quoniam omnes dii gentium daemonia".

[196] *Io* 17,3: "Haec est autem vita aeterna: ut cognoscant te, solum Deum verum et quem misisti Iesum Christum".

[197] Cf. *Tr. In Ioh. Ev.* I, 8. De acordo com *De doctr. Chr.* I, 7,7, ainda os pagãos de crença politeísta pensam em *deus deorum* como "aliquid quo nihil melius sit atque sublimus". Conforme RAHNER, K. "Theo sim Neuen Testament", in *schriften zur Theologie* I, p. 91ss., no Novo Testamento *ho Theos* designa geralmente a Deus Pai.

[198] Cf. MADEC, G. *Le Dieu d'Augustin*, p. 36ss., Agostinho se refere a Deus *qui fecit coelum et terram*, ao *Pater domini nostri Iesu Christi*, também ao Deus revelado sob a fórmula *Ego sum quis um* ou ao *Deus Abraham, Isaac et Iacob*, e ao Deus, *charitas* e *lux*.

[199] Cf. *Tr. In Ioh, Ev.* 106,4.

[200] *Ep.* 16,1: "nam dues omnibus religionibus commune nomen est".

[201] Cf. *De cons. Ev.* I, 12,18; 18,26; 22,30 a exclusividade da religião bíblica entra em choque com a tolerância do culto dos deuses dos povos do Império Romano. Somente o Deus da *vera religio*, caminho de salvação, não recebia o culto devido.

[202] Cf. *a. capriole*, "battesimo di Agostino: imagine di chiesa e figura di cristiano", in *Agostino a Milano. Il battesimo*, p. 66-75; *Conf.* IX 6,14: "placuit et Alypio renasci in te mecum iam indulto humilitate sacramentis tuis congrua".

[203] *Serm.* 58, 1,1: "Symbolum reddidistis, quo breviter comprehensa continetur fides; *Serm.* 59, 1,1: "Symbolum didicistis, ubi est regula fidei vestrae brevis et grandis; brevis, numero verborum; grandis, pondeere sententiarum.

Deum Patrem omnipotentem".[204] Igualmente recita as palavras da *oratio Dominica*: "Pater noster, qui est in caelis".[205] A experiência batismal deixa marca indelével, como momento de *traditio fidei*.[206] Com efeito, a *regula fidei* e a *lex orandi* da comunidade constituem o princípio subordinante em sua busca de um *intellectus fidei* do mistério cristão; a cultura clássica, literária ou filosófica, integra-se na visão agostiniana na medida de sua homogeneidade com as Escrituras ou *sacra mostra*.[207]

O argumento do referente último da oração de Agostinho não é de fácil interpretação. Agostinho não pode ignorar o cânon do Concílio Hiponense de 393 em que esteve presente. Portanto, sabe que, *cum altari adsistitur*, a oração se dirige *semper ad Patrem*.[208] Porém, por um lado, junto ao referente último, está o mediador da salvação, objeto também da oração de súplica do crente; por outro lado, o Pai eterno e onipotente subsiste em forma inseparável como Verbo e como Espírito Santo e assim atua também na *dipositio salutis*. Por isso, é possível também glorificar a Trindade divina.[209]

No discurso de Agostinho, a palavra Deus possui papel múltiplo: pode referir-se ao *verissimus et secretissimus Deus*, identificado no referente último *aeternus et semper manens*, da tensão religiosa; ou *dominus Deus* do Antigo Testamento, em comentários ao Gênesis ou em explicações sobre os Salmos;[210] ou pode designar claramente ao Deus *Pater* do Novo Testamento, em sermões sobre o evangelho de Mateus ou em tratados sobre cartas paulinas e escritos joaninos.[211] Em outras ocasiões, o termo tem validade cristológica, se o discurso se refere a Cristo, como mediador absoluto, *deus de deo* ou *lumen de lumine*. Finalmente, a linguagem sobre Deus pode recapitular as três pessoas da Trindade, que constituem o único e verdadeiro Deus da fé.[212] Trata-se de uma cifra antitriteísta,[213] que

---

[204] *Ench.* 24,96: "hoc nisi credamus, periclitatur ipsum nostrae Confessionis initium, qua nos in Deum Patrem omnipotentem credere confitemus".

[205] Cf. Mt 6,9. Em *C. Faust.* 3,3, é significativa a linguagem de Agostinho sobre o primeiro artigo de fé: "Ipsum quippe habemus et Deum et Dominum et Patrem: Deum, quod ab ipso, etiam ex hominibus parentibus, conditi sumus; Dominum, quod ei subditi sumus; Patrem, quod eius adoptione renati sumus". O Concílio Hiponense de 393, no que teve papel relevante o presbítero Agostinho, faz do Pai a referência última da oração eucarística.

[206] Isso se confirma na atividade de Agostinho com *Dispensator Verbi* e escritor eclesiástico, depois da ordenação presbiteral e da consagração episcopal. Assim exprime MADEC, G. *Le Dieu d'Augustin*, p. 38: "Dieu Père: les deux premiers articles Du *Symbole* dês Apôtres: 'Je crois en Dieu le Pére tout-puissant et em Jésus Christ son Fils unique', impliquent l'attribution de 'Dieu' come nom propre au Père, première personne de la Trinité".

[207] Cf. STUDIER, B. "Credo in Deum patrem omnipotentem. Zum Gottesbegriff dês heiligen Augustinus", in *Dominus Salvator*, p. 401-430.

[208] NEUNHEUSER, B. "Cum alatari adsistitur semper ad Patrem dirigatur oratio". Der Canon 21 des Konzils Von Hippo 393. Seine Bedeutung und Nachwirkung, in *Augustinianum* XXV (1985), p. 105-119.

[209] *Conf.* XII, 7,7: uma trinitas et trina unitas"; BERROUARD, M. F. "La Trinité qui est Dieu", p. 99.

[210] Cf. STUDER, B. "Agostino d'Ipona e Il Dio dei Libri Sapienziali", in *Mysterium caritatis*, p. 142, o *Dominus Deus* do Antigo Testamento deve aparecer aos fiéis da comunidade de Agostinho, como Senhor e Pai, divino *pater familias pedagogo*.

[211] Cf. ANOZ, J. "El Padre em la predicación agustiniana", in LAZCANO, R. (org.). *Dios nuestro Padre*, Madrid 1999, p. 23-57, em tal caso, o termo é *nomen personae* e se refere à primeira hipóstase da Trindade. De acordo com POQUE, S. "L'invocation de Dieu dans les Confessions", in *Mélanges T. J. van Bavel*. Leuven 1990, p. 927-935; G. MADEC, *Le Dieu d'Augustin*, p. 93, ainda nas *Confessiones*, Agostinho se dirige na súplica e na referência do discurso a Deus enquanto Pai, geralmente, ainda que ocasionalmente possa referir-se a Cristo mediador ou à Trindade Santa.

[212] Sem que isso justifique o teorema do modelo latino aplicado a Agostinho, hiopótese formulada na fórmula alusiva por DÉ RÉGNON, Th. Études de théologie positive sur la sainte Trinité. Paris 1892-98, I, p. 257ss.; PORTALIÉ, E. atribui a Agostinho ênfase na divindade única, origem da divisão no *De Deo uno e De Deo trino*, in *DTHC* I, 2348. Segundo SCHMAUS, M. "Die Spannung Von Metapysik und Heilsgeschichte in der Trinitätslehre Augustins", in *Studia Patristica* VI 1962, p. 503-518; DU ROI, O. *L'intelligence de la foi*, p. 452, tensão entre metafísica e *historia salutis*.

[213] Cf. *De Trin.* VII, 4,8, não se trata de *nomen essentiae*, como pensou um setor da escolástica, mas de recapitulação da *Trinitas personarum*, das que se fala *loquendi et disputandi necessitate*; *De civ. Dei* X, 29 não se pode falar de três deuses, nem de três princípios, como Porfírio faz, pela proibição de Dt 6,4. Confira-se também MADEC, G. *Le Dieu d'Augustin*, p. 40-41.

inclui o Pai onipotente, junto ao Verbo eterno e ao Espírito Santo, em unidade inseparável, única majestade, eternidade e potência, do único Deus.[214] Assim, no *De Trinitate* (400-426), a reflexão de Agostinho vai do *auditus fidei* ao *intellectus fidei* e dos diversos *testimonia* da Escritura Sagrada, sobre as teofanias do Pai eterno e a missão e origem misteriosa do Verbo e do Espírito Santo, ao intento de meditar no santuário interior da *mens* o mistério divino à luz da revelação e da fé da Igreja, respondendo por sua vez aos sofismas arianos.[215] No mistério divino não pode ser preterida a *principalitas* do Pai eterno, *principium totius deitatis*.[216]

5. *"Dominum nostrum Patrem inuenimus"*

Agostinho, em sua busca de Deus, vai da criação à criatura e da criatura ao Criador, do mundo à alma e da alma ao *verissimus et secretissimus Deus*. Se Agostinho nunca rompeu sua religação com a fé cristã, passa do fideísmo pueril ao idealismo do *Hortensius*.[217] Fascinado pelo racionalismo dos maniqueus, sai do dualismo e do materialismo da seita, com a ajuda do ceticismo dos acadêmicos, até repousar no teísmo espiritualista, no qual se deixa iluminar do *sol scretus*, luz imutável, *summum et optimum bonum*. Somente buscando a verdade com intensidade, há possibilidade de chegar, evitando os perigos do erro e do vício, ao porto da sabedoria e da felicidade, já que a fome de verdade faz sair do erro.[218] Agostinho mesmo em seu caminho: Do *Hortensius* ao Maniqueísmo; da desilusão sobre a seita ao ceticismo dos acadêmicos;[219] do entusiasmo de Plotino às leituras de Paulo e João, que precedem seu batismo. Ao meditar as páginas do Novo Testamento, Agostinho encontra no *Logos* do evangelho joanino, revelado como *Verbum incarnatum*, ou na *Sophia* das epístolas paulinas, revelada na *kenosis* do Filho eterno, a resposta divina à indagação humana.[220]

Fecundo se revelou o período vivido com os parentes e amigos na vila do gramático Verecundus, em outono de 386, em consequência de suas leituras enrizadas do encontro com o círculo neoplatônico milanês.[221] O tema do *regressus animae* ou de *reditus in coelum*[222] se faz

---

[214] Cf. *tr. In Ioh. Ev.* 39,2. Neste caso, a palavra de Deus expressa a *trinitas personarum*. Contra o modelo latino aplicado à doutrina agostiniana, opõem reservas M. F. Berrouard, G. Madec, B. Studer, A. Turrado. Não têm diferenças relevantes com a tradição precedente. Veja STUDER, B. "Augustin et la foi de Nicée", in *Dominus Salvator*, p. 369-400.
[215] Cf. MADEC, G. *Le Dieu d'Augustin*, p. 98ss.; *De Trin.* I, 2,4; 4,7; IX, 3,2; XIV, 12,15; XV, 28,51 Agostinho não pretende elaborar uma teoria psicológica sobre a Trindade, mas iluminar o crente sobre a restauração da imagem divina na criatura.
[216] Cf. *De Trin.* Iv, 20,28-29; V, 14,15; XV 28,51; *Serm.* 52, 6,7; F.A. PASTOR, "Principium totius Deitatis", in *Gregorianum* LXXIX 1998, p. 247-294; BAILLEUX, É. "Dieu notre Père, selon le *De Trinitate* de Saint Augustin", in *Revue Thomiste* LXXII 1972, p. 181-197.
[217] *Conf.* III, 4,7: "Ille vero liber mutavit affectum meum, et ad teipsum, domine, mutavit preces meas, et vota ac desideria mea fecit alia. Veja também TESTARD, M. "Cícero", in *AL* I, 913-930.
[218] Cf. BOCHET, I. *Saint Augustin et le désir de Dieu*, p. 119; *En. in Ps* 106,4: "inuenit se in errore, uult cognoscere veritatem, pulsat ubi potest,. Tentat quod potest, vagatur qua potest, fames etiam patitur ipsius veritatis".
[219] Cf. SOCTT, T. K. *Augustine. His Thought in Context*, New York – Mahwah 1995. Intentou-se detectar conflitos latentes em Agostinho, no contexto da passagem do Império ao Cristianismo imperial. A atenção se dirige ao itinerário de Agostinho, do catolicismo africano ao maniqueísmo e ao neoplatonismo, denunciando uma nota mitológica em sua polêmica contra pagãos, maniqueos, donatistas e pelagianos. Não convence o intento de idetificar com Saturno, o *Deus christianorum*.
[220] Cf. *Conf.* VII, 20,26-21,27; Jo 1,16; 1Cor 1,24.
[221] Cf. SOLIGNAC, A. "Il circolo neoplatonico milanesse al tempo della conversione di Agostino", in PIZZOLATO, L. F. (org.). *Agostino a Milano: Il battesimo*, p. 43-56.
[222] Cf. *De Civ. Dei* XXII, 27. Agostinho corrige *iturus* o *rediens* ou o *rediturus* da concessão à sentença da queda das almas nos corpos pelo pecado, segundo o *Timeo* de Platão e o *De regressu animae* de Porfírio; *De Acad.* II, 9,22: quase "in

presente no ânimo de Agostinho. Data chave será o 13 de novembro de 386, *idibus novembribus,* XXXII aniversário de Agostinho, quando inicia o debate sobre a natureza e as condições de felicidade, tornando concreto seu antigo propósito: *conferre nos totos ad querendum Deum et vitam beatam.* Dos colóquios de 13 a 15 de novembro, nascerá o *Ad Theodorum liber unus,* o diálogo *De beata vita,* dedicado ao *vir humanissimus, Flavius Mallius Theodorus,* antigo prefeito do Pretório, que anos antes, em 382, tinha se retirado da vida política para dedicar-se ao *studium sapientiae.*[223] A partir do fundamento teônomo da ética ou do encontro da *beatitudo,* no perfeito *reditus ad Deum,* Agostinho constrói o castelo filosófico de suas certezas.[224] Porém sua conversão à filosofia está unida a sua recuperação da fé, que o faz reconhecer em Cristo a verdade divina e a sabedoria eterna, capaz de conduzi-lo ao Pai, alcançando o *modus summus.*[225]

Agostinho recorda o momento de seu encontro com os escritos neoplatônicos, *libri quidam pleni,*[226] com os efeitos da iluminação, que o produz no ânimo um *incredibile incendium.*[227] De novo se mesclam amor à verdade e esperança em Cristo,[228] crendo em seu ensinamento: *Quaerite et inuenietis* (Mt 7,7). O Filho eterno, sabedoria divina, garante que nossa *inquisitio veritatis* possa um dia coincidir com a *inuentio veritatis.*[229] Agostinho conclui que a vida se torna inviável, sem fé em muitas coisas não constatáveis facilmente.[230] Agostinho tem presente o espiritualismo cristão do círculo milanês, que o permitiu conhecer a natureza da alma e de Deus, a doutrina da responsabilidade moral e da liberdade;[231] diante do acentuado pluralismo filosófico e religioso, manifesta sua reserva e se orienta para uma coincidência da *vera philosophia* e da *vera religio,* na qual o único Deus recebe culto e veneração, *unus Deus colitur,* enquanto *principium* do universo.[232]

---

regionem sui originis rediens"; *retr.* I, 1,3: "Sine congroversia enim ergo quaedam originalis regio beatitudinis animi Deus ipse est".

[223] Cf. *De B. Vita* 1,1; *Retr.* I, 2,4; *De B. Vita* 1,6: "idibus Novembribus mihi natalis dies erat. Post tam tenue prandium, ut ab eo nihil ingeniorum impediretur, omnes, qui simul nonmodo illo die sed cotidie convivabamur, in balneas ad consedendum vocati; ut is tempori aptus locus secretus occurrerat". Em *De B. Vita* 3,10, participam do *convivium* sobre a vida feliz, junto a Agostinho e Mônica, Nauigius, Rusticus, Lastidfianus, Adeodatus, Trygetius e Licentius. Alypius está ausente; encontra-se presente um *notarius.*

[224] Em *De Acad.* II, 1,1, a tensão entre o ideal de sabedoria como *inventio veritatis* e a realidade de contentar-se com a mera *inquisitio* afligem o ânimo por temor de não chegar ao "philosophie tutissimus ac iucundissimus portus" e suscita sentimento religioso de oração à Sabedoria divina: "oro autem ipsam summi Dei Virtutem atque Sapientiam. Quid est enim aliud, quam mysteria nobis tradunt Filium Dei?"

[225] Livre dos desejos mundanos, Agostinho espera encontrar em Cristo sabedoria divina (1Cor 1,24), caminho para o Pai. Assim afirma em *De Acad.* II, 2,4; "quod quaero intensissimus veritatem; quod inuenire iam ingredior, quod me ad summum ipsum modum preventurum esse confido"; *De Acad.* II, 2,3-4: "Non sinet ille cui me totum dedi, quem nunc recognoscere aliquantum coepi"; nullam mihi videri prosperam fortunam, nisi quae otium philosophandi daret; nullam beatam vitam, nisi qua in philosophia vivereretur".

[226] Cf. PÉPIN, J. *Ex Platonicorum persona. Études sur les lectures philosophiques d'Augustin,* Amsterdam 1977.

[227] *De Acad.* II, 2,5: "itaque titubans, properans haesitans arripio Apostolum Paulum". Conforme *Conf.* VII, 9,13; 21,27 as leituras filosóficas seguem as leituras paulianas. Trata-se do momento decisivo da mudança de paradigmas em Agostinho, abandonando o materialismo cético e aceitando a espiritualidade cristã.

[228] *De ord.* II, 5,16; "quod hoc etiam nostri generis corpus, tantus propter nos Deus assume atque agere dignatus est, quando videtur vilius, tanto est clementia plenius et a quadam ingeniosorum superbia longe lateque remotius". O Verbo divino é exemplo de humildade e medicina para o orgulho, em sua encarnação.

[229] *De Acad.* II, 3,9: "Sed item cauete ne vos in philosophia veritatem aut non cognituros, aut nullo modo ita posse cognosci arbitremini".

[230] Cf. *De Fid. Rer.* 1,1. Do tempo de sua leitura do *Hortensius,* Agostinho sente admiração pela *philosophia* ou *studium sapientiae,* em que a inteligência de poucos contempla "alium mundum ab istis oculis remotissimus", ao qual aludiria Cristo, quando proclamava: "Regnum meum non est de hoc mundo (Jo 18,36)" (*De ord.* I, 11,31).

[231] Cf. *Conf.* VIII, 7,17. Retornando ao catolicismo, Agostinho não pensa que possa existir oposição entre platonismo e cristianismo, vendo no sistema platônico um aliado. Assim se afirma em *De Ver. Rel.* 4,7; "paucis mutatis verbis atque sententiis".

[232] *De Ver. Rel.* 1,1; "Cum omnis vitae bonae ac beatae via in vera religione sit constituta, qua unus Deus colitur, et purgatissima pietate cognoscitur principium naturarum omniu, a quo universitas et inchoatur et perficitur et continetur".

Verissima philosophia é aquela sabedoria, identificada com a *vera religio*, que propõe a *via universalis* para a verdade e para a felicidade da alma, seu bem e salvação, o que não contradiz a pluralidade de caminhos subjetivos pelos que Deus, *singulare ac verissimum bonum*, conduz os homens.[233] A paixão pela verdade domina o ânimo de Agostinho, convencido de que é chave para o *reditus in coelum*.[234] A descoberta do fundamento teônomo da realidade o faz ir do *solus verus Deus a sola vera religio*, em que se rende culto ao único Deus verdadeiro e se vive a felicidade,[235] impulso fundamental do ânimo humano.[236] No processo incansável do *introrsum ascendere* e de perceber através dos bens criados, o *summum et optimum bonum*,[237] Agostinho reconstrói a certeza religiosa e propõe a *via interior*.[238] Agostinho conhece por experiência a importância de integrar razão e fé[239] e escutar os testemunhos da revelação e transmissão da fé. Enlaçando *auctoritas* e *ratio*,[240] o crente recebe o testemunho dos Patriarcas, de Moisés e dos Profetas, da vinda do Verbo e da predicação apostólica, dos mártires e missionários.[241] Porém é necessário seguir o caminho da *Catholica disciplina*,[242] com a prévia purificação do ânimo, do erro e do vício, e a união da caridade e da fé, conhecimento perfeito,[243] com adesão à religião cristã e à comunhão católica.[244]

---

[233] Cf. *Retr.* I, 4,3; *Sol.* I, 13,23: "Sed non ad eam uma via pervenitur. Quippe pro sua quisque sanitate ac firmitate comprehendit illud singulare ac verissimum bonum".

[234] *De Acad.* II, 9,22: "De vita nostra, de moribus, de animo res agitur, qui se superaturum inimicitias omnium fallaciarum, et veritate comprehensa, quase in regionem sui originis rediens, triumphaturum de libidinibus, atque ita temprantia velut conjuge accepta regnaturum esse praesumit, securior rediturus in coelum".

[235] *Conf.* X, 23,33: "Beata vita esta guadiium de veritate". Para a felicidade se requer a fé, que purifica o coração. Assim se confirma em *De Trin.* XIII, 20,25: "Beatos esse se velle omnium hominum est, Nec tamen omnium est fides, qua cor mundante ad beatitudinem pervenitur".

[236] *De Lib. Arb.* II, 9,26: "Sicut ergo antequam beati simus, mentibus tamen nostri impressa est notio beatitatis; per hanc enim scimus, fidenterque, et sine ulla dubitatione dicimus beatos nos esse velle; ita etiam priusquam sapientis simus, sapientiae notionem in mente habemus impressam, per quam unusquisque nostrum si interrogetur veline esse apiensa, sine ulla caligine dubitationis se velle respondet".

[237] *De Trin.* VIII, 3,5: "Si ergo potueris illis dectratis per se ipsum perspicere bonum, perspexeris Deum"; *De Trin.* XII, 15,25: "Relinquentibus (...) nobis ea quae sunt exterioris hominis, et ab eis que communia cum pecoribus habemus introrsum ascendere cupientibus, antequam ad cognitionem rerum intelligibilum atque summarum quae sempiterna sunt veniremus, temporalium rerum cognitio rationalis occurrit".

[238] *Conf.* X, 27,38: "Et ecce intus eras, et ego foris, et ibi te quaerebam; et in ista formosa quae fecisti deformis irruebam mecum eras et tecum non eram"; *De Ver. Rel.* 39,72: "Noli foras ire, in teipsum redi; in interiore homine habitat veritas; et si tuam naturam mutabilem inueneris, transcende et teipsum"; *Conf.* X, 24,35: "Itaque ex quo didici te, manes in memoria mea, et illic ter inuenio, cum reminiscor tui et delector in te".

[239] *De Ord.* II, 9,26; "Ad discendum item necessario dupliciter ducimus, auctoritate atque ratione"; *De Ver. Rel.* 25,45: "Sed nostrum est considerare, quibus vel hominibus vel libris credendum sit ad colendum recte Deum, quae uma salus est".

[240] Ainda que poucos sejam salvos pela razão, a filosofia reconhece que sua finalidade é entender os *mysteria; De Ord.* II, 5,16: "Nulumque aliud habet negotium, quae vera, et, ut it dicam, germana philosophia est, quam ut doceat quod sit omnium rerum principium sine principio quantusque in eo maneat intellectus quidue in nostram salutem sine ulla degeneratione, manauerit, quem unum Deum omnipotentem eumque tripotentem, Patrem et Filium et Spiritum Sanctum, docent veneranda mysteria, quae fide sincera et inconcussa populus liberant, nec confuse, ut quidam, Nec contumeliose, ut multi praedicant". A linguagem agostiniana suscita diversos ecos: contra Porphyrio (J. J. O'Meara); contra Celso e Marcião (R. Jolivet).; contra Sabélio, *confuse* e Ario, *contumeliose* (G. Madec).

[241] *De Mor.* I, 7,12: "non deserverimus viam quam nobis Deus, et patriarcharum segregatione, et Legis vinculo, et Prophetarum praesagio, et suscepti Hominis sacramento, et Apostolorum testimonio, et Martyrium sanguine, et Gentium occupatione muniuit".

[242] *De Util Cred.* 8,20: "Sequere viam Catholicae disciplinae, quae ab ipso Christo per Apostolos ad nos usque manavit, et ad hinc ad posteros manatura est".

[243] *De aq. Chr.* 13,14: "Itaque priusquam mens nostra purgetur, debemus credere quod intelligere nondum valemus"; *C. faust.* 41, 32,18: "Non intratur in veritatem nisi per caritatem"; *In Io. Ev. Tr.* 29,6: Intelligere vis? Crede".

[244] *De Civ. Dei* X, 22,1: "Haec est religio, quae universalem continet viam animae liberandae; quoniam nulla nisi hac liberari potest"; *De Util. Cred.* 18,36; "velim me audias, et bonis praeceptoribus catholicae christianitatis te pia fide, alacri spe, simplici caritate commitas".

Uma corroboração da doutrina sobre a *vera religio* é oferecida pela obra *De civitate Dei*, história do culto verdadeiro ao Deus verdadeiro, seguindo as sete idades da humanidade correspondentes aos sete dias da criação.[245] Em seu *pars destruens,* Agostinho polemiza com o paganismo, que não proporciona felicidade temporal, nem *beatitudo* eterna; em seu *pars construens*, propõe-se a história das duas cidades, em sua origem, desenvolvimento e fim, fundando o estatuto do cristianismo como a *vera religio* no Império Romano, mediada por Cristo, que cumpre o sacrifício definitivo e oferece a *via salutis* universal.[246] A filosofia da história permanece tema de interesse, ao tratar da história universal, na obra *De civitate Dei* (413-426). Condicionada pela *historia salutis*, a *narratio* agostiniana vê as *series calamitatum* e o evento salvífico, no mistério do *Christus totus*, à luz do qual pode ser decifrado o *sacramentum futuri*. Atenção merecem conceitos como *dispensatio temporalis* e *historia sacra*, a tensão do *iam et adhuc non*, o problema do fim da história na escatologia do juízo divino, a visão do *saeculum* e a tensão a *civitas terrena* e a *civitas Dei*. A visão das sete *aetates mundi* sublinha o mistério da sexta idade, iniciada com a *nativitas domini*, que permanece *usque ad occultum temporis finem*.[247]

Ao concluir essa investigação, pode já se vislumbrar o perfil do itinerário agostiniano em sua busca de Deus e em sua linguagem religiosa. Na primeira parte de sua vida, em seus primeiros escritos *De beata vita* ou *De vera religione*, Agostinho, ainda que crente, escreve como filósofo, busca o *redimus incoelum* dentro do paradigma espiritualista do platonismo cristão, levando o leitor do sensível ao inteligível e do racional ao divino. Agostinho trata dos *veneranda mysteria* de modo velado,[248] na linguagem da retórica filosófica da antiguidade, pois se dirige também aos pagãos e gnósticos, idólatras e maniqueus.[249] Na segunda parte de sua vida, como presbítero, cuida dos catecúmenos e, como Bispo, acolhe-os na Igreja, realiza como *dispensator verbi* e nos *sacramenta fidei*, o verdadeiro *reditus in coelum* ou *ascensus ad Deus* e *regressus animae*, que ele mesmo realizara em sua odisseia, ou seja, o caminho do retorno ou do regresso, da criatura ao Criador ou do filho pródigo ao Pai eterno; usa então a linguagem da fé ou do *Symbolum*, como *regula fidei*, para conduzir o crente, na consciência

---

[245] Cf. G. MADEC, "Le *De Civitate Dei* comme *De vera religione*", in *Petites études augustiniennes*, Paris 1994, p. 189-213.

[246] *Retr.* I, 13,3; "Nam res ipsa, quae nunc christiana religio muncupatur, erat apud antiquos, Nec defuit ab initio generis humani, quosque ipse Christus veniret in carne, unde vera religio, quae iam erat coepit appellari christiana".

[247] Cf. MÜLLER, C. *Geschichtsbewusstesein bei Augustin*, Würzburg 1993. Na perspectiva da tensão entre Criador e criatura, emerge a coincidência ontológica da dialética da unidade e da diferença, na relação transcendental entre Deus e o mundo, elaborada sob conceitos como *ordo, providentia e praescientia*. As dimensões espacial e temporal da realidade histórica podem ser enquadradas, suposta a diferença entre *mundus sensibilis* e *mundus intelligibilis* ou entre *ordo temporum* e *ipsa historia*. A condição humana, em sua dimensão subjetiva, é vista sob a tensão de *anima* e *corpus*, com dialética do *intus* e *foris*. Devem ser considerados também: a condição gnosiológica da *história*, como tensão de *liberum arbitrium* e *gratia*; a dimensão temporal do humano e o modelo de tempo como *distentio animi*; a tensão presente e passado; o futuro como *profectus iou como reditus*.

[248] É interessante comparar a linguagem velada do *De Vera Religione* com a notícia em que Agostinho desvela sua intenção. Isso se verifica em *Retr.* I, 13,1; "Tunc etiam De vera relligione librum scripsi, in quo multipliciter et copiosissime disputatur unum verum Deum, id est Trinitatem, Patrem et Filium et Spiritum sanctum, religione vera colendum; et quanta misericordia eius per temporalem dispensastionem concessa sit hominibus christiana religio, quae vera religio est, et ad eumdem cultum Dei quemadmodum sit homo quadam suavitate coaptandus".

[249] cf. *Serm.* 4,28; 132,1; 232,7; 234,2; *In Io. Ev. Tr.* 20,5; 45,9, Agostinho se refere ao "norunt fideles". Não ser olvidada a descrição da Igreja antiga, conforme se afirma em *trad. Apost.* 16, 28: "Ne sinas vero infideles scire, nisi prius baptismum acceperint"; ORIGENES, *In Lv. Hom.* 9,10: "Non immoremur in his quae scientibus nota sunt et ignorantibus patere non possunt"; AMBROSIUS, *De myst.* 9,55: "silentii integritas". Sobre a *Arcani disciplina,* veja: BATIFFOL, P. *DThC* I/2 1931, p. 1738-1758; PERLER, O. *RAC* I 1943, p. 667-676; OPPENHEIM, F. *Enc. Catt.* I 1949, p. 1793-1797.

do dom da graça, segundo o ensinamento e pelo sacrifício do Mediador divino, ao Deus eterno e Pai de misericórdia, *Deus potestate, Pater bonitate.*[250]

---

[250] *Serm.* 213,1: "Vide quam cito dicitur et quantum valet: Deus potestate, Pater bonitate. Quam felices sumus qui Dominum nostrum Patrem inuenimus". É um dos mais antigos sermões de Agostinho sobre o Símbolo, de 391 ou 392 (cf. *Serm.* Guelf. 1; MORIN, G. *miscellanea Agostiniana*, Roma 1930, I, p. 441ss.; EICHENSEEER, C. *Das Symbolum Apostolicum beim heiligen Augustinus*, p. 169; STUDER, B. "La teologia trinitária in Agostino d'Ippona. Continuità della tradizione occidentale?", in *Mysterium caritatis*, p. 291-310.

Segunda Parte

"Temas em debate"

Paulo Sérgio Lopes Gonçalves
Paulo Fernando Carneiro de Andrade
Maria Clara Lucchetti Bingemer

I

A REVELAÇÃO
À LUZ DA TEOLOGIA TRANSCENDENTAL

Paulo Sérgio Lopes Gonçalves

A compreensão da revelação cristã mediante manuais de Teologia, nos quais se desenvolvem dados dogmáticos, articulados com a vida do homem contemporâneo, denota que a afirmação da plena, perfeita e completa revelação de Deus em Jesus Cristo não é algo que remete o teólogo a um passado isento de vivacidade atual. Na condição de Verbo de Deus encarnado na história, de Senhor ressuscitado que venceu definitivamente a morte, Jesus Cristo é evento de significado fundamental à existência humana. Por um determinado período histórico, a revelação foi pensada teologicamente sem a necessária preocupação com o homem que a recepciona historicamente, fechando-se em verdades letristas e normatizadas que deveriam ser seguidas, sem a necessária operação hermenêutica que apresentasse um Deus que se revela ao homem em sua história. Com um processo de renovação teológica, iniciado nos primórdios da era contemporânea, após a densa crise modernista e que teve em Karl Rahner o protagonista de uma virada antropológica em teologia,[1] a revelação passou a ser pensada na articulação entre seus dados dogmáticos e sua credibilidade atual para o homem.[2] Desta forma, surge uma teologia transcendental rahneriana que, ainda que tenha se desenvolvido nos diversos tratados da ciência teológica, seu escopo crucial foi o de pensar a revelação divina, plena e perfeita em Cristo, destinada para o homem contemporâneo, concebido na totalidade de sua existência.

Ao considerar que a virada antropológica na teologia possibilitou um novo modo de compreender a revelação cristã, objetiva-se neste capítulo apresentar as contribuições da teologia transcendental na compreensão da revelação e desdobramentos que dela possam surgir, ainda que não tenham sido pensados teologicamente por seu autor por razões mais históricas que teológicas. Justifica-se esse objetivo a afirmação de que se a teologia tem por assunto Deus[3] que se revela ao homem como sujeito, o que somente é possível falar de Deus tomando o homem, também como sujeito que é interpelado por Deus e que, ao responder às interpelações, dispõe-se abertamente ao diálogo. Para atingir esse objetivo, expor-se-á a articulação entre teologia em antropologia, apresentar-se-á a estrutura fundamental da revelação de Deus e sua formulação propriamente cristã, conforme a formulação rahneriana. Em seguida, serão expostos alguns desdobramentos correspondentes ao conceito de Deus e ao sentido da existência humana, pensados a partir da teologia transcendental, como forma de contribuir com a reflexão teológica sobre a revelação no contexto contemporâneo.

---

[1] Cf. GIBELLINI, R. *La Teologia del XX secolo*. Brescia: Queriniana, 1992, p. 161-270.
[2] Cf. FISICHELLA, R. *La rivelazione: evento e credibilità. Saggio di Teologia fondamentale*. Bologna: Dehoniane, 1994.
[3] TABORDA, F. "A missão do Teólogo: comunicar a sabedoria. Uma lição de Tomás de Aquino", in *REB* 69/(2009).

Espera-se apresentar a necessidade de superar visões mágicas e fundamentalistas sobre a revelação, retomando a teologia transcendental não para concebê-la como absoluta em qualquer época histórica, mas para explicitar suas contribuições, suas provocações e, principalmente, para apontar a revelação cristã em seu dinamismo histórico-existencial, em que Deus e o homem se encontram para a efetividade do amor.

1. A articulação entre teologia e antropologia em perspectiva transcendental

A grande novidade trazida por Karl Rahner na teologia contemporânea foi a articulação entre teologia e antropologia em perspectiva transcendental. Movido pela difusão do neotomismo, que trouxe à tona uma metafísica do ser, e pela ontologia hermenêutica heideggeriana, que possibilitou uma nova compreensão da existência do homem e sua relação com o ser, Rahner elabora seu método transcendental para aplicá-lo em teologia. O método é o caminho a ser utilizado para a elaboração de sua teologia. Transcendental é a perspectiva a ser usada neste método, enquanto aquilo que subjaz no próprio caminho de produção teológica.[4]

Por transcendental, Rahner entende ser a condição de possibilidade; e enquanto estrutura do espírito finito no mundo, é estrutura *a priori* infinito do espírito humano. O *a priori* infinito é a graça de Deus compreendida como benevolência e favor de Deus que se apresenta no homem. Nesta relação dialética entre finito e infinito, imanência e transcendência, prepondera a ação de Deus e sua graça. Isso significa que a possibilidade em afirmar a eternidade e a transcendência do homem só é possível em função da graça de Deus que nele se apresenta. Por sua vez, o homem é, em sua natureza, aberto à graça e, por conseguinte, é sujeito livre e responsável.[5]

Para desenvolver essa relação de Deus que se autocomunica ao homem que se abre livremente a este mesmo Deus, Rahner tem consciência da necessidade da articulação entre teologia e antropologia. Ainda que reconheça uma antropologia geral, enquanto estudo sistemático, organizado e metódico do homem, e também uma antropologia setorial, com suas vertentes sociais, biológicas e culturais, este teólogo busca compreender o homem mediante a filosofia. Utilizando-se da perspectiva transcendental, formula uma filosofia transcendental, articulando a metafísica do ser, apropriada de Tomás de Aquino interpretado por Pierre Rousselot com sua via nocional, por Jacques Maritain com seu humanismo integral e, principalmente, com a conceituação de filosofia transcendental própria de Joseph Maréchal, com uma ontologia existencial tomada de Martin Heidegger. Com isso, tem-se, de um lado, uma área filosófica que historicamente se debruçou sobre o ser, desembocando no ente supremo, denominado Deus, e, de outro, tem-se outra área da filosofia que também se preocupou com o ser, fundando-se no ente concebido em sua existência e no próprio encontro entre o ente

---

[4] Cf. GONÇALVES, P. S. L. *Ontologia hermenêutica e Teologia*. Santuário: Aparecida, 2011, p. 107-117; SESBOÜE, B. *Karl Rahner. Itinerário teológico*. Loyola: São Paulo, 2004, p. 53-89.
[5] Cf. RAHNER, K. *Curso Fundamental da Fé. Introdução ao conceito de Cristianismo*. São Paulo: Paulinas, 1989, p. 21-36; Idem. *Hörer des Wortes.Zur Grundlegung einer Religionsphilosophie*. Sämtliche Werke (IV). Herder: Benziger, 1997, p. 8-28.

e o ser.⁶ Essa síntese denomina-se filosofia transcendental, pela qual se compreende o homem em sua existência, concebida em sua situação mundana e na relação com os outros homens.⁷

A filosofia transcendental que possibilita conhecer o homem em sua existência é *partner* da teologia e não simples *ancilla* como prestigiosamente se conservara durante o período medieval.⁸ Justifica-se essa posição o fato de que Rahner, fundamentando-se na Constituição dogmática *Dei Filus*⁹ do Concílio Vaticano I, afirmou ser possível uma revelação natural de Deus. Então há possibilidade em visualizar filosoficamente a revelação de Deus sem a profissão de fé que caracteriza propriamente a teologia, mediante a análise e a exposição da via natural dessa revelação divina. Além disso, a filosofia não se equipara às outras ciências, cujas características são tipicamente ônticas e se justificam por se constituírem de um respectivo *positum*. A filosofia é de perspectiva ontológica e fundamenta todas as outras ciências, a fim de que se efetivem epistemologicamente em seu estatuto teórico. Neste sentido, por mais que a teologia possa ter as ciências ônticas como mediações para a compreensão do homem e do mundo em que está situado, não consegue prescindir da filosofia, uma vez que também nessas ciências a filosofia se encontra presente.¹⁰

Essa parceria entre filosofia e teologia que Rahner vislumbrou e desenvolveu desde os primórdios de sua teologia propicia conceber epistemologicamente a teologia como ciência que apreende Deus como objeto, de modo diferente do que é apreendido como objeto nas ciências ônticas. Em teologia, Deus só é objeto passível de ser conhecido, porque anteriormente se apresentou como sujeito que se dá a conhecer ao homem. Deus é então um sujeito que se revela e, ao revelar-se, dá-se a conhecer ao homem, cuja possibilidade de conhecimento de Deus está fundamentada no transcendental que lhe é intrínseco, enquanto um *a priori* infinito. Por isso, é crucial que o conhecimento de Deus seja concebido como possibilidade, mediante a compreensão da existência humana: a historicidade, a sociabilidade, a produção cultural, as interrogações e inquietações psíquicas e espirituais, a religiosidade.¹¹

Ao se constituir, a teologia transcendental rahneriana possibilita compreender a revelação cristã, mediante a compreensão do homem em sua estrutura transcendental, pela qual dialoga com Deus que se autocomunica, dando-se conhecer a este mesmo homem. Trata-se de uma teologia que concebe a revelação como efetiva comunicação dialógica entre Deus e o homem, concebidos ambos como sujeitos livres e responsáveis. No entanto, cabe perguntar: como se efetiva a revelação à luz da teologia transcendental, considerando sua estrutura fundamental?

---

⁶ Cf. STEIN, E. *Compreensão e finitude. Estrutura e movimento da interlocução heideggeriana.* Unijuí: Ijuí, 2001, p. 21-50.
⁷ Cf. RAHNER, K. *Hörer des Wortes, op. cit.*, p. 28-49; Idem. "Sul rapporto odierno tra Filosofia e Teologia", *op. cit.*, p. 95-119.
⁸ Cf. LIBÂNIO, J. B. "Teologia e Ciência", in *REB* 71 (2011), p. 4-16.
⁹ Cf. DZ 3000-3045.
¹⁰ Cf. HEIDEGGER, M. "Fenomenologia e Teologia", in *Marcas do Caminho*. Vozes: Petrópolis, 2009, p. 56-88; RAHNER, K. "Sul rapporto oiderno tra filosofia e teologia", in *Nuovi Saggi (V)*. Paoline: Roma, 1975, p. 95-118.
¹¹ Cf. RAHNER, K. "Riconoscimento a Tommaso D'Aquino", in *Ibidem,* p. 9-21;

2. Estrutura fundamental

A compreensão da revelação à luz da teologia transcendental implica conceber Deus e o homem em profunda relação, embora distintos um do outro. Essa concepção corresponde ao próprio desenvolvimento do conhecimento de Deus realizado pelo homem, cuja possibilidade é plausível em função da possessão analógica do ser por parte do ente. Nesse sentido, o homem pode conhecer Deus, porque este mesmo Deus possibilita, pela graça, que o homem o conheça, e a formulação do que se conhece efetiva-se por analogia. Disso resulta que Deus é mistério que não se confunde com segredo, mas se identifica com o que simultaneamente se esconde e se revela, sem se esgotar em sua própria revelação. Por isso, Deus é o mistério inefável e santo, porque, ao se revelar, manifesta sua santidade na própria história do homem e, ao não se esgotar na revelação, apresenta-se como o insondável, o onisciente e onipresente.[12]

Para que o mistério possa ser concebido, Deus se revela, tendo o homem como seu interlocutor e a história como seu campo de revelação. No entanto, essa revelação não implica obrigatoriedade do próprio Deus que o deixaria isento de liberdade e, por conseguinte, não seria sujeito, e sua substancialidade não seria constituída de pessoas divinas que efetivam a comunhão trinitária. Deus se revela livremente ao homem, apresentando-se em sua inefabilidade amorosa e mostrando-se sujeito em sua liberdade, deixando-se ser conhecido e tornando-se "objeto" ou "assunto" de conhecimento do homem. Essa liberdade de Deus e seu movimento de deixar-se ser conhecido denominam-se autocomunicação de Deus que se efetiva no homem mediante a graça, possibilitando-lhe adquirir um "existencial sobrenatural", na condição de um existencial permanente, pelo qual realiza a *potentia oboedientialis*.[13]

A liberdade de Deus não possui eficácia se permanecer isolada de sua vontade de se autocomunicar. Por meio de sua vontade e por sua liberdade, Deus se revela ao homem, interpelando-o para que, mediante seu "existencial sobrenatural", que lhe dá a condição de transcendental, responda à interpelação divina. Dessa forma, Deus não apenas se abre livremente ao homem, mas também propicia que o homem se abra livremente a Ele. Assim, Deus é o desconhecido livre que se pretende ser conhecido por aquele que é denominado de "ouvinte de sua Palavra". Ao ser capaz de ouvir Deus, inclusive no silêncio divino, então é este mesmo homem uma revelação de Deus, decorrente do movimento do próprio Deus que anunciou sua Palavra para ser conhecido.[14] Esse movimento é explicado mediante duas categorias de cunho transcendental: o "Onde" e o "De onde". São categorias que explicam o *locus* da revelação de Deus, seja como ponto de partida, seja como ponto de chegada, e também designam o mistério e a sacralidade de Deus. Elas denotam o horizonte infinito da inefabilidade divina em que tudo se torna fonte e se movimenta para sair de si e manifestar-se categorialmente na existência humana. Além disso, elas possibilitam que o homem experimente o amor de Deus e que o conheça, desenvolvendo também o amor. Assim sendo, Deus é, então, o mistério santo, inefável e amoroso que sai de si para encontrar-se com o homem para amá-lo e ser amado por ele.[15]

---

[12] Cf. *Idem. Hörer des Wortes, op. cit.*, p. 50-69.
[13] Cf. *Idem. Ibidem*, p. 106-123.
[14] Cf. *Idem. Ibidem*, p. 124-139.
[15] Cf. *Idem. Curso fundamental da fé, op. cit.*, p. 60-113.

A conceber Deus como mistério inefável e santo que se revela por sua palavra dirigida ao homem, a teologia transcendental conceitua o homem como "ouvinte da Palavra". Nessa condição, o homem não é um ente isolado do mundo e dos outros homens, mas é um ente de relação com o mundo em que está situado e com os outros homens de sua convivência. Ele também está em relação com Deus, cuja graça lhe possibilita que tenha permanentemente um "existencial sobrenatural" e, por conseguinte, constitui-se de um horizonte transcendental.[16] Em função disso, o homem é espírito imbuído de liberdade e responsabilidade e possui a condição de sujeito e pessoa. Ser espírito não significa estar em oposição à matéria, mas estar em relação dialética com ela. A matéria somente se constitui como tal porque é vivamente formada por um espírito que a apresenta do modo como é; ela possui espiritualidade para manifestar-se como matéria viva e que serve a vida. O próprio espírito deve conter materialidade, caso contrário, não teria visibilidade, nem seria sentido como tal pelo próprio homem. Em sua condição de espírito, o homem é "ouvinte da Palavra" que, ao sentir-se interpelado por ela, se movimenta livre e responsavelmente, assumindo a qualidade de sujeito e pessoa.[17]

A condição de "ouvinte da Palavra" somente é plausível ao homem se ele for concebido em sua liberdade e responsabilidade. O homem se defronta com a revelação absoluta de Deus, efetuada de modo livre, seja na Palavra, seja no silêncio de seu próprio mistério. E é por essa revelação que o homem é iluminado para conhecer a Deus em sua realidade contingente, a qual deve ser aceita por ele com algo que lhe é impessoalmente dado e, por isso, em princípio, incompreensível. No entanto, o que é incompreensível ao homem deve ser compreendido mediante um processo de compreensão que se tornou possível em função da iluminação do ser ao homem. Essa iluminação está fundamentada no ser absoluto de Deus e configurada na contingência do homem, pela qual o homem livremente se conhece a si mesmo, centrando-se em seu próprio ser e, como decorrência, conhece a Deus. Assim sendo, na própria ação cognitiva do homem acerca de si mesmo, está simultaneamente a iluminação e a obscuridade do ser, porque se Deus é o fundamento e se revela amorosamente ao homem, então o homem não se esgota em si mesmo, mas está em posição de permanente abertura a este Deus que, desconhecido livre, não cessa nem cansa de amá-lo.[18]

O amor de Deus propicia a abertura do homem a uma relação amorosa com Ele, na condição de pessoa e de sujeito. Constituído de um "existencial sobrenatural", enquanto pessoa, o homem se situa historicamente no mundo, relacionando-se com outros homens, com a cultura a qual pertence, com o ambiente em que convive, valendo-se de seu horizonte transcendental. Nesse horizonte, o homem se manifesta como espírito livre e responsável, pessoa e sujeito. Questiona-se e, pela essência das coisas, toma decisões, faz escolhas de modo a realizar-se em sua condição de homem.[19] No entanto, o que garante a eficácia do exercício da liberdade e da responsabilidade do homem?

Ora, ao exercer sua liberdade, o homem se encontra com a liberdade de Deus, sem que isso implique a supremacia desta última à primeira. O que está em jogo é que Deus

---

[16] Cf. *Idem.* "Esperienza di se stessi Ed esperienza di Dio", in *Nuovi Saggi V, op. cit.*, p. 175-189.
[17] Cf. *Idem. A Antropologia: problema teológico.* São Paulo: Herder, 1968, p. 43-58.
[18] Cf. *Idem. Hörer des Wortes, op. cit.*, p. 140-163.
[19] Cf. *Idem. Ibidem*, p. 258-281.

ama o homem, autocomunica-se a si mesmo a esse homem, real, histórico, concreto, imbuído de um caráter ontológico existencial que se configura em sua contingência ôntica. O homem – "ouvinte da Palavra" –, por sua vez, sente a interpelação divina e, por sua liberdade, toma suas decisões, porque não é um fantoche nas mãos de Deus. Mas Deus, em seu amor, dá ao homem o "existencial sobrenatural", abrindo sempre a possibilidade de dizer sim ou não a sua interpelação. Havendo duas possibilidades, o homem toma sua decisão e, porque se trata de uma decisão histórica e existencial, o homem pode dizer ou sim ou não a Deus. E quando diz não, Deus busca encontrar alguma possibilidade de o homem, a partir de seu não, dizer sim à mencionada interpelação.[20]

O encontro entre Deus e o homem é dialógico, marcado pela liberdade e pela responsabilidade de ambos. A interpelação de Deus, primeiro movimento da revelação, é para que o homem goze de seu amor e, por conseguinte, ame livre e responsavelmente, assumindo sua condição de pessoa e de sujeito transcendental. A ação livre e responsável do homem não possui caráter automático, mas é mediada por sua consciência histórica e existencial. Ter consciência implica estar ciente do bem e da bondade e vivê-los como resposta à interpelação divina. No entanto, o homem pode dizer não a Deus, porque em sua condição ontológica é espírito histórico, estando com a possibilidade de ser autônomo e condicionado pelo mundo em que habita. O dizer não a Deus pode incorrer o homem à culpa, mas é nela que seu "existencial sobrenatural", enquanto um existencial permanente, pode reverter seu não em sim. Ao sentir a culpa, o homem se vê no abismo, na solidão, distante de um Deus que sempre se abriu a ele. Tomada no bojo da consciência humana, a culpa se torna um elemento histórico-existencial da própria redenção do homem e de sua abertura a Deus. A consciência da culpa possibilita que o homem se veja como sujeito livre que se encontrou diante de um Deus que se autocomunica livremente e, por isso, possibilita-lhe reverter seu não em sim.[21]

Conforme o exposto, o encontro entre Deus e o homem é propriamente a revelação de um Deus que se abre, que se lança e se autocomunica ao homem, e de um homem que, como espírito histórico, se sente interpelado, porque é ontologicamente aberto a Deus. Mas de que modo se efetiva essa revelação, considerando seu caráter propriamente cristão?

3. A revelação cristã

A afirmação teológica de que Deus se autocomunica ao homem, que é "ouvinte da Palavra" e que com liberdade responde à interpelação divina, suscita as perguntas: por que Deus se revela ao homem? E por que o Cristianismo é a referência fundamental para se afirmar tal revelação?

A resposta a essas perguntas remete ao conceito de salvação, porque Deus se revela salvando o homem e, ao salvá-lo, revela-se como um Deus desconhecido, livre para amar, que se dá a conhecer ao homem. Dessa forma, revelação e salvação estão vinculadas uma

---

[20] Cf. *Idem. Ibidem*, p. 164-181. Sobre a relação da liberdade do homem com a liberdade de Deus, enquanto encontro de liberdades e, muitas vezes, um encontro dramático e até mesmo polêmico, é interessante a posição de Segundo, J. L. "Para um novo enfoque metodológico", in *O homem de hoje diante de Jesus de Nazaré (I). Fé e ideologia*. Paulinas: São Paulo, 1985, p. 3-35.

[21] Cf. *Idem. Curso Fundamental da Fé, op. cit.*, p. 114-144: *Idem*. "Neutralizzazione della colpa nella Teologia tradizionale", in *Nuovi Saggi (V), op. cit.*, p. 191-216.

a outra, identificam-se e constituem-se em uma unidade originária, em que o homem é o evento da autocomunicação de Deus e, por isso, goza de absoluta proximidade desse mesmo Deus. No entanto, não há revelação a-histórica nem salvação desvinculada da realidade efetiva do homem. O Cristianismo é uma religião de salvação e tem em Cristo o Verbo encarnado de Deus, o evento fundamental da revelação de Deus, o evento de salvação. Nesse sentido, o Cristianismo afirma Cristo como Salvador e como evento de salvação, o revelador e a revelação de Deus destinada ao homem. Para isso, Cristo assumiu a história humana, penetrou as alegrias, as tristezas, as angústias e as esperanças da humanidade.[22] Ele se compadeceu do homem e também apresentou o devir humano presente na concepção de vida plena, propiciando à revelação um caráter histórico, salvífico e escatológico.[23]

A despeito da especificidade da revelação cristã, cabe ainda afirmar sua conotação universal e sua transcendência em relação à cultura. A revelação possui uma perspectiva transcendental que denota a condição do homem em ser sujeito livre e responsável, acolhendo a revelação e respondendo à interpelação divina. Isso significa que a revelação cristã não se reduz a sua perspectiva dogmática presente na Escritura e na Tradição eclesial, lidas positivamente e isentas da operação hermenêutica. Ela se estende à ação do homem, mediante suas decisões efetuadas com a responsabilidade de sujeito e pessoa. Por isso, a comunidade cristã recepciona e (re)interpreta constantemente a Escritura e a Tradição, inclusive visualizando a revelação de Deus para além das estruturas cristãs. Não se pretende com isso afirmar que a ação de Deus e a ação do homem estão no mesmo âmbito, mas que o homem é sujeito constituído de um "existencial sobrenatural" e que Deus age mediante a ação humana. Dessa forma, a ação salvífica de Deus requer também uma ação salvífica do homem, cujo fundamento de sua ação é o próprio Deus.[24]

A transcendentalidade só pode efetivar-se na história que, por mais particular que seja, possui conotação universal. Isso significa que a história da revelação cristã, identificada como história da salvação cristã, não se reduz ao que é histórica e culturalmente compreendido como cristã, mas se estende e abarca a história universal do homem. Enquanto evento transcendental, a autocomunicação de Deus ultrapassa a profissão de fé da religião cristã e até mesmo se manifesta na a-confessionalidade, embora não seja possível considerar todas as religiões e todos os homens no mesmo âmbito hierárquico da revelação.[25] A história da revelação presente na história universal pode ser identificada como revelação natural e pode ser concebida também como uma revelação cristã anônima, mas tudo encontra seu sentido pleno em Cristo. Concentrado na expressão "Cristãos anônimos", Rahner considera que a revelação cristã é intrínseca à realidade histórica das religiões e do mundo e que mesmo aqueles homens que não professam a fé, mas possuem um comportamento consoante à fé revelada pelo Cristianismo, são movidos pela autocomunicação de Deus. Justifica-se essa posição que, na livre autocomunicação,

---

[22] Cf. GS n.1

[23] Cf. RAHNER, Karl. "Morte di Gesù e conclusion della rivelazione", in *Nuovi Saggi (VII)*. Bologna: Dehoniane, 1980, p. 196-210; *Idem*. "Che significa oggi credere in Gesù Cristo?", in *Ibidem*, p. 211-230; *Idem*. "Sequela del crocifisso", in Ibidem, p. 231-250.

[24] Cf. RAHNER, K. *Curso fundamental da Fé, op. cit.*, p. 171-180.

[25] Cf. UR n.4.

Deus tem um desígnio salvífico, de conotação universal, destinado a todos os homens. Mediante sua graça salvífica, radicada no "existencial sobrenatural", Deus se revela para salvar todos os homens.[26]

Disso resulta o caráter universal da revelação e da salvação, denotando a participação do homem e sua elevação, por Cristo e em Cristo, no próprio movimento da revelação e da salvação. Essa posição está justificada no argumento de que a autocomunicação de Deus como oferta à liberdade do homem se orienta também para a absoluta e imediata proximidade para com Deus, denominada de "visão beatífica de Deus".[27] Esse devir de elevação do homem é mediado pelo mundo, o que implica na articulação entre salvação e moral, porque a moral corresponde ao comportamento humano em relação à salvação. Por isso, o homem deve ter consciência para agir no mundo, com suas mediações, enquanto acolhimento à autocomunicação de Deus, exercitando sua liberdade e responsabilidade e se afirmando como sujeito e pessoa.[28]

A especificidade da revelação cristã suscita a pergunta: em que medida é possível afirmar a revelação e a salvação fora do Antigo e do Novo Testamento? A resposta a essa pergunta pressupõe confirmar o que já fora exposto anteriormente: a autoexplicação da experiência transcendental é histórica e penetra toda a existência humana. Isso significa que a Escritura possui contexto histórico de emergência, cultura compreensiva, e sua universalidade está em possibilitar que a autocomunicação de Deus tenha conotação existencial para o homem, não apenas de seu contexto histórico específico, mas de todo homem que recepciona sua verdade revelada, incluindo quem precedeu a Escritura. Cabe, porém, novamente ressaltar o caráter hierárquico da revelação, em que se afirma a unicidade da revelação cristã e Jesus Cristo como critério de discernimento entre o que é mal-entendido humano da experiência transcendental de Deus e o que é legítima explicação dela.[29]

Os eventos de revelação ocorridos antes da Escritura, ainda que sejam breves e parciais em relação à história categorial da revelação, são denotativos da ação do mesmo Deus bíblico da revelação cristã. Dessa forma, a explicação da revelação não se prende a uma determinada forma, mas se estende para eventos correspondentes da livre ação autocomunicativa de Deus que, em Jesus Cristo, se revelou plenamente. Por isso, ao afirmar que Jesus Cristo é o critério de discernimento, explicita-se que há possibilidade de inclusão de outras histórias religiosas e da própria história universal para explicar a revelação cristã, cujo caráter explicitamente cristológico não lhe retira o caráter de universalidade salvífica. Disso decorre esta possibilidade de que a salvação cristã está presente não apenas na Escritura e na Tradição, mas de algum modo também em outras configurações religiosas e no conjunto da história da humanidade.[30]

Ao considerar que há uma orientação ontológica da autocomunicação de Deus ao homem, a história pré-bíblica da revelação e da salvação, ainda que não seja estruturada em uma própria autoexplicação, tem na Escritura o marco referencial para apontar a

---

[26] Cf. RAHNER, K. "Osservazioni sul problema del Cristiano anonimo", in *Nuovi Saggi (V), op. cit.*, p. 676-697.
[27] Cf. *Idem. Curso Fundamental da Fé, op. cit.*, p. 145-170.
[28] Cf. *Idem.* "Sulla cattiva argomentazione in Teologia Morale", in *Nuovi Saggi (VII), op. cit.*, p. 113-132.
[29] Cf. *Idem. Curso fundamental da fé, op. cit.*, p. 176-193.
[30] Cf. *Idem. Curso fundamental da fé, op. cit.*, p. 194-207. Para o debate sobre o caráter universal da salvação cristã, veja: FRANÇA MIRANDA, M. "A religião na única economia salvífica", in GONÇALVES, P. S. L. – TRASFERETTI, J. (orgs.). *Teologia na Pós-modernidade. Abordagens epistemológica, sistemática e teórico-prática*. São Paulo: Paulinas, 2003, p. 335-360.

permanente revelação de Deus. Sendo Cristo o ápice e a plenitude dessa revelação, tem-se a certeza de que a revelação de Deus é dialógica e que seu encerramento em Cristo e a carga da culpa do homem representa, de um lado, a verdade plena revelada e, de outro, a necessidade de ampliar a consciência referente a essa revelação e efetivar um movimento de conversão a Cristo.[31] Aqui reside propriamente o aspecto antropológico-transcendental da revelação: há em Deus o desígnio universal da salvação em Cristo e em sua autocomunicação livre e amorosa, possibilita uma orientação ontológica da história universal, da história das religiões, e a explícita revelação de Deus em Cristo. Em função disso, é o Cristianismo a religião que explica estruturalmente esse evento, articulando as verdades presentes na Escritura com as verdades presentes na existência do homem, compreendidas na totalidade de sua história.

4. Desdobramentos

A teologia transcendental rahneriana constitui-se em uma maneira de compreender a revelação cristã, cujas marcas estão presentes tanto no contexto do efervescente desenvolvimento teológico na era contemporânea, quanto na possibilidade de sua apreensão para pensar teologicamente a revelação no contexto contemporâneo, também concebido como pós-moderno. Assim sendo, são inferidos dois grandes desdobramentos da compreensão da revelação à luz da teologia transcendental rahneriana: a compreensão de Deus como mistério santo e inefável e a necessidade de aprofundar o significado de existência humana para pensar a revelação no contexto contemporâneo.

4.1. *A revelação de um Deus misterioso, santo e inefável*

Ao compreender a revelação como encontro entre Deus e o homem, a teologia transcendental afirma a iniciativa de Deus neste encontro. Isso significa que Deus se autocomunica, dando-se a conhecer ao homem. A plausibilidade da autocomunicação divina é possível à medida que Deus é, conforme a formulação rahneriana tomada de Rudolf Otto, *Mysterium*.[32] A concepção de mistério não é sinônimo de segredo que jamais pode ser revelado. Essa concepção relaciona-se ao *absconditus*, ao que está velado – protegido com o véu –, manifestado como *tremendum*, à medida que faz tremer, assustador, porque é *semper maior*. Esse *Mysterium Tremendum* é simultaneamente o *Mysterium Fascinans*, promovendo a atração de outrem e o consequente de desejo de ser tocado, de estabelecer relação de proximidade. Trata-se de um *Mysterium numinoso* – sagrado – que simultaneamente é distante e próximo, faz tremer e fascina, é transcendente e imanente, eterno e atua na história. Nesse sentido, o Deus da revelação é mistério *revelatus et absconditus*, um Desconhecido livre que se dá a conhecer por amor, porque é Amor que, com antecedência, amou o homem, chamando-o à experiência do amor. Por isso, este Deus se revela

---
[31] Cf. Idem. *Teologia e Antropologia*, op. cit., p. 85-134.
[32] Cf. OTTO, R. *Das Heilige*. Über das Irrationale in der Idee des Göttlichen und sein Verhältnis zum Rationalem. C.h. Beck: München, 1979.

como santo, dando-se a conhecer como um Deus que se encarna para salvar, efetivando historicamente a justiça em todas as suas dimensões, promovendo a fraternidade universal e a vida em abundância. A santidade de Deus não se esgota na história, mas possui um caráter de inefabilidade, que significa a onipresença, a onisciência, a onipotência, a oniperfeição de Deus. Em todo o processo de revelação, Deus é mistério inefável de santidade.[33]

Ao constatar que a revelação deste Deus misterioso, inefável e santo se efetiva na autocomunicação divina ao homem, o "ouvinte da palavra", a teologia transcendental remete-nos à teologia joanina (Jo 1,1-18) do mistério da encarnação, em que o Verbo que era Deus, que estava com Deus, assumiu a carne – condição – humana, habitou no mundo – cultura, *locus* sócio-histórico, religião – tornando-se pobre, apresentou o evangelho fazendo-se evangelho a partir dos pobres, desenvolveu a compaixão assumindo a profunda realidade angustiante do homem – a morte de cruz – e consolidou a esperança com a ressurreição. Essa esperança não ficou enclausurada em quem experimentou o encontro com o Ressuscitado e assumindo a fé creu nele, mas tornou-se boa notícia a ser transmitida e a possibilitar a edificação de comunidades cristãs, constituídas de pessoas convertidas à fé cristã e que se propuseram a viver conforme os valores oriundos dessa mesma fé. Desse modo, o Cristianismo surgiu como uma religião imbuída de uma proposta evangélica, que se assentou histórica e culturalmente e, por conseguinte, convive até hoje com outras possibilidades de vida. O transcendental afirma a salvação cristã e a consequente hierarquia das verdades da revelação, mas não a esgota em determinadas formas históricas. Assim sendo, a salvação cristã se realiza em outros modos de vida, com suas respectivas religiões e religiosidades, éticas e políticas de paz e felicidade humanas.[34]

Considerando a identificação entre salvação e revelação e sua realização nas diversas situações supramencionadas, então a concepção de Deus e sua revelação está relacionada ao respectivo contexto em que é teologicamente refletido. Nesse sentido, é possível que Deus se revele no contexto de pluralismo religioso,[35] nas boas ações dos ateus,[36] na experiência religiosa do divino sem profissão de fé confessional,[37] na práxis histórica libertadora e na consolidação da justiça,[38] mas sempre será o Deus misterioso, inefável e santo que interpela o homem à experiência do amor. Aqui está o cerne da revelação de Deus na perspectiva transcendental: o Deus que se revela é Amor, movimenta-se na direção do homem para interpelá-lo à comunhão.[39]

---

[33] Cf. Pastor, F. A. *La lógica de lo Inefable*. PUG: Roma, 1986; Idem. "Credo in Deum Patrem. Sul primo articolo della fede", in *Gregorianum* 80 (1999), p. 469-488.

[34] Cf. Metz, J. B *Memoria passionis. Ein provozierendes Gedächtnis in pluralistischer Gesellschaft*. Freiburg im Breisgau: Herder, 2006.

[35] Cf. Dupuis, J. *Verso uma teologia Cristiana del pluralismo religioso*. Brescia: Queriniana, 1997; Idem. *Il Cristianeismo e Le Religioni. Dallo scontro all'incontro*. Brescia: Queriniana, 2000; Knitter, Paul. *Introdução às Teologias das Religiões*. São Paulo: Paulinas, 2008.

[36] Cf. Rahner, Karl. "Chiesa e ateísmo", in *Nuovi Saggi (IX)*, Paoline: Roma, 1984, p. 192-209. Uma reflexão teológica acurada sobre a revelação no contexto de secularização e de ateísmo ver: Segundo, J. L. Cf. Segundo, Juan Luis. ¿Qué mundo? ¿Qué hombre? ¿Qué Dios? Santander: Sal Terrae, 1993.

[37] Cf. Gonçalves, P. S. L. *Ontologia hermenêutica e Teologia, op. cit.*, p. 59-106.

[38] Cf. Gutiérrez, G. *O Deus da vida*. Loyola: São Paulo, 1992.

[39] Cf. Greshake, G. *Il Dio Unitrino. Teologia trinitaria*. Brescia: Queriniana, 2000, p. 46-74; Bingemer, M. C. L. "O Deus cristão: mistério, compaixão e relação", in De Moria, G. – Oliveira, P. A. R. (orgs.) *Deus na sociedade plural: fé, símbolos, narrativas*. São Paulo: Paulinas – Soter, 2013, p. 195-217.

Dessa perspectiva transcendental de Deus, mergulhada no contexto de pluralismo religioso, de secularização e de ateísmo, resulta a relevância da mística e da espiritualidade. A mística é o elemento que possibilita ao homem relacionar-se de modo próprio com Deus, experimentar o amor divino sem qualquer ilusão, lançar-se ao Divino de modo gratuito e livre, sentir seu perfume e abrir-se totalmente a seu mistério amoroso que, no *verbum* e no silêncio, dirige sua palavra de amor. Não há qualquer irracionalidade em termos de oposição à racionalidade, na experiência mística.[40] Ao contrário, a irracionalidade do homem místico é sua racionalidade, a razão de sua vida, o sentido de sua existência. Na experiência mística, Deus é o mistério que se revela no silêncio falante da alma e estabelece um diálogo amoroso face a face com o homem. O homem místico tem a certeza da presença amorosa de Deus, enxerga-o na noite escura e se sente seguro ainda que esteja em meio à densa tempestade da vida.[41]

Da mística que realça a experiência relacional do homem com Deus, emerge a espiritualidade. Esta não se reduz às práticas de sustentação da espiritualidade – oração, retiros, direção espiritual – nem tampouco é uma experiência de contraposição à materialidade da vida. Por espiritualidade, entende-se a vida segundo o Espírito de Deus, experimentada pelo homem, imbuído da mística e, por conseguinte, aberto a Deus. A espiritualidade se define por um *modus vitae*, uma maneira de pensar, de agir, de decidir, de rezar, de direcionar-se às outras pessoas e enfrentar as diferentes situações, principalmente aquelas marcadas por adversidades.[42]

A mística propicia ao homem ter a certeza da revelação deste Deus misterioso, santo, inefável, silencioso, amoroso que se autocomunica, dando-se a conhecer ao próprio homem. Na sustentação da mística, o homem desenvolve sua espiritualidade que o leva a experimentar Deus *absconditus et revelatus*, *Mysterium Tremendum et Fascinans* no âmbito da existência humana, compreendida em seu todo pessoal e coletivo. Em perspectiva transcendental, a mística e a espiritualidade do homem que se abre a Deus têm origem no próprio Deus que se autocomunica amorosamente. Isso significa que a mística e espiritualidade não são experiências mágicas da revelação de Deus, isentas de historicidade e de sentido existencial, conforme se pode verificar em determinados movimentos "místicos e espirituais".[43] Juntas, a mística e a espiritualidade, compreendidas em perspectiva transcendental, constituem-se em uma experiência real da revelação enquanto encontro de um Deus que se dá a conhecer ao homem, para realizar sua obra de amor.

4.2. O sentido da existência humana na revelação

Um elemento fundamental na teologia transcendental rahneriana é a categoria "existencial sobrenatural" que possibilita pensar a existência humana na perspectiva da revelação cristã. O "existencial sobrenatural" é o elemento constitutivo do homem que lhe

---

[40] Sobre uma análise fenomenológica da experiência mística ver: HEIDEGGER, M. "Der Philosophischen Grundlagen der Mittelalterlichen Mystik", in *Phänomenologie des Religiösen Lebens*, Vittorio Klostermann: Frankfurt am Main, 1995, p. 303-338.

[41] Cf. RAHNER, K. "Esperienza della trascendenza dal punto di vista dogmático cattolico", in *Nuovi Saggi (VII)*, Paoline: Roma, 1981, p. 253-276.

[42] Cf. *Idem*. "Esperienza dello Spirito Santo", in Ibidem. p. 277-308; BINGEMER, M. C. L. "A espiritualidade hoje: novo rosto, antigos caminhos", in *Teologia na pós-modernidade: abordagens epistemológica, sistemática e teórico-prática*. Paulinas: São Paulo, 2003, p. 361-404.

[43] LIBÂNIO, J. B. *Cenários da Igreja*. Loyola: São Paulo, 1999; *Idem. A Religião no início do milênio*. Loyola: São Paulo, 2002.

possibilita experimentar a revelação, ouvindo a interpelação divina, refletindo conscientemente sobre ela e respondendo com liberdade e responsabilidade, em sua condição de sujeito e pessoa. Essa relação do homem com Deus no movimento da revelação não é isenta de situação histórica, de condicionamentos culturais, de possibilidades e limites sociais, nem tampouco do desenvolvimento das potencialidades humanas efetivadas mediante o exercício da liberdade da humana. Então, a compreensão teológica da revelação divina deve levar o teólogo a se debruçar sobre a existência humana, compreendida em sua contemporaneidade.

Quando se debruça sobre a existência humana contemporânea, depara-se com a categoria pós-modernidade, cuja concepção é marcada pela manifestação da filosofia, das ciências humanas e das ciências sociais aplicadas.[44] Trata-se de uma categoria que possui um espírito paradoxal, de simultânea ruptura e continuidade com a modernidade. As promessas da modernidade acerca da autonomia total do homem em relação a Deus e à religião, elaborando uma moral fundamentada na razão moderna, de que a ciência moderna solucionaria todos os problemas humanos, de que a política de autonomia do Estado e de democratização das relações políticas colocariam fim aos totalitarismos e estabeleceriam uma nova era de paz, não se cumpriram. O homem contemporâneo experimentou regimes totalitários, a utilização de conhecimentos científicos para o extermínio humano, sentiu saudades da religião, promoveu novas formas de religiosidade, imergiu no significado dos direitos humanos,[45] retomou a arte em suas diversas dimensões, sofisticou seu sistema de comunicação, colocando ao lado ou até acima da oralidade e da escrita a comunicação digital.[46] Com isso, instaurou-se um novo ritmo de temporalidade e uma nova espacialidade para os encontros humanos.[47] Emergiu também um novo conceito de ciência, não mais única e exclusivamente fundamentado no conceito empírico de experiência – *Erfahrung* –, mas fundamentado no conceito de experiência como vida vivida – *Erlebnis* –, possibilitando a apreensão da hermenêutica filosófica no processo de interpretação científica do mundo.[48]

Diante de todo o contexto pós-moderno da existência, em que as questões acima mencionadas denotam a subjetividade vulnerável[49] e a debilidade do pensamento,[50] trazem à tona a pergunta pelo sentido e realçam o caráter afetivo das relações humanas, tanto interpessoais quanto as relações entre os povos, a reflexão teológica transcendental também pensa tal sentido, possibilitando a atenção sobre o significado da relação do homem com Deus. Ao compreender o homem como "ouvinte da Palavra", a teologia transcendental possibilita apreender a existência humana como campo do diálogo entre Deus e homem que caracteriza a revelação cristã. A existência abarca as questões da

---

[44] OLIVEIRA, M. A. "Pós-modernidade: abordagem filosófica", in GONÇALVES, P. S. L. – TRASFERETTI, J. *Teologia na pós-modernidade, op. cit.*, p. 21-52; BAUMAN, Z. *Posmodernity and its Discontents*. Polity Press: Cambridge, 1997; LÉVY, PIERRE, *Cibercultura*. Editora 34: São Paulo, 1999; MAFFESOLI, M. *Elogio da razão sensível*.Vozes: Petrópolis, 2005.

[45] Cf. HOBSBAWM, E. *A era dos extremos. O breve século XX*. Companhia das Letras: São Paulo, 2000; TOURAINE, A. *Um novo paradigma. Para compreender o mundo de hoje*. Vozes: Petrópolis, 2005.

[46] MORRA, G. *Il quarto uomo. Postmodernità o crisi della modernità?* Roma: Armando Editore, 1992.

[47] Cf. GONÇALVES, P. S. L. "A teologia na cultura pós-moderna", in SOUZA, Ney de (org.). *Teologia em diálogo*. Santuário: Aparecida, 2011, p. 13-64.

[48] Cf. SANTOS, Boaventura de Souza. *Introdução a uma Ciência pós-moderna*. Graal: São Paulo, 2003.

[49] Cf. MENDOZA-ÁLVAREZ, C. "Deus ineffabilis. El lenguaje sobre Dios en tiempos de pluralismo cultural y religioso", in DE MORI, G. – OLIVEIRA, P. A. R. (orgs.). *Deus na sociedade plural, op. cit.*, p. 129-153.

[50] Cf. VATTIMO, G. *O fim da Modernidade. Niilismo e hermenêutica na cultura pós-moderna*. São Paulo: Martins Fontes, 2002.

subjetividade em que se realça a identidade singular de cada pessoa humana e também as questões referentes às relações interpessoais e coletivas.[51]

Considerando, a revelação como a autocomunicação gratuita e livre de Deus ao homem, o "ouvinte" de sua Palavra, cuja experiência comunicativa é o amor presente na própria relação entre ambos, então o sentido da existência cristã é este mesmo amor relacional que suscita a imagem de um Deus em comunhão com o homem. Pode-se aqui levantar a hipótese teológica de um Deus amigo,[52] cuja amizade pode ser experimentada nas relações interpessoais, nas relações entre grupos sociais e nas relações entre os povos.[53]

A experiência do amor revelador de Deus ao homem, mediante a amizade entre as pessoas, é marcada pela disposição e pela disponibilidade em realizar a amizade, em confiar na pessoa amiga, em responsabilizar-se por ela, em dar-lhe atenção, em zelar por uma relação aberta e respeitosa, indicativa de alteridade. A experiência da amizade transcende a temporalidade cronológica e traz à tona o tempo *kairológico*, que é sempre oportuno, ousado e criativo. Há sempre tempo para ver os amigos e efetivar o diálogo marcado pela confiança, pela sinceridade, pela honestidade, pela alegria de "estar juntos". Na experiência da amizade, está presente o espírito da gratuidade que propicia ações desinteressadas, incondicionadas, desprendidas e despojadas de algo em troca. Na amizade, a vida é doada em função da credibilidade valorativa da própria relação interpessoal. A amizade é o tesouro encontrado, o sentido do relacionamento humano, a fraternidade realizada.[54] Esta experiência de amizade interpessoal denotativa da revelação divina ao homem aponta também para um caminho místico de relação do homem com Deus. Dessa forma, o homem mergulha no mistério, sente o desejo de encontrar-se com Deus, experimenta-o como "seu amado" na profundidade de sua existência, possibilitando-lhe uma entrega ao *absconditus*, que se revela na experiência de amizade. Essa experiência mística denota também uma antropologia do desejo que o homem possui de Deus, de adentrar-se no poço da existência humana para beber das águas profundas do poço em que se encontra Deus.

A amizade não se esgota nas relações humanas interpessoais, mas se estende também para a relação entre os grupos sociais e étnicos e entre os povos. Ao penetrar nas estruturais sociais de convivência, seja entre grupos, seja entre os povos, a amizade se defronta com situações de fome, de desnutrição, de doenças que poderiam ser evitadas se houvesse efetividade nas políticas públicas de saúde, de violência em diversos âmbitos e de preconceitos e discriminações culturais e sexuais. Diante dessas situações, o espírito da amizade se desenvolve mediante a compaixão[55] e a misericórdia[56] que incidem na solidariedade entre os grupos e entre os povos, no respeito às diferenças culturais, no acolhimento aos grupos discriminados, na efetividade da justiça social que garante os direitos sociais dos povos e na justiça econômica que deve colocar fim às abissais desigualdades que geram a morte "antes

---

[51] Cf. GONÇALVES, P. S. L. *Ontologia hermenêutica e Teologia*, op. cit., p. 141-189; LIBÂNIO, J. B. *Teologia da revelação a partir da modernidade*. Loyola: São Paulo, 1992, p. 163-194.

[52] Cf. LADARIA, L. *Antropologia Teológica*. PIEMME Theologica – PUG: Roma, 1995, p. 174-202.

[53] Para uma descrição histórica e sociológica da amizade, veja: ALBERONI, F. *A amizade*. São Paulo: Rocco, 1989.

[54] PEDROSA DE PÁDUA, L. "Espaços de Deus. Pistas teológicas para a busca e o encontro de Deus na sociedade plural", in DE MORI, G. – RIBEIRO, P. A. R. (orgs.). *Deus na sociedade plural*, op. cit., p. 21-46.

[55] METZ, J. B. *Memoria passionis*, op. cit., p. 246-252; Idem. *Sul concetto della Nuova Teologia Politica. 1967-1997*. Brescia: Queriniana, 1998, p. 136-172.

[56] Cf. SOBRINO, J. *El principio misericórdia. Bajar de la cruz a los pueblos crucificados*. Santander: Sal Terrae, 1992.

do tempo",[57] na construção de uma política mundial da paz, que aponte para uma civilização planetária do amor.[58] A revelação então passa a ser compreendida como autocomunicação de um Deus que deseja vida para a humanidade, que tem a todos os humanos como seus filhos e filhas, que, mediante sua misericórdia, revela-se como um Deus compassivo e de ternura, que encontra em sua criação sua habitação.[59]

Mediante a iluminação da perspectiva teológica transcendental, as experiências de amizades interpessoais e coletivas são experiências de revelação. Um elemento fundamental para não tornar a amizade isenta de historicidade e, por conseguinte, isenta de credibilidade em termos de revelação é a concepção de culpa, compreendida como sentimento que propicia o reconhecimento de algum erro cometido, pelo qual se ofende alguém ou um grupo. Na ótica rahneriana, a possibilidade do reconhecimento da culpa se deve à consciência de que, movida pelo "existencial sobrenatural" e considerada como um "santuário"[60] que possibilita o diálogo com Deus, propicia ao homem buscar a correção e a redenção que desemboca em sua reconciliação com quem ofendeu. Ao reconhecer a culpa e ao abrir-se a seus desdobramentos, o homem confirma o exercício de sua liberdade, oriunda de sua condição de sujeito e pessoa, e com responsabilidade assume a culpa e tudo o que proporciona para que seu "não" a Deus – a inimizade com outros homens ou com grupos sociais –reverta-se em sim a Deus – amizade com outros homens e com grupos sociais – e confirme uma revelação divina verdadeiramente salvadora. A reconciliação tanto interpessoal quanto dos povos consolida o significado da amizade, da ternura[61] e de uma hermenêutica do perdão,[62] possibilitando apreender o sentido existencial da vida humana: a vida no amor. Teologicamente, toda esta ação humana de reconciliação e de consolidação da amizade é possível devido ao "existencial sobrenatural" presente no homem que o torna "ouvinte da Palavra" de um Deus que se revela amando-o desde sempre.

5. Conclusão

A retomada da teologia transcendental rahneriana para compreender a revelação, em meio ao pluralismo teológico contemporâneo, não deve ser realizada em um clima de maximalismo rahneriano e de consequente desprezo a outras formulações, mas de atenção à concepção de Deus e de homem presente na revelação, que nos propicia pensar a revelação no contexto em que estamos inseridos. Nesse sentido, conceber Deus como mistério santo e inefável de amor e o homem como "ouvinte da Palavra", que possui uma *potentia oboedentialis* para amar, implica reconhecer que Jesus Cristo como plenitude da revelação é Deus em meio à humanidade, assumindo a condição humana

---

[57] Cf. GUTIÉRREZ, G. *Onde dormirão os pobres*. São Paulo: Paulus, 1996.
[58] Cf. BOFF, L. *Nova Era: A civilização planetária*. São Paulo: Ática, 1994; Idem. *Virtudes para um outro mundo possível (III). Comer & beber juntos & viver em paz*. Petrópolis: Vozes, 2006.
[59] COLZANI, G. *Antropologia Teologica. L'uomo: paradosso e mistero*. Bologna: Dehoniane, 2000, p. 406-457.
[60] Cf. GS n.16-18.
[61] ROCCHETTA, C. *Teologia da ternura. Um "evangelho" a descobrir*. São Paulo: Paulus, 2002.
[62] Cf. RICOEUR, P. *Philosophie de la volonté (II). Finitude et culpabiblité*. Paris: Aubier, 1960.

em todas as suas dimensões, exceto no pecado. Essa plenitude da revelação é universal e, por isso, apresenta-se de algum modo em realidades não confessionais da fé cristã, em especial no contexto do pluralismo religioso, no ateísmo e no que se denomina pós-modernidade, marcada por paradoxos culturais, religiosos e morais e grandes mudanças históricas e científicas.

A experiência da revelação, conforme a luz da teologia transcendental rahneriana, possibilita pensar na concepção de Deus como mistério santo e inefável e na existência humana a partir da condição humana de "ouvinte da Palavra". Nesse sentido, a mística e a espiritualidade cristã são fundamentais na experiência da revelação, porque possibilitam experimentar Deus concretamente e, por conseguinte, viver essa experiência como *modus vitae*. Em meio a situações de efemeridade religiosa e política, a experiência da revelação cristã deve ser vivida como uma experiência de amizade com Deus, realizada na amizade interpessoal e na amizade entre os povos.

A amizade propicia a fraternidade universal, o respeito e a alteridade nas relações interpessoais, e é teologicamente revelação de Deus que se dá a conhecer ao homem no amor. Desse modo, o transcendental oriundo de Deus se apresenta no homem que, no bojo de suas relações interpessoais e coletivas, experimenta o amor, honrando sua condição de "ouvinte da Palavra" que vivencia essa mesma Palavra, de modo livre e responsável, encontrando-se com o Deus desconhecido livre, mistério santo e inefável de amor.

Ainda que seja possível inferir diversos temas da teologia transcendental, bem como reconhecer a profundidade desenvolvida em vários desses temas, a grande contribuição da teologia transcendental para pensar a revelação cristã é fazer-nos pensar que a revelação é o encontro amoroso entre Deus e o homem, exigindo visualizar o modo como esse encontro acontece de modo contemporâneo, em cada época histórica.

II

A TEOLOGIA DA LIBERTAÇÃO E A QUESTÃO DO MÉTODO

Paulo Fernando Carneiro de Andrade

A questão do método esteve presente desde os primórdios da Teologia da Libertação. Para compreender o desenvolvimento de seu método é importante ter presente o momento de criação desta teologia e sua evolução histórica.

Para compreender sua gênese, é preciso recordar que entre os pontos fulcrais da verdadeira revolução copernicana na Igreja do século XX, provocada pelo Concílio Vaticano II, encontra-se o fato de nele a Igreja, que é e sempre foi universal, ter atualizado, pela primeira vez em sua história, esta universalidade de forma visível e concreta. Esse fato foi evidenciado na própria procissão de abertura do Concílio, quando bispos de diferentes etnias, oriundos de distantes pontos do mundo, encontravam-se reunidos conforme observa K. Rahner em memorável artigo sobre o significado central desse Concílio.[1] Para K. Rahner, pode-se dizer que a Igreja Católica descobre-se nesta ocasião como verdadeiramente mundial, já que antes sua ação se assemelhava mais a de uma empresa de exportação que divulgava em todo o mundo uma religião e uma cultura europeia.[2] O Concílio dá início, ainda que germinalmente, à ação da Igreja como Igreja verdadeiramente mundial, plural, e não europeia, instaurando uma ruptura só comparável, segundo Karl Rahner, a que marcou a passagem do judeo-cristianismo ao cristianismo-helenista sob o influxo de Paulo.[3]

Cabe também salientar a importância que adquire a perspectiva dialógica expressa em seus documentos, assim como na primeira encíclica de Paulo VI, *Ecclesiam Suam*, de 1964, que trata primordialmente do diálogo entre a Igreja e o mundo contemporâneo, superando mais de dois séculos de oposição e conflito.[4] Esse novo paradigma que traduz o mais profundo espírito conciliar não é concebido como mera estratégia, mas como uma necessidade imposta pela missão apostólica.[5] A perspectiva dialógica introduzida por essa encíclica é a mesma que se encontra nos documentos conciliares *Nostra Aetate*, *Ad Gentes* e *Gaudium et Spes*, que se tornam de fundamental importância no pós-concílio, resultando em um grande

---

[1] Cf. RANHER, K. "Interpretazione teologica fondamentale del Concilio Vaticano II", em *Sollicitudine per la Chiesa, Nuovi Saggi VIII*, Roma: Paulinas, 1982, p. 343-361. Sobre a participação de bispos não europeus nos Concílios Vaticano II e Vaticano I, veja AUBERT, R. *Nuova Storia dela Chiesa*, Turin: Marietti, 1979, Tomo 5.2, p. 307.

[2] RANHER, K, Ibidem, p. 345.

[3] Ibidem, p. 355.

[4] ES n. 15.

[5] ES n. 67; n. 83

encontro não só com a cultura Moderno-Ocidental[6] e com as ciências,[7] mas também com as diversas culturas locais e, em um momento subsequente, com as grandes religiões.[8]

Diversos elementos levam também a um diálogo com as culturas locais e ao processo de encarnação nas diversas realidades que posteriormente foram chamadas de enculturação:[9] a valorização das Igrejas locais é fruto direto dos paradigmas eclesiológicos Igreja Povo de Deus e Igreja de Comunhão,[10] e a isto se soma o fato de que as ciências sociais, das quais agora se aproximam à Igreja, oferecem novos meios para entender as diferentes culturas e fornecem uma forte crítica ao etnocentrismo.[11]

Como resultado da valorização da diversidade cultural e da afirmação da Igreja local e antes mesmo do fim do Concílio Vaticano II, dá-se início, de uma forma nova e com um vigor sem precedentes nos últimos séculos, a formulação de teologias contextualizadas.[12] Na América Latina ocorre em março de 1964 em Petrópolis, onde a Província Franciscana da Imaculada Conceição do Brasil mantinha o centro de formação teológica e a sede Editora Vozes, uma reunião de teólogos latino-americanos, tendo entre seus objetivos, conforme o texto da carta convite: *"despertar através deste grupo nas diversas faculdades, professores de teologia etc., uma atitude de interesse ativo, abrindo horizontes e definindo assuntos de pesquisa, de interesse latino-americano. A ideia é de que este encontro possa ser o ponto de partida de um trabalho de pesquisa teológica da problemática da igreja latino-americana"*.[13] Essa reunião, da qual participaram, entre outros, Juan Luis Segundo, Lucio Gera e Gustavo Gutiérrez, pode ser considerada o marco inicial do esforço de criação de uma teologia latino-americana que resultará anos depois na Teologia da Libertação.

De grande importância para o surgimento da Teologia da Libertação foi também o movimento liderado por alguns bispos durante o Concílio, entre os quais se encontrava Dom Helder Câmara e o Cardeal Lercaro, denominado "Igreja dos Pobres", que elaborou em novembro de 1965 o documento conhecido como "Pacto das Catacumbas". Esse grupo, que teve grande influência sobre a Igreja, exorta todos a abraçarem a causa dos pobres e a testemunharem isto por meio de uma vida austera, no seio do povo. Essa perspectiva foi em resposta a esse apelo, que traduz o espírito de uma época: diversas

---

[6] Cf. SCHILLEBEECKX, E. *O Mundo e a Igreja,* São Paulo, Paulinas, 1971 (original, 1965).

[7] Cf. RAHNER, K. "Sul raporto tra sciencia naturale e Teologia", em *Sollicitudine per la Chiesa, Nuovi Saggi VIII,* Roma: Paulinas, 1982, p. 73-84.

[8] Cf. DUPUIS, J. "Dialogo Interreligioso nelIla Missione Evangelizzatrice della Chiesa", em LATOURELLE R. (org.). *Vaticano II. Bilancio e Prospecttive, venticinque anni dopo (1962/1987),* Assis: Citadella Editrice, 1987, p. 1234-1256.

[9] Cf. PASTOR, F. *Inculturação e Libertação. O problema teológico de uma 'evangelização libertadora',* São Paulo: Perspectiva Teológica XI (1979): p. 181-202. Também AZEVEDO, M. "Inculturação", em LATOURELLE, R. e FISICHELLA, R. (org.). *Dicionário de Teologia Fundamental,* Petrópolis: Vozes, 1994, p. 464-472.

[10] Sobre o debate em torno da Eclesiologia do Povo de Deus, veja COMBLIN, J. *O Povo de Deus,* São Paulo: Paulus, 2002.

[11] Cf. LÉVI-STRAUSS, C. *Raça e História.* Lisboa: Editora Presença, 1975², (Ed. original francesa de 1952).

[12] Entre os católicos foi em torno do ano de 1955 que aparece, pela primeira vez, a exigência explícita de uma teologia acadêmica contextual, formulada por um grupo de padres provenientes do Haiti e da África. Apesar disso, a hegemonia da Teologia Manualística, que então predominava, continuou a estender-se pelo menos até o Concílio Vaticano II. Esta teologia, formulada a partir de paradigmas da cultura tradicional europeia, sobrevive até os anos 60, sobretudo devido à prevalência, no ambiente católico, de um contexto antimoderno, que dificultava ou mesmo impedia que algumas questões fundamentais da Modernidade pudessem ser introduzidas no pensamento católico, não obstante o empenho de alguns importantes setores teológicos, cf. CHAPPIN, M. "Teologias em Contexto", em LATOURELLE R. e FISICHELLA R. (org.). *Dicionário de Teologia Fundamental,* Petrópolis: Vozes, 1994, p. 980. Para um panorama da Teologia do Século XX veja: GIBELLINI, R. *La Teologia del XX Secolo,* Brescia: Queriguiana, 1992.

[13] Cf. a reprodução do documento em OLIVEIROS, R. *Liberación y Teología. Génesis y crecimiento de una reflexión (1966-1976),* Lima: CEP, 1977, p. 57-58.

comunidades de vida religiosa foram constituídas nos meios populares em meados dos anos 60. Essas comunidades eram formadas por religiosos e religiosas que buscavam, como expressão do voto de pobreza evangélica, compartilhar a vida dos pobres. Essas pessoas em função da experiência que passam a ter de convívio com os pobres não mais aceitam as explicações tradicionais das causas da pobreza, que passa a ser compreendida como sendo fruto da exploração e opressão. É então colocada a questão: como ser cristão em um continente de pobres explorados e oprimidos? Abre-se então espaço para a participação nos movimentos de libertação e organização popular.

A temática da libertação, já presente em alguns meios pastorais, é recebida pelo episcopado latino-americano reunido em 1968, em Medellín, na II Conferência Geral do Episcopado Latino-Americano, tendo por objetivo promover a aplicação do Concílio Vaticano II à realidade latino-americana.[14] Simultaneamente são publicados nesse mesmo ano os primeiros ensaios nos quais se encontra a expressão *Teologia da Libertação*.[15] Em 1970 ocorre em Bogotá um primeiro congresso sobre a Teologia da Libertação, que é ainda compreendida nesse momento como uma teologia que tem como objeto uma determinada realidade ou tema, no caso a libertação político-socioeconômica (teologia de genitivos).[16]

1. O surgimento e desenvolvimento da Teologia da Libertação nos anos de 1970

Coube a G. Gutiérrez fundar, em 1971, a Teologia da Libertação enquanto sistema teológico que constitui a Libertação como ótica e não como simples objeto ou tema novo, através da publicação de sua obra *Teologia de la Liberación; Perspectivas*.[17] Quase simultaneamente, L. Boff publicava sua Cristologia, *Jesus Cristo Libertador*, e H. Assmann lançava uma obra coletiva que tinha a mesma perspectiva de G. Gutiérrez.[18] Iniciava-se assim a Teologia da Libertação, que desde seu início se propõe a ser um novo modo de fazer teologia que parte da tematização teológica de uma realidade histórico-social concreta, isto é, a situação de pobreza existente na América Latina. Enquanto sistema teológico, essa teologia é constituída por um núcleo que deve ser considerado uma teologia do político. Em torno a esse núcleo se constituem os diversos tratados teológicos, isto é, a Cristologia, Eclesiologia, Antropologia Teológica, Teologia dos sacramentos, Escatologia etc. Não se pode falar em um único método que abranja simultaneamente esse núcleo e todos os tratados. O que normalmente se chama de método da Teologia da Libertação é o método relativo a esse núcleo, isto é, na Teologia do político que

---

[14] São diversos os documentos pastorais que desde 1966 empregam o termo *libertação*, em sentido sociológico, advindo das teorias da dependência. Vejam alguns destes documentos em Rossi, J. J. *Iglesia Latinoamericana ¿Protesta o Profecia?*, Avellanada: Busqueda, 1969.

[15] Veja aqui a tese de R. Alves defendida em Priceton, em 1968, *Towards a Theology of Liberation*, e o artigo de Shaull, R. *La liberation humana desde una perspectiva teológica*, em Mensagen 168(1968):175-179; Veja também o artigo de Assmann, H. *Tarefas e limitações de uma Teologia do desenvolvimento*, Petrópolis: Vozes 62(1968):13-21, em que o autor praticamente estabelece o programa da futura Teologia da Libertação.

[16] Cf. Andrade, P. *Fé e Eficácia*, São Paulo: Loyola, 1991, p. 57.

[17] Gutiérrez, G. *Teología de la Liberación; Perspectivas*, Lima: Centro de Estudios y Publicaciones 1971.

[18] Assmann, H. (org.). *Opresión-liberación: desafio de los cristianos*, Montevideo: Tierra Nueva, 1971; Boff, L. *Jesus Cristo Libertador*, Petrópolis: Vozes 1972; observe-se que a obra de L. Boff foi inicialmente publicada na forma de artigo durante o ano de 1971 na revista *Grande Sinal* da Editora Vozes.

constituiu o centro deste sistema teológico. A novidade desse método está em usar de modo explícito e, portanto, crítico uma mediação sociológica para interpretar a realidade social em substituição à mediação filosófica. A tendência majoritária dos teólogos que elaboraram essa teologia nos anos 1970 e 1980 optou por uma sociologia que privilegia a leitura estrutural, ressaltando os aspectos conflituais e o nível econômico. Tal mediação sociológica, por oposição àquela que enfatiza a organicidade social e o aspecto cultural ou a ação individual, foi chamada de análise marxista, nome que causou não poucos problemas.

Em 1972, dá-se um colóquio na Espanha (El Escorial), onde teólogos latino-americanos e europeus debatem a recém-nascida Teologia da Libertação, e em 1974 ocorre a consagração internacional dessa Teologia com a publicação de um número especial da *Revista Concilium* todo dedicado a ela.[19] Pode-se dizer que neste momento se inicia uma nova fase no desenvolvimento dessa teologia que doravante se ocupará com mais precisão da questão de seu método.

Em agosto de 1975 ocorre no México um encontro latino-americano de Teologia tendo por tema central a Teologia da Libertação. Nele L. Boff apresenta uma conferência que tem por título *Que é fazer teologia partindo de uma América Latina em cativeiro?* Nesse artigo L. Boff sublinha o fato de a Teologia da Libertação pretender ser um novo modo de fazer e pensar a teologia, não se tratando de uma teologia de genitivos ao modo de uma Teologia da Revolução ou uma Teologia Social. Para L. Boff o método usado nessa teologia foi iniciado pelo documento Conciliar *Gaudium et Spes* e oficializado em Medellín. Trata-se de partir da realidade social, analisada pela metodologia das ciências sociais para então se chegar à reflexão teológica e subsequentemente estabelecer pistas para a ação pastoral.[20]

No decorrer dos anos de 1976 e 1977 através da publicação da tese doutoral de Clodovis Boff, que neste ano retorna de Louvain para o Brasil, podem-se considerar estabelecidas as linhas mestras do método teológico da Teologia da Libertação.[21] Clodovis Boff propõe como solução para a questão da articulação entre saber sociológico e teológico o reconhecimento de que uma Teologia do Político (da qual para ele neste momento a Teologia da Libertação constitui um caso particular[22]) se constitui a partir da articulação de duas mediações: a socioanalítica, que produz o objeto material, que não é a realidade socioeconômica-política em si mesma, e a mediação hermenêutica, que se constitui em objeto formal, determinando-lhe a pertinência. As duas mediações devem respeitar-se mutuamente no que concerne à autonomia relativa de seus campos disciplinares e devem-se evitar seja a instrumentalização da mediação socioanalítica, seja a subordinação da mediação hermenêutica a qualquer outra mediação. Nesse sentido, a expressão usual

---

[19] Segundo R. Vekemans: A consagração internacional mais notória da Teologia da Libertação é evidentemente o número 96 (junho de 1974) de *Concilium* inteiramente dedicado a ela sob o título de *Práxis de Libertação e fé cristã: o testemunho dos teólogos latino-americanos*. Cf. VEKEMANS, R. *Expansión mundial de la Teología de la liberación Latinoamericana* em CELAM, *Socialismo y socialismos en América latina*, Bogotá, 1977, p. 269-319; 318.

[20] BOFF, L. "Que é fazer teologia partindo de uma América Latina em cativeiro?", in *REB* 35(1975):853-879.

[21] BOFF, C. "Teologia e Prática", in *REB* 144 (1976): 789-810; BOFF, C. *Teologia e Prática. A Teologia do Político e suas mediações*, Petrópolis, Vozes, 1977.

[22] Posteriormente Cl. Boff mudará de opinião reconhecendo ser a Teologia da Libertação um sistema teológico global, na mesma linha de G. Gutiérrez, L. Boff, J. B. Libânio e outros. Suas conclusões permanecem válidas, entretanto, para o núcleo central da Teologia da Libertação, enquanto Teologia do Político. Cf. BOFF, Cl. "Retrato de 15 anos da Teologia da Libertação", in *REB* 182 (1986): 263-271.

para caracterizar a Teologia da Libertação como uma teologia que nasce da práxis não deve ser compreendida em sentido, que contradiga a verdade mais fundamental de toda teologia que se encontra no fato de ser uma reflexão que parte da fé para iluminar a fé proclamada e praticada (simultaneamente, *a inteligência que procura a fé e a fé que procura a inteligência; crer para entender, entender para crer*). Nesse sentido a Teologia da Libertação, como qualquer Teologia, nasce da fé; a fé cristã é seu ponto de partida e é ela que lhe dá pertinência e constitui seu discurso como teológico. A Teologia da Libertação parte, conforme observou G. Gutiérrez desde seu primeiro livro, da pergunta dirigida à fé sobre o significado de ser cristão em um continente de espoliados e oprimidos.[23] Assim a fé é seu ponto de partida e chegada; a afirmação de ser uma teologia que nasce da práxis significa, portanto, não constituir a práxis em seu objeto formal, mas sim reconhecê-la como seu objeto material. Observe-se que este não é constituído pela realidade em si, mas sempre por uma realidade criticamente interpretada. Nesse sentido é que se deve também observar que a mediação socioanalítica acaba por ser indissociável da constituição do objeto material. Uma mediação socioanalítica deficiente, não controlada criticamente e, portanto, passível de ser marcadamente ideológica, levaria à constituição de um objeto material que poderia levar a conclusões teológicas deturpadas.

A tese de Clodovis Boff obteve rápido consenso entre a maioria dos teólogos que produziam neste momento a Teologia da Libertação. Em 1977, João Batista Libânio publicou um extenso artigo acerca da Teologia da Libertação, no qual reafirma os pontos centrais da tese de Clodovis Boff, fazendo avançar o consenso sobre o método da Teologia da Libertação entre os teólogos dessa corrente de pensamento.[24] A contribuição de João Batista Libânio à consolidação e ao desenvolvimento da Teologia da Libertação é desde então notável.

2. Os anos de 1980 e a recepção crítica da Teologia da Libertação

A preparação para a Conferência de Puebla (1979), convocada para celebrar os 10 anos da Conferência de Medellín e avaliar o percurso da Igreja Católica latino-americana neste período, assim como refletir sobre as novas exigências pastorais, inaugura em finais dos anos 1970 uma nova fase no debate em torno da Teologia da Libertação, focada, sobretudo, na discussão sobre o uso da chamada análise marxista na mediação socioanalítica. Embora o Documento Final da Conferência de Puebla não nomeie a Teologia da Libertação, nele se afirma que uma reflexão teológica que se realize partindo de uma práxis que recorre à análise marxista expõe-se a um grande risco de ideologização, perigando cair-se em um racionalismo no qual a fé é subordinada à razão.[25] Logo após ocorre um acirramento das críticas à Teologia da Libertação.

---

[23] Veja a introdução da obra de GUTIÉRREZ, G. *Teología de la Liberación; Perspectivas*, Lima: Centro de Estudios y Publicaciones 1971.

[24] Cf. LIBÂNIO, J. B. "Teologia da Libertação no Brasil. Reflexões crítico-metodológicas", in *Perspectiva Teológica* 17 (1977): 27-79.

[25] Cf. DP n. 545.

Já em 1972 havia sido fundada em Bogotá a revista *Tierra Nueva*, que se constituiu em um dos principais canais de publicações de artigos contrários à Teologia da Libertação. Em suas páginas, um dos temas mais discutidos em relação a essa teologia é o da chamada análise marxista.[26] As posições comuns que se encontram entre os principais opositores da Teologia da Libertação, já em seus primórdios, podem ser assim sintetizadas: todos os autores significativos da Teologia da Libertação (inicialmente sobretudo Hugo Assmann, José Comblin, Leonardo Boff, Gustavo Gutiérrez e Juan Luis Segundo e depois Clodovis Boff e João Batista Libânio) são vistos como teólogos que fazem uso da análise marxista; tal análise é entendida como sendo indissociável da ideologia marxista, mormente do materialismo dialético e é afirmada como sendo carente de cientificidade; o pensamento marxista é visto como sendo uma unidade basicamente indiferenciada, que vai de Karl Marx aos dias de hoje; todas as correntes marxistas, antigas e novas, compartilham de um núcleo tão forte de ideias e princípios que torna as diferenças entre elas mínimas e superficiais; o característico da análise marxista usada na Teologia da Libertação consiste basicamente em uma visão economicista da história que reduz ou mesmo nega a autonomia humana, em um conceito de luta de classe entendida como ódio universalizado promovido a motor da história e na atribuição à classe trabalhadora proletária de um papel messiânico-redentor da história.

O acirramento do debate pós-Puebla fez com que em agosto de 1984 fosse proclamado o documento da Sagrada Congregação para a Doutrina da Fé *Libertatis Nuntius* que tinha por objetivo principal chamar a atenção dos Pastores, dos teólogos e de todos os fiéis para os perigos de desvios prejudiciais à fé e à vida cristã, inerentes a certas formas da Teologia da Libertação que usam, de maneira insuficientemente crítica, conceitos assumidos de diversas correntes do pensamento marxista (LN, Introdução). O documento consta de duas partes. Uma primeira positiva (capítulos I-V) e uma segunda (capítulos VI-XI) na qual se apontam os problemas de uma corrente da Teologia da Libertação de corte marxista, sem que se cite um autor concreto. Nesta segunda parte, há um capítulo dedicado à análise marxista (capítulo VII) e dois outros às implicações do uso da mesma: violência e subversão do sentido da verdade (capítulo VIII), racionalismo teológico (capítulo IX). Em 1986 foi proclamado um segundo documento da Sagrada Congregação para a Doutrina da Fé sobre a questão *Libertatis Conscientia*. Este segundo documento era esperado desde a proclamação da primeira instrução e tem por intenção apresentar a temática da Libertação em tom positivo, ressaltando seus elementos que se encontram em consonância com a Tradição Eclesial Católica. Deve-se ressaltar que a Instrução faz uso do mesmo método usado em Medellín e Puebla e que está na base da Teologia da Libertação. Trata-se do método ver, julgar e agir. Nesse sentido, uma possível perversão dessa Teologia não estaria em seu método.

A proclamação desse documento foi acompanhada, alguns meses depois, de uma Carta do Santo Padre ao Episcopado Brasileiro (9 de abril de 1986) conclusiva da *Visita*

---

[26] Veja, por exemplo, COTTIER, G. *"¿Cuál es o valor del análisis marxista?"*, em *Tierra Nueva* 3 (1972): 21-32; RAUSCHER, A *"¿Desarrollo o liberación?"*, em *Tierra Nueva* 7(1973): 9-11; LÓPEZ TRUJILLO, A. *"Análisis marxista y liberación cristiana"*, em *Tierra Nueva* 1 (1973): 5-43; VEKEMANS, R. *"Algunos teólogos de la liberación y el marxismo en América latina"*, em *Tierra Nueva* 2(1973): 12-28.

ad limina feita pelos bispos do Brasil no decorrer de 1985 e início de 1986. Nessa carta o Pontífice faz referência às duas Instruções Vaticanas, reafirmando sua importância, assim como reconhece o valor da pastoral social brasileira e a centralidade de um amor pelos pobres que não seja nem exclusivo nem excludente (n.3), e exorta os Pastores para que estes ajudem a velar incessantemente para que aquela correta e necessária Teologia da Libertação se desenvolva no Brasil e na América Latina, *de modo homogêneo e não heterogêneo* com relação à teologia de todos os tempos, em plena fidelidade à doutrina da Igreja, atenta a um amor preferencial não excludente nem exclusivo para com os pobres (n. 5).

A proclamação da Encíclica Social *Sollicitudo Rei Socialis* representa nesse período o ponto mais alto da recepção da Teologia da Libertação por parte do Magistério Romano. Em sua conclusão, o Pontífice afirma: "Recentemente, no período sucessivo à publicação da Encíclica *Populorum Progressio,* em algumas áreas da Igreja Católica, em particular na América Latina, difundiu-se uma nova maneira de enfrentar os problemas da miséria e do subdesenvolvimento, que faz da libertação a categoria fundamental e o primeiro princípio de ação. Os valores positivos, mas também os desvios e os perigos de desvio, ligados a esta forma de reflexão e elaboração teológica, foram oportunamente indicados pelo Magistério eclesiástico [LN, Introdução]".

3. A questão do método

Basicamente a tese de Clodovis Boff estabeleceu, conforme afirmado anteriormente, o consenso em torno do método teológico relativo ao núcleo da Teologia da Libertação enquanto Teologia do Político. Observe-se, entretanto, que o desenvolvimento dos diversos tratados teológicos "na ótica da Libertação" foi fundamental para a constituição da chamada mediação hermenêutica. A cada novo tratado constituía-se uma nova elaboração da Teologia do Político que constitui o núcleo fundamental do sistema, levando por sua vez a reelaboração dos tratados, em um processo espiral, tornando essa teologia dinâmica, não só pela mudança do lugar teológico social a partir do qual é produzida, já que a realidade social e sua compreensão se transformam continuamente, mas também pelo aprofundamento que ocorre na própria mediação hermenêutica, na medida em que o sistema se desenvolve e novas questões e perspectivas surgem.

Esses tratados não se constituem, segundo o método analisado por Clodovis Boff, "mediação socioanalítica, mediação hermenêutica e produto teológico ou mediação prático-pastoral". Estes supõem a mesma pergunta que está na origem do sistema: como ser cristão em uma situação de opressão econômico-social? Supõe também a Teologia do Político, que está no núcleo do sistema, com a qual interagem na medida em que constituem parte da mediação hermenêutica e sendo simultaneamente interpelados por essa Teologia do Político que produzem. Cabe sublinhar que o princípio hermenêutico-teológico mais fundamental, que dá coerência ao sistema e o integra dando sua unidade, é constituído pela chamada opção pelos pobres. Nas palavras de Jacques Dupuis: "a Teologia da libertação põe em prática uma 'hermenêutica da libertação', isto é, uma maneira nova de ler a bíblia a partir de uma situação vivida de opressão. Essa leitura baseia-se nos grandes temas do

Antigo e do Novo Testamento que a ela se referem e a ela se prestam: Deus Libertador do povo oprimido, os direitos dos pobres e as exigências da justiça nos profetas; o anúncio de um mundo novo; o Reino de Deus para os pobres; a ação libertadora de Jesus e seu aspecto político; a missão da Igreja, que dá continuidade a tal ação".[27]

A opção pelos pobres, reconhecida pelo Magistério Supremo da Igreja como legítima e necessária,[28] é estrutural e estruturante para o Cristianismo, não podendo ser colocada no mesmo nível de outras opções de caráter pastoral circunstancial. Desde o início, em consonância com a prática social latino-americana dos anos 1960 e 1970, na Teologia da Libertação a opção pelos pobres ganhou dois acentos particulares: o pobre como ótica e o pobre como sujeito eclesial e social. A Teologia da Libertação buscou sempre ser não uma Teologia sobre os pobres, mas pensada a partir do lugar social do pobre. Aqui se coloca toda uma gama de questões que sempre acompanhou o debate em torno à Teologia da Libertação sobre a possibilidade deste deslocamento de lugar social. De certo modo os teólogos que produzem a Teologia da Libertação sempre foram chamados a se colocarem fisicamente próximos dos pobres, acompanhando suas vidas e suas lutas, como condição de possibilidade para a produção de uma teologia a partir desse lugar social, que nunca é o do teólogo mesmo, por mais próximo que este dele esteja.

Pode-se dizer também que a Teologia da Libertação toma o pobre como sujeito eclesial e sujeito de seu destino, isto é, agente evangelizador, capaz de se organizar e transformar o mundo e a Igreja. Nesse sentido a vertente majoritária da Teologia da Libertação entendeu ser o pobre o sujeito histórico privilegiado para levar adiante o processo de transformação social, recusando uma visão vanguardista ou elitista.

Para a Teologia da Libertação, a opção pelos pobres é simultaneamente fruto da compaixão humana para com as vítimas, os pequenos e oprimidos e do seguimento de Cristo que se identifica com os pobres (Mt 25,31ss.), segundo a lógica da misericórdia de Deus. Não se pode opor o sentimento profundamente humano de solidariedade com os injustiçados e desvalidos a uma opção pelos pobres como fruto de um mandamento divino. A fé cristã sobredetermina o sentimento humano de solidariedade com os pobres na medida em que nos é revelado ser o pobre o vigário de Cristo.[29]

4. A contribuição de Félix A. Pastor para o debate em torno da Teologia da Libertação

Entre os artigos que Félix A. Pastor dedicou à Teologia da Libertação e a temas a ela conexos como a opção pelos pobres, destacam-se de modo particular dois: o primeiro publicado em 1979, na revista *Perspectiva Teológica*, "Inculturação e Libertação. O problema teológico de uma 'evangelização libertadora'"[30] e o segundo, em 1989, "Ortopraxis y

---

[27] DUPUIS, J. "(Teologias...) V. Da Libertação", em LATOURELLE, R. e FISICHELLA, R. (orgs.). *Dicionário de Teologia Fundamental*, Petrópolis: Vozes, 1994, p. 972-978.

[28] Cf. SRS n. 47; CA n. 57.

[29] Cf. Pedro de Blois, Epístola 91 (dirigida ao Bispo de Lisieux, Raoul de Wanneville), PL 207, 286.

[30] PASTOR, F. *Inculturação e Libertação. O problema teológico de uma "evangelização libertadora"*, São Paulo: Perspectiva Teológica XI (1979): p. 181-202, republicado com o título *Inculturação e Libertação* em PASTOR, F. *O Reino e*

ortodoxia. El debate teológico sobre Iglesia y Liberación en la perspectiva del Magisterio eclesial", publicado na revista *Gregorianum*[31]

O segundo artigo retoma, dez anos depois, alguns pontos fundamentais já expressos no primeiro artigo, sem que exista uma mudança de posição; apenas segue-se um aprofundamento significativo de algumas questões que emergiram com mais força na década de 1980. Por essa razão, nossa análise terá por base, sobretudo, esse artigo que expressa de modo claro e profundo a reflexão de F. Pastor sobre a Teologia da Libertação.

Cabe afirmar, em primeiro lugar, que F. Pastor acolhe muito positivamente a possibilidade de uma Teologia da Libertação, bem como o tema da opção pelos pobres e da prática social da Igreja latino-americana.[32] F. Pastor mostra sensibilidade diante da realidade da pobreza extrema que se encontra na América Latina e da tomada de posição profética da Igreja no continente: "A 'Teologia da Libertação' nasce com a consciência do imperativo de uma reflexão teológica sobre a mensagem evangélica na situação dramática e conflitiva da sociedade latino-americana, marcada pela coexistência de um forte sentimento religioso e de uma firme adesão ao cristianismo, por uma parte, e, por outra, por agudas desigualdades no plano vital e cultural, econômico e social".[33] F. Pastor ressalta também que as duas instruções vaticanas sobre a Teologia da Libertação (*Libertatis Nuntius* e *Libertatis Conscientia*) e o Magistério Pontifício não negam "que a questão da libertação dos pobres seja um problema dramático de nosso tempo, do qual legitimamente se ocupa a Teologia Cristã. Não se nega tampouco que a elaboração de uma teologia da Libertação coerente com a mensagem bíblica e homogênea com a doutrina da tradição católica e do magistério eclesial constitua uma exigência justa e urgente".[34]

Ao descrever a Teologia da Libertação F. Pastor identifica na mesma quatro modelos, segundo o sujeito que as diferentes Teologias da Libertação assumem como *sujeito histórico da libertação* ou do *discurso teológico da libertação histórica*. O primeiro modelo tem "a Igreja toda como sujeito do discurso teológico sobre a libertação".[35] O segundo modelo toma "o povo latino-americano como sujeito histórico da libertação",[36] enquanto que o terceiro modelo toma "os grupos políticos de militantes cristãos como sujeito do discurso teológico da libertação histórica".[37] O quarto modelo, para F. Pastor, é o que apresenta maior problema. Nele as *Comunidades Cristãs de base* são constituídas como *sujeito da libertação integral*. Para F. Pastor "nesta forma do discurso teológico sujeito exclusivo da libertação integral está constituído pelas co-

---

a História. Problemas Teóricos de uma Teologia da Práxis, São Paulo: Loyola, 1982, p. 91-112. Citaremos aqui o texto em sua versão de 1982.

[31] PASTOR, F. *Ortopraxis y ortodoxia. El debate teológico sobre Iglesia y Liberación en la perspectiva del Magisterio eclesial*, Roma: Gregorianum 70, 4 (1989): 689-739. Publicado também de forma condensada como PASTOR, F. *Ortopraxis y ortodoxia*, Cartalunia: Selecciones de Teología 30 (1991): 185-201.

[32] Esta posição já estava clara em 1979 e é reafirmada em 1989: "Perante a injusta opressão de muitos pobres e marginalizados, constitui uma exigência inadiável à denuncia profética do mal e o anúncio do imperativo de conversão, superando ao mesmo tempo certo fatalismo vital. Não pode, pois, ser negada a legitimidade de uma teologia cristã da libertação integral, que procura confrontar dialeticamente libertação histórica e salvação cristã, justiça social e fé evangélica". Cf. *Inculturação e Libertação*, p. 105.

[33] Cf. PASTOR, F. *Ortopraxis y ortodoxia*, p. 699.

[34] Ibidem, p. 736.

[35] Cf. *Ibidem*, p. 703. Os principais teólogos ligados a este modelo são, segundo F. Pastor, Segundo Galilea, Fernando Bastos de Avila, R. Antoncich e J. Martin.

[36] Cf. *Ibidem*, p. 703. Os teólogos que F. Pastor inclui neste modelo são: Lucio Gera, J. C. Scannone e Carlos Mesters.

[37] Cf. *Ibidem*, p. 703-704. São incluídos aqui os teólogos Hugo Assmann, Pablo Richard e Frei Betto.

munidades eclesiais de base, enquanto comunidades de pobres, e por seus aliados presentes em outros grupos e classes sociais".[38] A questão é que para F. Pastor "esta forma de pensamento não raramente se caracteriza pela justaposição de motivos inspirados no fideísmo evangélico e teses derivadas de uma releitura da tradição marxiana, em chave revisionista, como método de análise da realidade social conflitiva e de juízo de valor de sua iniquidade ética".[39]

Para Félix Pastor, a Teologia da Libertação, ao adotar o modelo de articulação entre fé e razão, que consiste em primeiro "ver o conflito social na realidade, com a ajuda de uma análise feita à luz da razão científica", para "julgar depois tal conflito à luz da revelação e da fé", abandona "os dois grandes modelos de articulação entre razão e fé: o modelo de integração entre razão teorética e fé cristã, típico da teologia patrística, e o modelo de subordinação da razão filosófica à teologia pensante, típico da escolástica".[40] Para ele o método usado pela Teologia da Libertação é o da justaposição, típico da via moderna.[41]

Embora o método da chamada *via moderna*, desenvolvido sobretudo na escola de Oxford na segunda metade do século XIII, seja legítimo, a Teologia da Libertação, ao fazer uso da análise marxista, arrisca cair na visão de Félix Pastor em um racionalismo moderado, no qual a fé é subordinada à razão. Para ele: "o projeto teológico de um neomarxismo cristão, em analogia ao neoplatonismo patrístico e ao neoaristotelismo do tomismo, concebe na realidade a articulação entre razão e fé como uma justaposição de pensamento sociológico, às vezes inspirado em uma visão da sociedade e da história muito parecida com a perspectiva da tradição marxiana, e o pensamento teológico, derivado de uma releitura evangélica diante dos desafios da realidade. Porém na justaposição entre *insights* neomarxistas ou pós-marxistas e conceitos cristãos nem sempre é fácil decidir qual é o subordinante e qual é o subordinado".[42]

Para Félix Pastor a Instrução Vaticana *Libertatis Nuntius* sobre a Teologia da Libertação aborda duas questões centrais: a da relação entre o cristianismo e a libertação humana vista como legítima e a questão da "impossibilidade teórica de usar, na elaboração de uma teologia cristã, o pensamento marxista, entendido como sistema global totalizante, na tradição marxista-lenilista do materialismo dialético, ou mesmo se entendido como mera metodologia para a análise da sociedade ou para a compreensão da história, na tradição do materialismo histórico dos marxismos ocidentais".[43] O problema apontado na instrução seria o de se cair no racionalismo teológico, no sentido que F. Pastor já havia analisado. Nesse sentido, F. Pastor parece sugerir que a única possibilidade para a Teologia da Libertação seria a do uso do método subordinacionista escolástico.

Neste momento é importante sublinhar a importância de sua contribuição tanto crítica como de defesa da Teologia da Libertação quando afirma que mesmo a primeira instrução (*Libertatis Nuntius*) em sua primeira parte "constitui a recepção eclesial da exigência

---

[38] *Ibidem*, p. 704. Para F. Pastor "esta é a posição dos teólogos mais conhecidos: Gustavo Gutiérrez e Hugo Echegaray, Clodovis e Leonardo Boff, Jon Sobrino e Ignacio Ellacuría".
[39] Cf. *Ibidem*, p. 704.
[40] *Ibidem*, p. 710.
[41] Sobre os modelos de articulação entre fé e razão que F. Pastor distingue na história do Cristianismo, veja: PASTOR, F. *El discurso del método en Teología*, Roma: Gregorianum 76, 1 (1995): 69-94.
[42] Cf. PASTOR, F. *Ortopraxis y ortodoxia*, p. 710-711.
[43] *Ibidem*, p. 715.

doutrinal de uma Teologia da Libertação, avançando notavelmente sobre as posições do Sínodo romano de 1974, sobre a Exortação *Evangelii Nuntiandi* e ainda sobre a Conferência Episcopal de Puebla, ao afirmar que 'a expressão Teologia da Libertação é perfeitamente válida', na medida em que constitui 'uma reflexão teológica centrada sobre o tema bíblico da libertação e da liberdade e sobre a urgência de suas incidências práticas'".[44]

5. A Teologia da Libertação hoje

A crise dos paradigmas pós-queda do muro de Berlim em 1989 coloca a questão do uso da análise marxista de certo modo ultrapassada. A queda do muro de Berlim em 1989 constitui-se no marco do fim do socialismo real. Mais do que a queda de um sistema econômico, a derrocada do socialismo soviético que ocorreu com o processo de globalização econômica e a crise da modernidade precipitou a cultura ocidental numa crise de paradigmas. No ocidente capitalista, o regime de acumulação fordista havia entrado em crise a partir de meado dos anos 1970.[45] A crise desse regime de acumulação fez-se acompanhar por um intenso processo de desregulamentação e pelo surgimento do regime de acumulação flexível, colocando em questão as grandes conquistas sociais do pós-guerra que constituíram o *Estado de Bem-Estar Social*.[46] A flexibilização das leis trabalhistas e de barreiras à circulação do capital e de bens e serviços colocada em prática pelo regime de acumulação flexível não se deu apenas no interior de cada Estado, mas sim de forma mais ou menos convergente em grande parte da economia mundial ocidental, gerando o fenômeno da globalização neoliberal.[47]

A transformação da economia ocidental-fordista, acompanhada de seu corolário, o fenômeno da globalização neoliberal, articula-se com uma profunda crise da cultura que hegemonicamente é associada à economia industrial: a Modernidade de matriz iluminista. Com a superação da sociedade industrial-fordista, esgota-se a cultura que era simultaneamente sua expressão e sua promotora.

Se, de um lado, a crise do fordismo nos anos 1970 coloca por fim em xeque, de modo claro, a ideia de progresso e o valor universal da razão moderna, de outro, a própria constituição da economia pós-fordista exige o rompimento da lógica da Modernidade Iluminista predominantemente linear e homogeneizadora. Essa cultura, que, de algum modo, já era contestada por alguns setores de vanguarda em finais dos anos 1960, como o movimento hippie, perde progressivamente plausibilidade a partir da década de 1980.[48] A queda do socialismo soviético acaba por contribuir decisivamente também para essa crise, uma vez que a crise da Modernidade Iluminista é a crise de seu paradigma e dos projetos históricos a ela associados.

---

[44] *Ibidem*, p. 717.
[45] Cf. LIPIETZ, A. *New Tendencies in the International Division of Labor: Regimes of Accumulation and Modes of Regulation*, in SCOTT, A. et STORPER, M. (ed.). *Production, Work, Territory; The Geographical Anatomy of Industrial Capitalism*, Londres: Allen & Unwin, 1986.
[46] HARVEY, D. *The Condition of Postmodernity. An Enquiry into the Origins of Cultural Change*, Oxford: Blackwell, 1990/1994.
[47] Cf. *Idem*. *Spaces of Global Capitalism. Towards a Theory of uneven geographical development*, New York: Verso, 2006.
[48] Cf. BEST, S. – KELLNER, D. *Postmodern Theory. Critical Interrogations*, Londres: Macmillan, 1991/1994.

Estas grandes mudanças da década de 1990 acabam por levar ao fim do mundo tal como o conhecíamos, gerando uma crise de paradigmas nas ciências sociais e no pensamento utópico.[49] Tal crise afeta a Teologia da Libertação, não só por atingir diretamente seu objeto material, mas também por se tratar de uma crise da cultura dentro da qual foi gerada. Pode-se dizer que a Teologia da Libertação, como tantas outras teologias do século XX, constitui-se em diálogo com a Modernidade e, em certo sentido, é fruto dessa cultura. A perda de plausibilidade da cultura Moderna afeta diretamente todos os discursos, inclusive religiosos, produzidos no interior dessa cultura. O processo de implantação das políticas neoliberais trouxe uma profunda crise da ação política e o descrédito da atuação dos políticos, assim como o aumento da insensibilidade diante das injustiças sociais. A economia é despolitizada, isto é, apresentada como mera técnica de administração e os pobres são culpabilizados por sua situação: são acusados de serem inadaptados às novas exigências históricas.[50] Tal contexto coloca novas interpelações à Teologia da Libertação enquanto Teologia do Político.

A crise da modernidade trouxe consigo a perda de plausibilidade dos projetos históricos libertários que foram nela gestados, o que comumente se tem chamado o fim das utopias. Positivamente, outras formas de dominação, para além da econômica, foram trazidas à consciência, gerando um leque de movimentos libertários relativamente autônomos, que não podem ser integrados e colocam a impossibilidade de se desenhar a sociedade futura ideal, conforme ocorria na modernidade, assim como significam o fim do sujeito histórico uno. Abre-se a construção da história para uma multiplicidade de sujeitos portadores de diversas reivindicações e desejos. As questões de gênero, étnicas, culturais, ganham enorme relevância, não podendo mais ser reduzidas à questão da pobreza como muitas vezes se fez.

A perda da capacidade de se pensar um desenho preciso para o futuro, aliada ao desencanto com os resultados alcançados pela política, levou não poucos militantes cristãos a uma crise de subjetividade. Em si, essa crise apresenta aspectos positivos, ao colocar a questão da felicidade pessoal, da afetividade e dos desejos em foco, resgatando todo um campo que muitas vezes havia sido recalcado e negado. Emerge também a dimensão lúdica, da gratuidade, fornecendo novas possibilidades de desenvolvimento de espiritualidades mais densas e de um aprofundamento do aspecto celebrativo da fé.

A questão da pastoral de massas e do catolicismo popular também emerge de um modo novo. O aumento da diversidade religiosa, o crescimento do Pentecostalismo e do grupo sem religião mesmo nas classes populares colocam questões novas que se apresentam como um desafio para a Teologia da Libertação e para a Pastoral das Comunidades Eclesiais de Base. A crise da modernidade tem tido profundo impacto no campo religioso, afetando as chamadas Igrejas históricas de um modo diverso do movimento de secularização moderno, gerando novas questões pastorais.

As mudanças na realidade não afetam os fundamentos da opção pelos pobres feita pela Igreja Latino-Americana e que se encontra no centro da Teologia da Libertação.

---

[49] Veja WALLERSTEIN, I. *The End of the World as We Know It. Social Science for the Twenty-First Century*, Minneapolis: University of Minnesota Press., 1999.

[50] Cf.. ZIZEK, S. *Vivere ala fine dei tempi*, Milão: Adriano Salani Ed., 2011; DEJOURS, C. *A banalização da injustiça social*. Rio de Janeiro: Getúlio Vargas, 1998/1999; BAUMAN, Z. *Em busca da política*. Rio de Janeiro: Zahar, 1999/2000; BALDASSARE, A. *Globalizzazione contro democracizia*, Roma: Laterza, 2000.

Inicialmente, a Teologia da Libertação identificará esse pobre com o trabalhador rural e o operário urbano, morador das grandes periferias e favelas, onde as Comunidades Eclesiais de Base se constituem. Em meados da década de 1970 e no decorrer dos anos 1980, com as mudanças na realidade e no modo de compreendê-la, também se incluirá no conceito de pobre aqueles que naquele momento eram compreendidos como outros grupos socialmente marginalizados: as mulheres, os negros e os índios. Tratava-se de uma visão que ainda reduzia a complexidade das diversas situações de opressão à categoria econômica de pobre, pois estes eram vistos, sobretudo, pelo ângulo econômico: a mulher, o negro e o índio economicamente pobre, cuja situação fundamental, assim definida, mudaria de per si numa nova sociedade econômica e socialmente mais justa. A autonomia e especificidade de cada sujeito e das questões de gênero, étnicas e culturais só serão percebidas na década de 1990. Também é nessa década que se incorpora uma nova e urgente questão: o planeta já mostra graves sinais de esgotamento ecológico. O sistema econômico vigente coloca em risco não só a vida dos pobres, mas todas as formas de vida. Assim o destino da Terra e dos pobres se une. Nosso futuro depende do resgate ecológico e do resgate da imensidão de pessoas que sofrem diferentes formas de opressão, exclusão e exploração.

Chega-se assim ao século XXI, podendo-se afirmar que a Teologia da Libertação continua atual e relevante, não na repetição de um conteúdo elaborado nas décadas precedentes, mas na manutenção do princípio hermenêutico-teológico da opção pelos pobres, que permite a contínua reelaboração de seus conteúdos para responder a pergunta que continua a ser colocada à fé cristã na América Latina: como ser cristão em um mundo ameaçado, em um continente de tantos empobrecidos, que sofrem diariamente a fome e as diversas formas de opressão: sexista, cultural, de gênero, étnica? Como a fé pode ser anunciada nesse contexto e transformar-se em fé crida e vivida, capaz de transformar nossas vidas e o mundo?

III

O DEUS DOS MÍSTICOS: MISTÉRIO DE AMOR E PAIXÃO

Maria Clara Lucchetti Bingemer

> *O homem – quer o afirme expressamente ou não o afirme, quer reprima esta verdade ou a deixe aflorar à superfície – sempre se acha exposto, em sua existência espiritual, a um Mistério Sagrado que constitui o fundamento de sua existência. Este Mistério é o mais primitivo, o mais evidente, mas por isso também o mais oculto e ignorado; um Mistério que fala enquanto guarda silêncio, que "está aí" enquanto que, ausente, reduz nossas próprias fronteiras. E tudo isso porque, como horizonte inexprimível e inexpresso, abrange e sustenta sem cessar o pequeno círculo de nossa experiência cotidiana, cognitiva e ativa, o conhecimento da realidade e o ato da liberdade. Nós o chamamos Deus.* (Karl Rahner)

A mística cristã no século XX, seja ela católica ou protestante, não faz suas grandes descobertas a partir do Concílio Vaticano II e da secularização moderna à qual o Concílio procura responder de maneira absolutamente original. Os padres conciliares, assim como os construtores do ecumenismo das igrejas protestantes históricas, andam na verdade sobre caminhos já trilhados por seus antecessores. Todo o resgate da história mais recente da mística cristã desemboca, pois, no acontecimento ecumênico e pastoral do Concílio como um delta que finalmente chega ao oceano.

Neste texto, procuraremos primeiramente apresentar a visão de Karl Rahner pela importância que ela representa tanto para a Igreja e a teologia como um todo como para a concepção da mística cristã em particular. Em seguida, examinaremos como se compreende a experiência de Deus a partir do evento conciliar e da teologia rahneriana, enfatizando as categorias de "mistério" e de "graça". A seguir procuraremos afunilar a reflexão, debruçando-nos sobre a experiência cristã de Deus, desta vez abrindo para outros autores diferentes além de Rahner e trabalhando com as categorias de "encarnação" e "vulnerabilidade". Já nos aproximando da conclusão, proporemos a importância da narrativa da experiência mística, a fim de aceder ao Deus que a preside e a instaura no meio da história. Esperamos ao final haver conseguido desenhar, ainda que muito imperfeitamente, alguns contornos do rosto desse Deus que se reserva em seu mistério, ao mesmo tempo em que se desvela amorosa e apaixonadamente a suas criaturas.

1. A mística após o Concílio

Depois do Vaticano II e devido à virada copernicana e antropológica que a Igreja Católica, liderada pelo pensamento de Karl Rahner, imprime à teologia, os debates sobre a mística na teologia católica vão girar ao redor de duas questões estreitamente conexas: 1) O chamado para a contemplação mística é universal, oferecido a todos os cristãos, ou se trata de uma graça especial disponível somente para alguns poucos eleitos? 2) Em que estágio da vida de oração a contemplação mística começa propriamente? Esta última questão toca o nervo da teologia da graça, levantando perguntas sobre a definição da perfeição cristã.

O Concílio, na verdade, acirrou um debate que já acontecia em muitos segmentos do catolicismo, sobretudo o europeu.[1] No entanto, inegavelmente, a contribuição mais significativa no terreno católico sobre a mística no segundo quartel do século XX foi a do jesuíta alemão Karl Rahner, chamado – com razão, a nosso ver – de o "Doctor mysticus" do século XX.[2] A chave dogmática para sua noção de mística repousa na distinção que se faz entre a experiência transcendental (*i.e.*, a abertura *a priori* do sujeito ao Mistério último) e a experiência sobrenatural, na qual a Transcendência divina não constitui mais um objetivo remoto e assintótico do dinamismo do sujeito humano, mas é comunicada ao sujeito em proximidade e imediatez.[3]

Rahner insiste na unidade recíproca (não na identidade) entre a experiência de Deus e a experiência do *self* que é plenificada em relações interpessoais: "a unidade entre o amor de Deus e o amor ao próximo é concebível somente na assunção de que a experiência de Deus e a experiência do *self* são uma só coisa".[4] "Tanto no nível transcendental como no sobrenatural (isto é, Deus como pergunta, Deus como resposta), deve-se sempre ter em mente a importante diferença entre a experiência em si mesma e sua subsequente tematização ou objetivação em reflexão consciente como modo de pensar categorial. A tematização não pode jamais capturar a plenitude da experiência original, mas a experiência requer a tematização para ser comunicada a outros.[5]

Essa é a razão pela qual Rahner fala de misticismo – ou de mística – de duas maneiras:[6]

1. "Há o misticismo da vida cotidiana, a descoberta de Deus em todas as coisas", isto é, a experiência não tematizada da Transcendência na base de toda atividade humana.[7] A teologia da graça de Rahner sugere que esse substrato experiencial sempre opera em um modo elevado por graça, isto é, aquele modo no qual Deus já respondeu ao chamado que colocou no seio da humanidade, ainda que isto possa não ser evidente a partir de uma consideração psicológica do conhecimento tematizado dos atos em si mesmos.[8]

---

[1] Na França, por exemplo, Augustin-Francois Poulain SJ e Auguste Saudreau discordam entre si sobre essas questões. O segundo insiste em que a contemplação mística e o objetivo normal da vida cristã para a qual todos são chamados alcancem ou não este objetivo em sua vida, enquanto o primeiro tem postura diversa. O famoso tomista dominicano Reginald Garrigou-Lagrange, muito próximo durante certa época de Jacques Maritain, dirá, por sua vez, que só pode haver um caminho para a perfeição cristã: aquele que começa com o dom sobrenatural da fé avança através da atividade dos dons do Espírito Santo e encontra sua culminação na contemplação infusa. Cf. a obra de GARRIGOU-LAGRANGE. *Perfection chrétienne et contemplation selon S. Thomas d'Aquin et S. Jean de la Croix*, 2 vol. Saint-Maximin: Vie Spirituelle, 1923.

[2] Cf. EGAN, H. "Translator's Foreword", in RAHNER, K. *I remember: an autohiographical interview with Meinhold Krauss*. Nova York: Crossroad, 1985, p.3, citado por MCGINN, *Foundations of mysticism*, p. 286, n. 107.

[3] Cf. *Curso fundamental da fé*, SP, 1989. Ademais de *Christian at the crossroads*, NY, Crossroad/Seabury Press., 1975; *The Christian of the future*, NY, Herder and Herder, 1967; *The practice of faith. A handbook of contemporary spirituality*, NY, Crossroad, 1984; *Theological Investigations*, vol. XVI, NY, Crossroad/Seabury Press., 1979; *I remember. An autobiographical interview*, NY, Crossroad, 1985; *Theological Investigations*, vol. III, Baltimore/London, Helicon/Darton, Longmand & Todd Press., 1967 entre outros.

[4] Cf. RAHNER, K. "Experience of self and experience of God". In: *Theological Investigations*, 13, p. 122-132; "The experience of God today". In: *Theological Investigations*, 11, p. 149-165.

[5] Cf. RAHNER, K. "Experience of Transcendence from the standpoint of Christian dogmatics". In: *Theological Investigations*, vol. 18, p. 177-181: God and Revelation.

[6] As indicações bibliográficas que seguem provêm de MCGINN, B. *The Foundations of Mysticism*, NY, Crossroad, 1992, p. 286-289 (tradução brasileira: *As fundações da mística*, SP, Paulus, 2012).

[7] RAHNER, K. *The practice of faith – A handbook of contemporary spirituality*. Nova York: Crossroad, 1984, p. 80-84.

[8] *Ibidem*, p. 75-77.

2. Existem as experiências místicas *especiais*, que Rahner admite poderem ser encontradas tanto dentro como fora do cristianismo. Naquilo que diz respeito à fé cristã, essas experiências não podem ser concebidas como constituindo algum estado intermediário entre graça e glória: elas são uma variedade ou um modo da experiência da graça na fé.[9] Ainda que Rahner seja firme em sua oposição a qualquer visão *elitista* que pretenda encontrar na mística uma forma mais alta da perfeição cristã para além do serviço amoroso ao próximo, ele fala sobre as experiências místicas especiais como uma intensificação paradigmática da experiência de Deus que é aberta a todos.[10]

No entanto, Rahner insiste em que, se a experiência mística é verdadeiramente o cume do desenvolvimento normal do sujeito, trata-se de uma questão para a psicologia empírica julgar e não é da competência da teologia como tal.[11] Isso se deve à interpretação rahneriana de certas questões apresentadas pela mística, tais como as chamadas "experiências de profundidade", os "estados alterados de consciência" ou a "experiência de suspensão das faculdades", que ele considera essencialmente fenômenos naturais, potencialidades do sujeito, elevadas pela graça ou não.[12] Se tais experiências são julgadas pela psicologia como sendo parte de um processo de amadurecimento normal do sujeito, então a experiência mística num sentido especial, tematizada ou não, será, em sua integralidade, verdadeiramente humana e cristã (as simpatias de Rahner, segundo McGinn, parecem alinhar-se com essa posição, sobretudo quando ele sugere com sua visão da graça que todas as experiências *de profundidade*, dentro ou fora do cristianismo, não são meramente naturais, mas empoderadas pela graça).[13]

Para Rahner, o evento Cristo é central para toda experiência mística. A realidade histórica de Jesus, tal como comunicada através da vida da Igreja, é constitutiva para todas as formas de relação salvífica com Deus. Nossa relação com Jesus é única, e nela uma relação imediata com Deus é comunicada pela mediação do salvador encarnado. Eis aí por que o jesuíta alemão insiste em que "Cristo é o 'modelo fecundo' *per se*" para uma confiança comprometida no Mistério de nossa existência.[14]

A teologia rahneriana sobre a mística, segundo McGinn, oferece respostas originais e profundas a algumas das questões básicas na moderna discussão sobre misticismo. Sobre a questão de se a experiência mística representa um nível mais alto, para além da vida ordinária de fé (raiz de muitas objeções protestantes ao misticismo), a resposta de Rahner é *não* teologicamente e *talvez* psicologicamente. Sobre a relação do misticismo cristão com o não cristão, ele expõe e amplia sua famosa tese que diz respeito ao *cristão anônimo* para incluir a categoria que podemos chamar – com expressão cunhada por McGinn – de *místico cristão anônimo*.[15] Isto é, ele crê que algumas formas não cristãs de mís-

---

[9] *Ibidem*, p. 72-73.
[10] Cf. "Experience of Transcendence...", art. cit., p. 174-176. Sobre a intensificação dos atos religiosos, cf. "Reflections on the program of gradual ascent to Christian perfection". In: *Theological Investigations*, 3, p. 20-21.
[11] In *Practice of faith*, p. 77.
[12] Rahner usa a palavra alemã *Versenkungserfahrungen* ou *Versenkungsphanomene*, que McGinn prefere traduzir por "experiências de profundidade" a traduzir por "estados alterados de consciência" ou "experiência de suspensão das faculdades", como às vezes são traduzidas. Cf. McGinn, *op. cit.*, p. 287.
[13] Cf. final do texto "Experience of Transcendence...", em que Rahner parece aceitar a possibilidade de uma mística natural.
[14] In *Practice of faith*, p. 61.
[15] *Ibidem*, p. 288.

tica são verdadeiras expressões da experiência especial da resposta de Deus dada em Jesus Cristo, ainda que não explicitamente tematizadas, nomeadas e conhecidas como tal.[16]

Segundo Rahner, portanto, teólogo altamente representativo do século XX, a mística não é uma forma especial mais alta ou elitista de perfeição cristã, mas antes uma parte da exigência da vida de fé em si mesma. No entanto, não há consenso entre ele e outros autores – por exemplo, Hans Urs von Balthasar – sobre o modo como esta exigência deve ser entendida e, sobretudo, vivida e praticada.[17] Mais recentemente, os teólogos católicos alargaram o escopo histórico de uma investigação sobre a mística cristã e tentaram de várias maneiras reformular as questões tradicionais concernentes à mística à luz da era pós-escolástica oficializada pelo Concílio Vaticano II.[18]

Aqui seguiremos primeiramente a categoria rahneriana utilizada para nomear a Deus: a de mistério.

2. Experiência de Deus: Mistério e graça

O princípio de toda experiência do Mistério fundamental e santo encontra um denominador comum no desejo seduzido, na inclinação fascinada e irresistivelmente atraída por uma Alteridade pessoal, que envolve, seduz e apaixona com sua beleza e sua *diferença*, e que provoca o impulso incontrolável da aproximação, do abraço e da união.[19] Não se trata, portanto, de uma experiência intelectual, mas sim afetiva, que fala ao coração. O Mistério desse outro a quem chamamos Deus não propõe conteúdos a serem apreendidos sobre sua pessoa, mas se revela àqueles e àquelas que dele se aproximam enquanto Mistério de Amor. E como tal quer ser conhecido e experimentado.[20]

Esse Mistério que atrai e seduz, no entanto, não deixa de amedrontar e provocar distanciamento reverente e trêmulo, de humildade pobre e impotente. Isso se verifica já na experiência fundante do povo de Israel (cf. Êx 3,6-7): "E Moisés cobriu o rosto, porque não ousava olhar para Deus". É a violência mesma da atração amorosa que submete e se parece a uma torrente volumosa e apavorante, ou a um *fogo devorador* que devora e consome, mas ao mesmo tempo embriaga e delicia, o que a faz ser sentida tão radicalmente ameaçadora e inexorável como a própria morte, apesar de que seu segredo seja a fonte da vida.[21]

---

[16] "Experience of Transcendence...", p. 181-184.
[17] *Ibidem*.
[18] A obra de McGinn, em vários volumes, é uma tentativa de fazer esta leitura. Cf., por exemplo, além da obra já citada por nós aqui – *The foundations of mysticism* –, outras como *Doctors of the church: thirty-three men and women who shaped Christianity*, NY, Crossroad, 1999; *The Growth of mysticism*, NY, Crossroad, 1994; *The flowering of mysticism. Men and women in the New Mysticism – 1200-1350*, NY, Crossroad, 1998; *Early christian mysticis. The divine vision of the spiritual masters*, NY, Crossroad, 2003; entre outros.
[19] O dicionário francês *Petit Robert* define respectivamente: 1) sedução e 2) desejo como a) ação para seduzir (desviar do caminho), corromper, arrastar, mas também atrair, encantar, para fascinar; b) leva consciência de uma tendência em direção para qualquer objeto conhecido ou imaginário.
[20] Isso o dizemos de todas as religiões. Aqui, no entanto, nós nos deteremos mais na experiência religiosa própria do judeu-cristianismo.
[21] É assim que a esposa do *Cântico dos Cânticos*, ferida de amor pela visão do Amado, geme, "enlanguesce de amor" (Ct 2,5) e exclama: "O amor é forte como a morte e a paixão violenta como o abismo" (Ct 8,6). São João da Cruz, no ponto mais alto da união mística e da inefável experiência unitiva com Deus, joga com as palavras morte-vida para tentar descrever a experiência ao mesmo tempo gozosa e dolorosa que o amor de Deus faz viver.

Na tradição judaico-cristã, esse acontecimento divino, essa Palavra que rompe o silêncio eterno da Transcendência e irrompe na história humana desde muito mais além daquilo que chamamos *Sagrado*, não é *algo* nem *alguma coisa*. Trata-se de alguém que mostra seu rosto e entrega seu nome, fazendo a proposta de uma Aliança, e que está empenhado em ser amado sobre todas as coisas. Essa é a experiência que o povo de Israel faz com seu Deus. Esse Deus que mais tarde Jesus de Nazaré vai chamar com amorosa familiaridade de Abba – Pai!

É um fato – em toda experiência religiosa, mas muito particularmente na experiência bíblica – que o Eros divino se apresenta sempre como mais forte que o ser humano, vencendo suas resistências, atraindo-o e se impondo por sua majestade. Sob o toque ao mesmo tempo suave e violento desse amor, o profeta inclina a nuca e se rende, exclamando: "Tu me seduziste, Senhor, e eu me deixei seduzir. Foste mais forte que eu e me venceste!" (Jr 20,7). Ao som de seu chamado apaixonado e fiel, que se sobrepõe a todas as infidelidades, a esposa infiel retorna sobre seus passos, abandona seus amantes e se deixa docilmente conduzir ao deserto, à nudez e ao despojamento do primeiro amor da juventude (cf. Os 2,16ss.).

Ao mesmo tempo, no entanto, com seu irresistível poder de atração e uma vez conquistado e *ferido* o coração humano, o outro Bem-amado se esconde, retirando-se da capacidade de ser atingido por aquele ou aquela em quem acendeu uma chama inextinguível de desejo. Ele se revela, assim como o Imanipulável, sobre o qual não se tem poder, mas que, ao contrário, deixa bem claro que é o próprio ser humano quem deve viver sob sua dependência. O Deus assim desejado e experimentado não se rende às impaciências frenéticas de sua criatura nem sua ofegante ansiedade, mas, soberanamente livre, vai encher, com sua plenitude quando e como assim o quiser, a pobreza expectante e humilde que não deixa de desejá-lo e buscá-lo onde Ele se deixa encontrar, para dali receber a salvação e a vida.[22]

Deus é, portanto, para o ser humano que o atrai a si, objeto de desejo e não de necessidade; da ordem do gratuito e não do necessário, do inteligível, do controlável, do mensurável. Incomparável e não *identificável* com o que se convencionou chamar *as necessidades* básicas do ser humano: comer, beber e tudo aquilo sem o qual a vida biológica desfalece e morre. Mistério inabarcável e incomensurável.

O Mistério, em sentido teológico, contém em si a ideia de uma comunicação de Deus com a humanidade e de uma iniciação do ser humano nos desígnios de Deus, sua ação e seu ser. Segundo o Novo Testamento, o Mistério divino conjuga em si duas polaridades aparentemente opostas: é escondido e manifestado, dá-se no tempo, mas introduz a eternidade neste mesmo tempo, inaugurando dentro da história um tempo novo, um *kairós*.[23] Para a fé cristã, o lugar aonde esse Mistério chega a sua plenitude e manifesta plenamente sua gloria é Jesus Cristo. Ele é o mediador do Mistério enquanto revela aos seres humanos seu chamado à comunhão com Deus e os faz entrar nesta comunhão.[24]

Plenamente revelado em Cristo, o Mistério Santo que ninguém chega a conhecer plenamente é conhecido e vivido pela comunidade que nele crê e o segue. Por isso o Mistério

---

[22] Cf. sobre isto *Dictionnaire de spiritualité (DS)*, t. XCI, col. 38, verb. "sacré".
[23] Cf., *Ibidem,* verb. "mystère": "para cada homem o conhecimento do Mistério implica um antes e um depois".
[24] *Ibidem.*

implicará em uma mística. Produz no fiel uma luz e uma força que o investem, que o envolvem e passam além de sua medida. Mas que, igualmente, o introduzem em um movimento de gratidão, conhecimento e reconhecimento e de amor efetivo a exemplo de Jesus Cristo e em comunhão com ele. Não se trata, portanto, em primeiro lugar, e sobretudo, de um evento fora do comum, mas de uma ação do Espírito de Deus que transforma o ser humano interiormente, fazendo nele habitar Jesus Cristo, enraizando-o e fundando-o no amor.[25]

Em termos cristãos, a categoria de *Mistério* não se aplica a práticas meramente cultuais como em outras religiões da Antiguidade. Ela se cumpre e plenifica em Cristo e na Igreja, que lhe está incorporada. E, assim sendo, atrai gratuitamente o ser humano com um poder de sedução que tem, sim, um componente erótico, mas sobretudo agápico. Ágape significa aí, sobretudo, amor de gratuidade. Mistério de amor e graça, inútil e ineficaz aos olhos humanos, mas fundamental para a vida que não morre e é plena, desejo maior do coração humano.

Apesar dessa *inutilidade* fundamental e mesmo a partir dela, o Eros divino tem sobre a totalidade do humano – corporeidade animada pelo espírito – um poder de atração e sedução que desperta o desejo até o paroxismo, podendo levar aos gozos mais inefáveis, assim como também, e inseparavelmente, aos despojamentos mais radicais e às renúncias mais heroicas, em nome da possibilidade entrevista e pressentida de participar de sua vida divina e experimentar a união por Ele proposta, mesmo que apenas durante um minuto.[26]

A experiência progressiva do ser humano que se dispõe a crescer no conhecimento do Mistério é que esse Mistério é *inútil*, não acrescenta nada à vida biológica, não promete sucesso, longevidade, nem prazer sensível. Ao contrário, exige, para entregar-se, o despojamento dos bens mais tangíveis e palpáveis e mesmo o das ligações mais legítimas do coração humano (terra, moradia, família, amizade etc.). Ciumento, exclusivo, único, não admite mesmo ser ultrapassado por nenhuma outra realidade, sob pena de não se deixar atingir, deixando intacta e não saciada a sede de amor e plenitude do coração humano.

E, apesar de suas impressionantes exigências, hoje como sempre, mesmo após todo o processo de secularização da modernidade e das afirmações categóricas dos *mestres da suspeita* sobre a religião, nós nos encontramos ainda com pessoas capazes de passar horas e horas de seu tempo em cultos, celebrações e cerimônias de louvor; pessoas capazes de, em nome de seu amor por esse Deus misterioso – abscôndito e próximo –, *inútil*, entregar suas vidas num sacrifício que faz tremer nossos corpos e mentes modernizados e ávidos de conforto e consumo; pessoas capazes de ir ao encontro da morte em estado de feliz exaltação e considerar como uma graça imensa ser despojadas de tudo que faz a doçura, o conforto, o bem-estar da vida humana por amor a este *invisível* e *inútil* objeto de desejo.[27]

---

[25] *Ibidem.*
[26] Cf. a vida de santos, místicos e, especialmente, mártires e toda a imensa bibliografia que pesquisa esse fenômeno na tradição cristã, v. DS t. X, col 727-728, *Martyre* do verbo que se refere à experiência do martírio como experiência de união profunda e identificação com o Cristo. Cf. como FESTUGIÈRE. *La sainteté*. Paris: PUF, 1949, em que o autor faz uma pesquisa comparativa entre o herói grego, o sábio e o santo cristão.
[27] Cf. BATAILLE, *op. cit.*, p. 20-21. Sobre o erotismo divino: "realmente, o que a experiência mística revela é uma ausência de objeto. O objeto se identifica com a descontinuidade, e a experiência mística, desde que se tenha a força de operar uma ruptura de nossa descontinuidade, introduz em nós o sentimento da continuidade. O erotismo sagrado, presente na experiência mística, só requer que nada perturbe o sujeito da experiência". Nós nos permitimos estar em discordância com o autor no que se refere à experiência mística cristã, uma vez que nós consideramos que lá existe uma presença "real, completamente presente" e "visível" do objeto do desejo: Jesus em sua humanidade.

O que é certo é que homens e mulheres de hoje, como os dos tempos da constituição e formação do povo de Israel e da primeira Igreja, e os de todos os tempos, continuam a experimentar o drama – e ao mesmo tempo a maravilha – de sentir-se limitados e frágeis e, no entanto, feitos para a união com o Sem-limites. E, no fundo de si próprios, percebem-se habitados pelo desejo ardente e incontrolável de entrar em comunhão com este incompreensível Mistério que se revela como alguém que irrompe na história humana desde a eternidade. Alguém que pelo fato de ser incompreensível e maior do que tudo que o humano possa pensar, sentir ou dizer não é sentido como menos verdadeiro. Alguém que, uma vez pressentido e experimentado, desperta o desejo irrefreável nos seres humanos de tocar e ser tocados pela Beleza Infinita que adivinham mais do que sabem por trás do véu misterioso da Revelação. Ainda hoje existem homens e mulheres capazes de tremer de amor enquanto são possuídos pela santidade divina, pelo Mistério Invisível, que atrai e seduz e cuja vida chama a participar e se integrar em seu abismo amoroso. Esse Mistério de Alteridade não se mantém distante, mas propõe a profunda comunhão na gratuidade, exigindo ser o primeiro em suas vidas. O amor passa, então, a governar as existências que a ele se renderam e a transformá-las segundo a inexorabilidade e a radicalidade de seu desejo e sua vontade. Não exigindo ou propondo uma saída da história, esse Mistério deverá ser experimentado no meio do mundo.

Esse mundo não é o mundo idílico, perfeito, completo e reconciliado que parecem descrever muitos discursos. Pensamos, em particular, naqueles marcados pelo otimismo dos progressos e conquistas da modernidade, assim como nos que se encontram atravessados de lado a lado pela interpelação legítima da questão ecológica, racial, étnica, de gênero. Assim também como por deploráveis injustiças. A inserção nas realidades temporais ou terrestres é específica para cada um daqueles e daquelas que por esse Mistério foram tocados, podendo acontecer de distintas formas, dependendo de como se configurará sua experiência.

É em meio a este mundo que o ser humano tocado pelo Mistério é chamado a viver o que chamamos de *experiência de Deus;* a descobrir o fato grande e ao mesmo tempo tão simples de que Deus é um Mistério que deseja desvelar-se. É um Deus que se revela e, mais do que isso, que se deixa experimentar. E essa experiência não é unilateral (o ser humano experimenta Deus), mas tem duas vertentes e duas vias (Deus mesmo se deixa experimentar pelo homem que o busca e o experimenta). Assim, ao mesmo tempo em que propicia ao ser humano que sinta o gosto e o sabor de sua vida divina, Deus entra por dentro da realidade humana, mortal e contingente, na história e na experiência de um projeto de Aliança e amor. Mistério de graça e verdade que atrai a si mesmo para realizar a comunhão que resultará na vida em plenitude.

Assim como *Mistério*, a palavra *graça* é de vital importância quando se deseja entender em que consiste a experiência de Deus na tradição judaico-cristã. Graça é a realidade que a palavra designa e tem uma importância central na vida da humanidade e na história e teologia. Trata-se da palavra que pode ir de encontro ao sentimento difuso e não explicado de culpabilidade e angústia que todo ser humano tem, a fim de libertá-lo e dissipá-lo.[28] Ao ser humano dilacerado entre sua vida e seu ideal, entre

---

[28] Cf. Casalis, verb. "grace", *Encyclopedia Universalis, op. cit.*

seu comportamento e as palavras de ordem da sociedade na qual vive, a graça seria esse veredicto misericordioso e inesperado que reverte a ordem lógica das coisas e permite àquele que é dela destinatário recomeçar a viver como inocente. Se a mediação entre Deus e o ser humano sempre teve que percorrer um longo caminho entre a imperfeição humana e a perfeição divina, a graça é o ato que encurta esse percurso, apagando tudo aquilo que separa o céu da terra, introduzindo a eternidade no tempo, permitindo àquele e àquela que a acolhe uma nova existência, a partir de uma página em branco milagrosamente renovada.[29]

Em grego profano, a palavra *charis* (χαρις) designa graça. Significa originalmente aquilo que brilha, que alegra. Dali derivam outras três significações clássicas: o encanto da beleza, feito de alegria e prazer; o favor, a benevolência; o reconhecimento ou gratidão; a recompensa. A Escritura combina o grego com o hebraico, significando por *graça* uma ação concreta e eficaz que permite a um ser humano viver plenamente, não importando o que tenha ou não feito em sua vida. É a obra da misericórdia divina por excelência. A pessoa que foi objeto dessa graça, desse favor divino, é chamada a acolhê-lo e dele fruir plenamente.

A essa experiência de Deus como Mistério que se aproxima em graça, fruto do dom pleno e radical do mesmo Deus, só pode suceder, por parte da criatura que a experimenta em profundidade, a oblação total da vida, único e mais precioso bem, em culto espiritual agradável a Deus. À entrega divina total, só podem corresponder uma resposta e uma entrega igualmente totais por parte do ser humano.

Já desde os tempos neotestamentários, o cristão é uma pessoa que vive entre tempo e eternidade, ou melhor, é alguém que experimenta em sua carne e em sua vida a eternidade que atravessa o tempo histórico, trabalhando-o e configurando-o. É ele, portanto, um *vivente escatológico*, ao mesmo tempo cidadão de um futuro Absoluto e da cidade celeste e, por isso, estrangeiro neste mundo, dentro do qual sempre se encontra como que exilado e *fora* de lugar. E, no entanto, nessa ambígua condição, experimenta o belo paradoxo de que esta terra, que não é sua pátria definitiva, é-lhe dada por Deus como dom e missão: como domínio a gerir, como obra a acabar, como plenitude a consumar.[30] Experimentando esse desafio, o ser humano que se apaixona por Deus será convidado a viver a vulnerabilidade própria do amor.

3. Experiência cristã de Deus: encarnação e vulnerabilidade

A palavra *mística* não se encontra nem no Novo Testamento nem nos Padres Apostólicos, aparecendo, pela primeira vez, ao longo do século III. Por outra parte, a figura de Jesus presente nos Evangelhos, sobretudo nos Sinóticos, coincide mais com a de um profeta do Reino de Deus do que com a de um visionário.

Por isso não são raros os autores que excluem a experiência mística das fontes cristãs e explicam o surgimento da mística a partir de influxos externos, sobretudo a gnose e o neoplatonismo, tal como sucedeu com o judaísmo. Na mesma direção, orientam-se

---

[29] *Ibidem.*
[30] *Ibidem.*

algumas visões da história da mística cristã, que opõem uma mística psicológica, introspectiva, que se haveria desenvolvido sobretudo a partir dos místicos espanhóis do século XVI à mística *objetiva*, escriturística, eucarística dos tempos anteriores.[31]

Diferentemente de outras religiões, o cristianismo nunca equiparou seu ideal de santidade, sobretudo, com a experiência dos estados místicos enquanto fenômenos extraordinários. Nem tampouco encorajou a busca de tais estados por si mesmos. No entanto, se vamos buscar em suas origens, encontraremos aí uma experiência religiosa forte, uma experiência mística, enfim. Foi um impulso místico que inegavelmente propalou aquilo que inicialmente era visto como um movimento a mais dentro da globalidade sinagogal e foi ganhando dimensões universais. Certamente a profundidade mística do novo caminho proposto por Jesus de Nazaré, iluminado por sua morte e ressurreição, determinou muito de seu desenvolvimento posterior.[32]

A qualidade mística da vida de Jesus é muito claramente afirmada nos evangelhos, mas, segundo Louis Dupré, é sobretudo no Quarto Evangelho, escrito tardiamente, no final do século I, que encontra sua plena expressão.[33] Nesse Evangelho, as duas principais correntes do misticismo cristão têm sua fonte: 1) na teologia da imagem divina, que chama o cristão à conformação (com Cristo, adorado como Deus e através dele, com Deus) e 2) na teologia que apresenta a intimidade com Deus como relação com o amor em termos universais.[34]

As cartas de Paulo – anteriores inclusive ao Evangelho, que testemunham do surgimento das primeiras comunidades cristãs – desenvolvem a ideia da vida no Espírito (2Cor 3,18). O principal dom do Espírito, no entendimento de Paulo, consiste na *gnose*, aquele *insight* que faz penetrar no interior do Mistério de Cristo e capacita o crente a entender as Escrituras em um sentido mais profundo, *revelado*. Este *insight* que mergulha no interior do sentido escondido das escrituras leva à interpretação do termo místico discutido a seguir.[35]

Mais para o fim da Idade Média, o misticismo da imagem cede lugar ao mais pessoal, mas também mais privado misticismo do amor. Em algum momento durante o século XII, a piedade cristã sofre uma mudança básica: sua aproximação de Deus se torna mais humana e afetiva. O amor, naturalmente, sempre foi um ingrediente essencial da mística. Mas agora se tornou a totalidade dela. A mística cristã parece corroborar a definição neotestamentária por excelência do ser de Deus: Deus é amor (1Jo 4). Se amor é, só no amor se deixa experimentar, diz a lógica mística, que não é a lógica racional, porém a invenção de uma nova lógica.

Assim a presença de Deus foi sendo encontrada pela mística cristã antes dentro do que para além da Criação. Não por coincidência, muitos místicos do amor se tornaram *santos*, isto é, pessoas que, por heroica virtude, aprenderam a amar sem possessividade,

---

[31] Cf. *El fenómeno místico*, n. 79, p. 211.

[32] Hoje há teólogos que discutem se seria apropriado chamar o cristianismo de religião. Os argumentos vão na linha de que Jesus era judeu e não teria pretendido fundar outra religião diferente da sua. Nesse sentido, seus ensinamentos, vida e prática seriam mais vistos como um caminho, uma proposta de vida, e não uma religião. Sobre isso ver a interessante reflexão que faz MOINGT. *L' homme qui venait de Dieu*. Paris: Cerf, 1997, e também, do mesmo autor, *Dieu qui vient a l' homme*. Paris: Cerf, 2002, vol. I.

[33] Cf. DUPRE, L. verb. "mysticism". In: Eliade (ed.). *Encyclopedia of Religion*. Nova York: Macmillan, 1987. *Mysticism*, p. 251.

[34] *Ibidem*.

[35] *Ibidem*.

em total entrega e oblação dentro do tempo e espaço históricos e das circunstâncias onde viviam. Todo misticismo demanda pureza corpórea e mental. Mas para aqueles cujo amor de Deus passa pela Criação, o processo purificador comprova ser especialmente exato e preciso. E mais exigente também, contrastado com a dura espessura da realidade. Mas quando a experiência e o estado místico propriamente dito começam, os homens e as mulheres espirituais tendem a parar ou reduzir essa dura ascese e ativa mortificação, não sentindo mais o chamado a realizar tantas austeridades e tão fortes penitências.[36]

João da Cruz, um dos mais articulados místicos do amor, descreve todo o processo espiritual como uma crescente purificação, uma "noite escura", que tem duas grandes etapas: ativa e passiva, e duas dimensões da alma, em que se dá: os sentidos e o espírito. O processo começa com os sentidos, vai ao entendimento e termina na total escuridão da união com Deus, a chamada noite do espírito.[37] Seguidores dessa tradição tendem a equacionar o começo da vida mística com o estado de oração passiva, acontecido depois da purificação ativa dos sentidos, e que exclui a habilidade para meditar e a total incapacidade de *produzir* seja o que for. Todos enfatizam a necessidade de uma total passividade com respeito à divina operação, cabendo a ação inteiramente a Deus e, ao ser humano, apenas o consentimento amoroso e humilde a esta.

A mística cristã tem uma de suas características na regulação e na referência constante ao Mistério, que é o conteúdo dessa experiência. Tal característica apareceria da maneira mais clara nas formas mais originárias de mística cristã, que representa os textos neotestamentários e os escritos dos Santos Padres. Porém ela foi obscurecida pela influência do neoplatonismo – sobretudo com o Pseudo-Dionísio –, exercida sobre místicos medievais e modernos. Mais recentemente, a regulação da experiência do Mistério teve seus representantes em teólogos como Balthasar, Bouyer, de Lubac, que com ela queriam combater o risco da psicologização da mística cristã suposto em certas interpretações fenomenológicas e sobretudo psicológicas da experiência mística nas primeiras décadas do século XX. Henri de Lubac diz: "A mística interioriza constantemente o Mistério, deve-lhe sua vida e o faz vivo... Fora do Mistério acolhido pelo crente a mística se degrada em misticismo".[38]

Essa presença, essa prevalência do conteúdo espiritual sobre a forma da vivência do místico é um traço comum a todas as formas de mística autêntica. O que em realidade constitui a originalidade da experiência mística cristã é a peculiaridade da configuração desse Mistério experimentado. O Mistério cristão é, em primeiro lugar, o Deus pessoal de uma tradição monoteísta e profética. E, ao mesmo tempo, o Mistério do Deus Encarnado: Jesus Cristo, em quem temos acesso ao Pai no Espírito. Em segundo lugar, é o Mistério que, em virtude da encarnação e em continuidade com a revelação veterotestamentária de Deus, desvela-se na história dos homens e a encaminha para si como seu termo escatológico. E, além disso, o Mistério ao qual o ser humano adere pela fé como única forma de resposta. Por último, é o Mistério que convoca os crentes na comunhão da Igreja como gérmen do reino de Deus, meta da história.[39]

---

[36] Cf. DUPRE, *op. cit.*, p. 255.
[37] Cf. SÃO JOÃO DA CRUZ. *A subida do Monte Carmelo, Cântico espiritual* e outras.
[38] DE LUBAC, H. *La mystique*. Paris: PUF, 1970, citado por MARTIN VELASCO, J. *El fenómeno místico. Estudio comparado*, Madrid, Trotta, 1999, n. 98, p. 217.
[39] *Ibidem.* MARTIN VELASCO, J. *Op. cit.*, n. 218.

A experiência mística cristã, então, segundo De Lubac, está na lógica da vida de fé; a experiência mística cristã é um fruto da fé. Não é um aprofundamento de si; é aprofundamento da fé. Não é uma tentativa de evasão da realidade pelas vias da interioridade, mas é o cristianismo em si mesmo.[40] A originalidade está na peculiaridade da adesão a Deus que os cristãos chamamos de fé, esperança e caridade. A ênfase feita sobre a fé, segundo De Lubac, é que "a fé é promessa de experiência" (São Bernardo). Fora da mística, o Mistério se exterioriza e corre o risco de se perder em pura fórmula".[41]

A mística se move sempre no interior da fé e nunca pode pretender suplantá-la. A experiência mística realiza em seu nível a mesma harmonia de aspectos aparentemente contrários que constituem a originalidade da fé cristã. Como a fé, a mística cristã está referida ao Mistério, surge de sua manifestação na obscuridade, vive em sua presença nunca inteiramente dada. E essa referência não se realiza no simples prolongamento da interioridade abismal do sujeito, mas requer a referência à revelação, à Palavra com a qual esse Mistério desperta a profundidade do ser humano e a remete ao mais além sempre inalcançável que ressoa nelas, ou seja, na profundidade do sujeito e na palavra que a provoca.

Juan Martin Velasco diz que a experiência, mais que se narrar em relatos autobiográficos individuais, remete constantemente aos modelos paradigmáticos do caminho do povo eleito na Escritura, tais como o êxodo, a subida de Moisés ao Sinai, a entrada na nuvem etc. Cremos que uma coisa não desmente a outra. Por um lado, é verdade que a experiência mística cristã sempre encontra sua referência na caminhada do povo de Israel e de Jesus de Nazaré. Mas isso não impede que cada itinerário místico seja original e irrepetível, e, portanto, cada místico ou mística tenha algo novo a dizer para a experiência de fé da humanidade. Pois os místicos cristãos, na verdade, narram suas experiências tendo sempre como pano de fundo o Mistério cristão.[42]

A conexão entre mística e Mistério nos místicos cristãos aparece com toda a claridade também em outros fatos. Assinalemos a configuração vivamente personalizada e personalizante da experiência dos místicos cristãos, eco e repercussão *subjetiva* do caráter eminentemente pessoal da configuração do conteúdo dessa experiência, que vem dada pela fé cristã e sua representação do Mistério de Deus nos termos do Deus único Criador do mundo e Senhor da história, revelado no Novo Testamento, que como Pai, pela ação do Filho, comunicou-nos seu Espírito. É essa configuração trinitária do *conteúdo* da experiência que distingue o Mistério e a mística no cristianismo das místicas do Absoluto da maior parte das tradições, orientais, do Oriente Médio e da mística islâmica, por mais parentesco que com elas possa ter a mística cristã.[43]

Este novo elemento brilha de maneira inequívoca na dimensão cristológica não eliminável de todas as formas de mística cristã. Ainda que no estado de união pareça que o místico transcendeu todos os modos, figuras e determinações do conhecimento humano de Deus, inclusive os que estão presentes nos enunciados nos quais a fé expressa seu conhecimento obscuro do Mistério trinitário e, mais concretamente, as determinações e

---

[40] *Ibidem*, n.99.
[41] *Ibidem*, n. 219.
[42] *Ibidem*. 220.
[43] *Ibidem*. 221.

os modos que comportam o conhecimento e a representação da humanidade de Cristo, Jesus permanece a referência para a vivência e a descrição das experiências desses mesmos místicos cristãos, inclusive de seus mais elevados estados de união e transformação amorosa na divindade.[44] A narrativa da vida de Jesus, a contemplação de seu Mistério e as experiências vividas de seu seguimento formam o núcleo duro da mística cristã. Nele o Mistério se encarna e assume a vulnerabilidade da condição humana. A experiência mística deverá então assumir essa encarnação no meio de um mundo dividido pelo pecado e a vulnerabilidade que daí decorre.

4. Narrar a experiência: porta de entrada ao discurso e à práxis

A fonte primordial do conteúdo da experiência mística é o testemunho dos próprios místicos. Eles são os primeiros e mais importantes teóricos de sua experiência e os mais abalizados a refletir sobre ela. A biografia do crente, do místico, portanto, é a condição de possibilidade de uma leitura teológica sobre a experiência mística e sua mensagem no mundo de hoje.[45]

Essas afirmações que ora fazemos partem da fé cristã, com muito mais razão. Muitos teólogos contemporâneos afirmam a importância de se passar de um pensamento teológico por demais especulativo para uma teologia narrativa, na qual os Mistérios revelados podem ser *ditos*, narrados e então refletidos.[46] Há também uma crescente ênfase na teologia atual sobre a importância de se fazer teologia não apenas baseada em textos, mas a partir do relato e do exemplo de vida das testemunhas.[47] A conexão entre a fé e a práxis do seguimento de Jesus implica que este não pode ser substituído por pura reflexão ou investigação teorética. A teologia é até certo ponto obrigada a pensar partindo do seguimento de Jesus e pode ser chamada teologia apenas quando este seguimento define o lugar adequado de reflexão e também quando a reflexão é a prática do compromisso existencial e do seguimento.[48]

Quando isso acontece, então, *ler* as vidas dos místicos será ler a revelação de Deus em si mesmo, o qual está *escrevendo* com o Espírito, no corpo e na vida do místico. São Paulo diz isso claramente em 2Cor 3,3, quando afirma: "Sois uma carta de Cristo confiada a nosso ministério, escrita não com tinta, mas com o Espírito do Deus vivo; não em tábuas de pedra, mas em tábuas de carne, que são os corações humanos". A reflexão teológica, então, não se preocupará com Deus como um objeto externo, mas será Deus em pessoa que se imporá sobre o pensamento humano nos êxtases de uma existência crente.[49]

Em meio a circunstâncias comuns e correntes, os místicos *reinventam* o cotidiano, sendo sujeitos ativos de sua própria história e criando novo alfabeto para dizer o que

---

[44] *Ibidem*, n. 108.
[45] Cf. sobre isso o precioso livrinho de Schneider. *Teología como biografía – Una fundamentación dogmática*. Bilbao: Desclee, 2000, esp. p. 22.
[46] Ver, por exemplo, os trabalhos de Moingt, J. *L'homme qui venait de Dieu* e também *Dieu qui vient à l'homme*. Ver também Metz (*Memoria Passionis*. Santander: Sal Terrae, 2007), assim como Jon Sobrino, com a perspectiva total de sua teologia, "no de textos sino de testigos" (não de textos, mas de testemunhas).
[47] Isso também poderia encontrar suporte na Evangelii Nuntiandi, n. 4, do Papa Paulo VI, sobre a necessidade de que haja testemunhas para que o homem moderno creia.
[48] Ver Schneider. Op. cit., p. 24.
[49] Ibidem, n. 16.

constitui o motor principal de sua vida. Mesmo falando das coisas dos homens e do mundo em suas trivialidades cotidianas, falam sempre das *coisas de Deus*.[50] Falando do Mistério, que contemplam e que os enche de amor, força e coragem, os místicos falam daquelas coisas que não são necessárias primeiro conhecer para depois amar, mas sim amar para conhecer, num movimento que só através do amor penetra na verdade. Muitos pensadores e pessoas de fé de nosso tempo têm refletido sobre como é difícil encontrar palavras significativas para falar dessas *coisas de Deus* aos ouvidos contemporâneos:

> Há tempos em que discursos e escritos não bastam mais para fazer compreensível a todos a verdade necessária. Nesses tempos os feitos e penas dos místicos devem criar novo alfabeto, para desvelar novamente o segredo da verdade. O nosso presente é um desses tempos.[51]

Ou ainda poderíamos recordar as palavras de Paulo VI na *Evangelii Nuntiandi*: "O homem de hoje não escuta os mestres. Escuta as testemunhas. E se escuta os mestres, é porque são testemunhas".[52] Essa invenção de um novo alfabeto para a narrativa amorosa que flui e transborda da experiência do Mistério colide com as normas de expressão costumeira da linguagem, cuja *ratio* emancipada da lógica do coração articula e se pronuncia sobre o real. E geralmente esse pronunciamento é um acontecimento prenhe de consequências em tempos nos quais o discernimento constitui necessidade primeira em meio às crises que o mundo experimenta.

Esses místicos e místicas mergulham fundo no mundo e aí vivem e dão testemunho. Em outras palavras: reconhecem o valor próprio do real e do profano. Estão conscientes de que esse reconhecimento implica não sucumbir perante a lógica do secularismo e renunciar a ser "figura de uma lógica da gratuidade",[53] atitudes que exigem a aceitação sem reservas de todos os riscos do gesto de *amor louco* da Encarnação. É precisamente isso que fazem os místicos, presentes neste mundo como sinais "daquele que não se deixa manipular, nem apropriar, nem trocar pelo que quer que seja".[54]

Foi assim desde sempre na história das religiões e muito especialmente na história do cristianismo, que pode ser lida e narrada não apenas como história do pecado, tal como muitas vezes foi feito por uma mentalidade negativa. Revela-se então como a história da revelação do Mistério Santo e da resposta a este Mistério no consentimento a entrar em uma relação radical de amor e entrega, de união. Reconhecida ou não oficialmente, essa experiência narrada hoje vai ao encontro da enorme sede de Transcendência por parte dos homens e mulheres que experimentaram a queda das utopias; que viram o que era sólido desmanchar-se no ar e liquefazer-se em uma frustrante cultura de sensações.

Amigos de Deus e amigos da vida, os místicos contemporâneos – assim como o de outros tempos – merecem ter suas histórias de vida contadas a partir de suas próprias

---

[50] Simone Weil dizia que para saber se uma pessoa amava a Deus, havia que prestar atenção não para a maneira como ela falava de Deus, mas sim para a maneira como ela falava do mundo.
[51] Ver Baumgarten. Ein aus 45jähriger Erfahrung geschöpfter biographischer Beitrag zur Kirchenfrage, 1891, vol. 1, Titteblatt, citado por W. Nigg. Op. cit., p. 32.
[52] EN, n. 4.
[53] Ver Valadier, P. *Igreja e modernidade*. São Paulo: Loyola, 1991, p. 87.
[54] *Ibidem,* p. 120.

narrativas. As mesmas nos mostram a possibilidade da vivência da exemplaridade da *autonomia heterônoma* vivida no primado da Alteridade divina e humana no século sem Deus.

Além disso, esses místicos e suas narrativas são memórias perigosas e subversivas que não permitem que a narrativa do Mistério que se aproxima em graça e se autocomunica a toda criatura que vem a este mundo perca sua força interpeladora e sua potencialidade salvífica.

5. Narrar a *história* de Deus: acesso ao Mistério de Deus

As transformações socioculturais que caracterizam a sociedade atual como pós-metafísica seguirão transformando profunda e radicalmente não só a ideia de Deus na cultura contemporânea, mas também as condições e possibilidades do discurso e narrativa de Deus em nosso contexto. Essa realidade coloca em questão a teologia como discurso humano sobre Deus, obrigando inclusive a perguntar-se pela condição de possibilidade de sua existência em termos reais.

A partir do Concílio Vaticano II, firmou-se para dentro da teologia cristã a história como categoria central para construir o discurso e a linguagem sobre Deus. Da mesma forma, os estudos da religião afirmam a centralidade do mito como lugar de origem para a narrativa da realidade.[55] O mito, então, em si mesmo, busca narrar como as primeiras sociedades humanas e pessoas respondiam a questões fundamentais sobre sua existência, seu lugar no mundo, as razões da vida e da morte e o sentido da existência humana.

A relação entre mito e história será fundamental para que a humanidade vá construindo sua compreensão do que é o mundo, a vida, os outros e o si mesmo. A história é forma narrativa das ações humanas. Ajuda a humanidade a narrar seu passado, a entender seu presente e a projetar seu futuro. Porém a história não é apenas narrativa linear, mas sim interpretação do que é narrado. A inter-relação da história narrada com a experiência vivida gera uma nova significação da relação entre o mito e a história, ou seja, em outras palavras, entre a experiência fundadora e sua interpretação submetida à caducidade e ao movimento do tempo histórico. A história será, então, a possibilidade de valorizar o tempo no qual ocorreu o evento refletido e captar melhor seu conteúdo. Quando o conteúdo se refere a uma presença do sobrenatural no natural, da eternidade no tempo, do divino no humano, há que recorrer a analogias, metáforas, símbolos para poder narrar o que escapa à linguagem humana e, no entanto, só por ela pode ser dito.[56]

A narrativa de Deus engloba essas três características, já que, dando-se na história e na carne vulnerável e mortal de pessoas humanas, transcende o nível da historicidade e da corporeidade mortal e finita, introduzindo uma ruptura que abre para a ética e a teologia. O dito extrapola a si mesmo e termina por dizer o acontecido na história e na carne para além do factual, nomeando o inominável.[57]

Assim fazendo, a narrativa religiosa, espiritual ou mística, que pretende narrar a experiência do Mistério inefável que se dá na história, é chamada hoje a reconduzir a es-

---

[55] Cf. ELIADE. M. *Mito e realidade*. São Paulo: Perspectiva, 1986, p. 11 ss.: "O mito conta uma história sagrada; ele relata um acontecimento ocorrido no tempo primordial, o tempo fabuloso do 'princípio'".
[56] Cf. BOFF, C. "Constantes antropológicas e revelação". In: *Op. cit.*; PASTOR. *A lógica do inefável*. São Paulo: Loyola, 1989.
[57] Cf. RICOEUR, P. "Nomear Deus". In: *Nas fronteiras da filosofia*. São Paulo: Loyola, 1996.

peculação e a dogmática, segundo Ricoeur, em direção "às modalidades mais originárias da linguagem, através das quais os membros da comunidade de fé interpretaram sua experiência por si mesmos e pelos outros".[58] E é ainda o mesmo Ricoeur que acrescenta: "Foi aí que Deus foi nomeado".[59]

O conteúdo vital da experiência de Deus e da práxis da fé resiste a deixar-se definir em termos puramente teóricos ou intelectuais. Não é possível contê-lo nos limites de uma teoria ou em um sistema conceitual abstrato. Tampouco é possível analisá-lo no mesmo sentido em que se analisa um problema cognitivo ou abstrato.[60] Trata-se de vida vivida e padecida por pessoas. É conteúdo nunca fixado nem fixável, mas perpétuo movimento em pleno curso do tempo histórico e situado em meio ao espaço cósmico, que não se deixa apreender a não ser pela contemplação atenta, seguida da narrativa.[61]

Por isso é algo que se firma hoje em teologia o fato de que, em lugar de formular o conteúdo vital da fé e da experiência de Deus em um sistema dogmático, se fará muito melhor expondo-o em forma narrativa.[62] A tal ponto que alguns teólogos chegam mesmo a afirmar que "contar e ouvir biografias constitui um dos processos fundamentais de ser cristão".[63]

6. Conclusão: Deus experimentado, Deus narrado

A linguagem sobre Deus hoje justifica a necessidade de realizar uma série de superações primeiras, que já a própria tradição atribuía a Santo Agostinho na célebre passagem na praia, onde ele contemplava uma criança em sua tentativa de colocar o mar dentro de um pequeno buraquinho.[64] Pois, diante das interpelações da secularidade e do pluralismo religioso, além da dificuldade hermenêutica que sempre cercou e marcou a disciplina sobre Deus dentro do conjunto da teologia sistemática, algumas elaborações teológicas – excessivamente apoiadas sobre uma argumentação teórica – acabaram por optar permanecer apenas com *um Deus*, deixando de lado a vida de Deus, que se revela na história e se dá na convivência amorosa *em três pessoas*, assim como na experiência e na narrativa das vidas humanas que se deixam cativar por esse Mistério de Salvação.[65] O contrário igualmente aconteceu: outras correntes detiveram-se na diferença de pessoas, concluindo ser a comunhão trinitária resultante da pluralidade e não ontológica e constitutiva do Mistério

---

[58] Cf. RICOEUR, P. "Herméneutique de l'idée de révélation". In: LEVINAS ET AL. *La révélation*. Bruxelas: Publications des Facultés Universitaires St.-Louis, 1977.

[59] *Ibidem*

[60] Cf. SCHNEIDER. *Op. cit.*, p. 60.

[61] Cf. o que diz Simone Weil no primeiro trabalho de filosofia que teve que fazer para seu professor e mestre Alain: "Entre os mais belos pensamentos de Platão estão aqueles que ele encontrou pela meditação dos mitos". O trabalho em questão será sobre os seis cisnes de Grimm. Cf. Sobre isso nosso artigo "Simone Weil e os irmãos Grimm: elementos para uma soteriologia nas asas do Mistério de um conto". In: *22º Congresso Internacional da Sociedade de Teologia e Ciências da Religião Soter*, 2010, p. 56-70. Disponível em <http://ciberteologia.paulinas.org.br>.

[62] Cf. SCHNEIDER. *Op. cit.*, p. 60.

[63] *Ibid.*, citando SILLER. "Biographische Elemente im kirlichen Handeln". In: FUCHS, E. (org.). *Theologie und Handeln. Beitrage zur Fundierung der praktischen Theologie als Handlungstheorie*. Dusseldorf, 1984, p. 187-208.

[64] Cf. a apresentação e introdução da obra de AGOSTINHO. *De Trinitate*, na edição brasileira: *A Trindade*. São Paulo: Paulus, 1995, col. Patrística, p. 5-17.

[65] Ver sobre isso o crítico artigo de DAVIS, K. "John Hick on Incarnation and Trinity", citado por O'COLLINS, G. "The Holy Trinity: The state of the questions". In: DAVIS, K. – O'COLLINS, G. (orgs.). *The Trinity – An Interdisciplinary Symposium on the Trinity*. Oxford: University Press., 1999, p. 251-272.

cristão de Deus.[66] Na verdade, isso, em nível teológico, pode ser identificado como um risco de contrapor a razão à revelação.

A Salvação da qual afirmamos ser o Deus da fé cristã Mistério – *Mysterium Salutis* – tem sua forma e acontecimento na história, configurando a esta como *história de Salvação*. O fato de que os que creem no Deus que é o Senhor desta história possam e tenham o direito de contar a história de sua vida e de sua fé, ou a história da fé de outros, vivida de maneira que consideram exemplar, eleva a *narratividade* ou a *historicidade* à categoria de *existenciário* da Igreja. Como consequência, cada *teoria da ação* da Igreja, suas instituições e comunidades estão obrigadas a assumir a palavra-chave *biografia* como um componente inalienável e necessário de seu próprio ser.[67]

Diante dos elementos que enrijecem a fé, aprisionando-a em um sistema dogmático e abstrato, a práxis cristã da fé, nascida das experiências pessoais, comunitárias e processuais de Deus, vai encontrar uma formulação verbal muito mais adequada a sua verdade e a seu verdadeiro rosto em uma linguagem narrativa. Todas as experiências profundas que o ser humano faz nestes tempos de bruscas transformações e dolorosas interrogações anseiam por encontrar uma linguagem narrativa que possa dizê-las, de forma oral ou escrita. A análise especulativa pode ajudar em certo momento da interpretação, mas somente após lhe ser possível sair ao encontro enquanto experiência geradora de vida em termos narrativos.[68]

As biografias das existências que foram vividas em profunda aliança com o Mistério dizem o indizível, falam do inefável, narram o que é impossível de ser narrado. E assim fazendo, dão testemunho de ser mais que uma ciência entre outras, mas sim de ser a teoria de uma práxis, que dá como fruto uma arte: a arte de viver.[69] Arte essa que apenas por seu exercício desvela no mundo e na história o acesso ao Mistério de Deus.

---

[66] Críticas deste teor são algumas vezes feitas, por exemplo, ao livro de Boff, L. *A Trindade, a sociedade e a libertação*. Petrópolis: Vozes, 1989.
[67] Cf. Fuchs, E. "Narrativitat und Widerspenstigkeit. Strukturanalogien swischen biblischen Geschichten und christlichen Handeln". In: *Serfass (ed.). Erzahlter glaube – erzablende Kirche*. Freiburg-Basel-Wien 1988, p. 87-123, citado por Schneider. *Op. cit.*, p. 61.
[68] Schneider. *Op. cit.*, p. 63.
[69] *Ibidem*. O autor usa o termo *ars vivendi*.

PALAVRAS FINAIS

Objetivou-se nesta obra apresentar o Deus da revelação e o respectivo método para sua elaboração teológica. Para atingir esse objetivo, dividiu-se a obra em duas partes. Na primeira, privilegiou-se os textos do professor Dr. Félix Alejandro Pastor, jesuíta e docente de Teologia, falecido em 2011, em que se reflete a relação de Deus com o homem na perspectiva da articulação entre revelação e história, o método em teologia, a concepção trinitária de Deus, o primeiro artigo de fé em que se afirmam a paternidade divina e a concepção agostiniana de Deus, elaborada a partir de um verdadeiro passeio sobre diversas obras do pensador de Hipona. Na segunda parte, explorou-se três temas inferidos dos textos de Pe. Pastor: um de Paulo Sérgio Lopes Gonçalves sobre a compreensão da revelação na perspectiva da teologia transcendental, elaborada por Karl Rahner; outro desenvolvido por Paulo Fernando Carneiro de Andrade sobre o método na teologia da libertação trazendo à tona as contribuições que Pe. Pastor concedeu ao complexo teológico libertador; e outro de Maria Clara Lucchetti Bingemer sobre a concepção de Deus na perspectiva mística, homenageando a intuição jesuítica de Pe. Pastor. A despeito da peculiaridade de cada texto, constata-se a unidade de todos no conjunto da obra, por se tratar do Deus da revelação e o método a ser utilizado em teologia para afirmá-lo em sua unicidade, onipotência, onisciência, onipresença e oniperfeição. Nesse sentido, são inferidas algumas conclusões de toda a obra.

1. *Teologia: scientia fidei.* A afirmação de que a teologia é *scientia fidei* se sustenta na articulação entre *auditus fidei et intellectus fidei* e, por conseguinte, na fidelidade à *regula fidei* a ser efetivada permanentemente e de modo contemporâneo a cada época histórica. Por isso são legítimas as diversas teologias elaboradas na era contemporânea, denotativas de que a teologia não é uma *scientia fidei* isenta de historicidade, pertinência e relevância à atualidade do homem. Desta forma, não se faz teologia somente com fé incidindo no fideísmo, nem se elabora teologia somente com a razão para torná-la racionalista. Também a contemporaneidade da teologia não significa isenção da tradição. Esta não é sinonímia de algo velho e atrasado, mas de elemento antigo que se conserva sempre novo na história. Por isso, toda teologia há de ter seu método, mantendo-se fiel à *regula fidei* que possibilita a fidelidade ao *depositum fidei*. Nesse sentido, a teologia da libertação, exposta explictamente nesta obra, mantendo-se fiel à *regula fidei* e apresentando um conteúdo já presente no *depositium fidei*, de modo a ser pertinente e relevante ao contexto latino-americano e caribenho, é uma teologia útil, necessária, legítima, contemporânea e efetivamente eclesial.

2. *Revelação: encontro, entre Deus e o homem, iniciado por Deus.* O conceito de revelação é compreendido como o encontro entre Deus e o homem, realizado na história, tendo Deus como aquele que inicia a relação, apresentado em sua inefabilidade como *absconditus* que se revela ao homem, que é o "ouvinte da palavra", imbuído do transcendental, que é o *a priori* infinito. Por isso a revelação é o encontro entre dois sujeitos, Deus e o homem,

distintos e ambos livres e responsáveis. Ao ser interpelado por Deus, o homem tem a liberdade de dizer-lhe sim ou não, sendo a negatividade passível de reversão, à medida que Deus, eterno amor, busca maneiras histórico-existenciais para que o homem procure por Ele e reverta seu não em sim. Disso decorre a relevância da consciência como instância sagrada ou santuário do homem, para que Deus seja ouvido, e que o homem reconheça seus erros, sinta-se culpado e interpelado ao processo de reversão, também denominado de *metanoia*. Ademais, a experiência humana da procura do Deus que vem ao encontro do homem, enquanto experiência do Sagrado e de experiência de credulidade diante das diversas experiências históricas, aponta para um encontro amoroso entre Deus e o homem no processo de revelação, marcado pela historicidade e existencialidade do homem, e pelo mistério *absconditus* de Deus, que se dá a conhecer, revelando-se ao homem.

3. *Deus trinitário afirmado na contemporaneidade*. A afirmação de Deus deve ser realizada no contexto contemporâneo, marcado pelo contexto pós-moderno e, por conseguinte, pelo pluralismo religioso, pela emergência do ateísmo e da secularização. Deus continua sendo o assunto da teologia, em sua condição de *scientia fidei*, e deve ser afirmado mediante a complexa articulação entre *auditus fidei et intellectus fidei*. Por isso, por mais variadas que sejam as formas teológicas, a afirmação cristã de Deus é a trinitária, a de um Deus substancialmente único, constituído de Pessoas divinas – Pai, Filho e Espírito Santo –, que se relacionam pericoreticamente, ainda que se afirme a hierarquia trinitária e a monarquia do Pai. Em Deus não há solidão, mas simultaneamente distinção e comunhão das Pessoas divinas. Assim sendo, este Deus de comunhão e de amor liberta os pobres de sua situação de opressão, revelando-se compassivo, misericordioso, e dando-lhes força histórica de libertação. Também desperta a humanidade à reconciliação, à construção da paz, à vivência do amor. Da experiência que o homem faz deste Deus, surge a experiência mística, pela qual se tem certeza da constante presença graciosa e amorosa de Deus junto ao homem. Interessante é verificar que todas essas afirmações emergem a partir de esforços marcados pela sensibilidade ecumênica, pela misericórdia com os sofredores e pela fidelidade à *regula fidei* no processo de articulação entre *fides et ratio*.

4. *A paternidade de Deus*. Afirma-se na concepção trinitária a monarquia do Pai. Isso não significa subordinacionismo ou um neoarianismo, mas que, na comunhão trinitária, as Pessoas divinas possuem suas respectivas propriedade e missão e que o Pai é a fonte que gera o Filho e faz proceder o Espírito, é a origem sem origem, o *principium principiorum*. Sua ação criadora é realizada através da mediação sapiencial do Filho, gerado eternamente pelo Pai e obediente em sua missão, e da ação do Espírito, cuja missão santificadora caracteriza-o como ação divina. Este Pai Deus se revela como criador, misericordioso, compassivo, constituído de desígnio salvífico, e por isso agiu historicamente em sua revelação, principalmente ao enviar seu Filho para efetivar a redenção e a salvação e possibilitar a doação do Espírito para propiciar, em Cristo e por sua vontade, a emergência do homem novo e da *creatio nova*.

5. *A busca de Deus mediante a via interior*. A linguagem da fé explicita a busca que o homem faz por Deus, conforme se pode verificar em Agostinho de Hipona que afirma Deus em sua imutabilidade e eternidade. O homem deve almejar o acesso à *beata vita*, que se realiza

quando o homem olha para si mesmo e experimenta em sua via interior a presença de Deus como amor, verdade, paz. O acesso do homem a Deus se efetiva mediante a integração entre razão e fé, *vera philosophia* e *vera religio*. Dessa forma, concebe-se a Deus como realidade *numinosa* suprema, Trindade de comunhão que pela graça interpela o homem para junto de si. O acolhimento humano à graça se efetiva na congruência entre a *dilectio Dei* e a dimensão ética e escatológica da caridade, desembocando na ética do amor. No entanto, a realidade divina é um mistério inefável que não se esgota, nem na experiência interior do homem, nem na linguagem teológica da fé, porque Deus é mesmo incompreensível e inefável. Deste modo, tem-se então um teísmo espiritualista, centrado na revelação bíblica, no acolhimento humano a essa revelação e, principalmente, na adesão ao Verbo eterno, a verdade que se fez carne, por meio do Espírito, manifestado em unidade com sua Igreja, como Cristo *Totus* que dá a certeza do amor de Deus pela humanidade.

Enfim, o tratado do Deus da revelação possui sua complexidade, na medida em que está marcado pela revelação bíblica, pela recepção eclesial que constitui a tradição fundamental e dogmática e que explicita um diálogo fecundo entre Deus e o homem na história. Esse diálogo tem sempre a iniciativa de Deus, mistério inefável e *absconditus* que se revela gratuitamente ao homem, que por sua vez é concebido como "ouvinte da palavra" e "parceiro de Deus" na aliança bíblica e em toda a revelação cristã. Por isso o tratado do Deus da revelação, por mais sistemático e tematizado que seja, não pode estar desvinculado do tratado da Antropologia Teológica, em que o homem é transcendental, interpelado a procurar por Deus para ser corresponsável na *creatio continua* mediante a abertura *fidei*, a prática da caridade e o desenvolvimento da esperança em constante atividade caridosa e virtuosa, de modo a contemplar na ação as maravilhas do mistério santo e inefável do *Deus absconditus* que se revela como *Deus amoris et communio*.